海尔管理学

理论与解释

姜奇平◎著

中国财富出版社

图书在版编目（CIP）数据

海尔管理学．理论与解释／姜奇平著．—北京：中国财富出版社，2020.1

ISBN 978－7－5047－7028－8

Ⅰ.①海…　Ⅱ.①姜…　Ⅲ.①海尔集团公司—企业管理—研究　Ⅳ.①F426.6

中国版本图书馆CIP数据核字（2019）第274499号

策划编辑　刘　刚　郑晓雯　　**责任编辑**　张冬梅　郑晓雯

责任印制　梁　凡　　**责任校对**　卓闪闪　　**责任发行**　白　昕

出版发行　中国财富出版社

社　　址　北京市丰台区南四环西路188号5区20楼　　**邮政编码**　100070

电　　话　010－52227588转2098（发行部）　010－52227588转321（总编室）

010－52227588转100（读者服务部）　010－52227588转305（质检部）

网　　址　http://www.cfpress.com.cn

经　　销　新华书店

印　　刷　北京京都六环印刷厂

书　　号　ISBN 978－7－5047－7028－8/F·3120

开　　本　710mm×1000mm　1/16　　**版　　次**　2020年4月第1版

印　　张　19.5　　**印　　次**　2020年4月第1次印刷

字　　数　319千字　　**定　　价**　59.00元

前　言

《海尔管理学——理论与解释》是《海尔管理学——原则与框架》的姊妹篇。《海尔管理学——原则与框架》侧重实践的客观描述与归纳，而《海尔管理学——理论与解释》侧重理论的主观解释与演绎。

前一本定位于“知其然”，采用张瑞敏与海尔官方的表述与海尔的实际案例，尽量客观地说明海尔模式“是什么”；而后一本定位于“知其所以然”，用以说明海尔模式“为什么”。

与前一本不同，这一本的重点不在于做法，而在于原理。为的是帮助大家举一反三，其中不免掺杂了个人对海尔模式的主观理解与解读，算一家之言。

打个比方，好比一个西瓜，客观描述相当于从外面给西瓜“照相”，力求不失真，海尔模式是唯一的从不同角度“照相”，“照”的是同一个对象；主观解释则好比切西瓜，看里面的瓤。对海尔模式的解释不是唯一的。好比同一个西瓜可以切成四块，也可以切成六块、八块；对同一个经济学现象，自由主义理论的解释与凯恩斯主义的解释，有很大差异。不同切法，看到的西瓜籽可能不同，有的人看到的多些，有的人看到的少些。好比一部《红楼梦》，有的人从中看到的是爱情，有的人从中看到的是政治，有的人从中看到的是历史，有的人从中看到的是理财，还有的人从中看到的是菜谱、医药。

海尔自己的总结，好比西瓜自然开裂，不是按教科书分类方法分成不同的部分，而是历史自然形成的。按规范的管理学框架来“切”，好处是方便比较、查询。当然，过于强调方法的特殊，解释过度，也要冒一种风险，就是曲解、变形。好比切西瓜，结果雕刻成了鬼脸，让人误以为是万圣节上的南瓜。笔者的解读会不会出现错误，只有让读者来判断。

有几个方面是因笔者坚持的理论与众不同而导致的解释的独特、与众不同。

第一，坚持用复杂性范式解释海尔模式。笔者用复杂性范式来解释海尔模式，并以此区别于多数同类解释。例如，笔者将海尔模式从复杂性角度概括为以变制变。

第二，坚持用后现代范式解释海尔模式。许多人认为，海尔模式与丰田模式、阿米巴模式、华为模式是同类经验。笔者坚持认为海尔模式与这些模式有本质区别。这主要涉及对管理代际异同的认识不同。

第三，坚持用经济学垄断竞争理论解释海尔模式。许多人把海尔模式简称人单合一模式，而以为双赢是可以省略的。但笔者认为双赢体现了海尔模式的本质和精髓。如果用完全竞争来解，就会解到“术”上，偏离了“道”。

第四，坚持用功能框架替代职能框架。采用“计划、组织、领导、控制”这种标准的管理学框架解释，同以往的自然解释有重大不同。笔者认为，海尔模式具有管理学方法论的意义，希望由此探索普适的互联网管理学的框架，将原有的职能框架（原子论框架）调整为功能框架（结构论框架）。同是量子管理学，海尔对波粒二象性中波的解释侧重不确定性，笔者则侧重关系。二者实际是相通的，只是话语角度不同。从某种意义上说，本书的追求在于管理学方法论和理论体系重构。

显然，解释海尔模式，并不必然要从以上四个特殊角度。各人有各人不同的方法，也许从不同视角观察某类问题，会更清楚；但也会由于角度特殊，模糊甚至屏蔽了从别的角度本来看得清的内容。笔者建议读者多加比较，从不同的理论系统出发，解读海尔模式，有助于更全面地理解海尔管理学。

歌德写过一篇散文，题为《说不尽的莎士比亚》，意思是莎士比亚的作品内涵丰富，就像大自然一样，是说不尽的。海尔的管理之道，也是说不尽的。就如儒道皆可释《周易》，象数义理，说也说不尽。海尔是时代的企业，时时在变，容易导致总结者有些观点说出即是错。这些都是为笔者可能说错话找的借口。本书主观解释的对错，与海尔无关。希望大家读的时候重在领悟，得鱼而忘筌，回到客观的海尔模式本身。

目　录

第一部分　管理：范式转变 …… 1

第一章　海尔模式的管理哲学范式 …… 8

1.1　管理实践转向：从确定性到不确定性 …… 9

1.1.1　以企业为中心的确定性管理 …… 9

1.1.2　以用户为中心的不确定性管理 …… 10

1.2　管理范式转向：从理性人到自主人 …… 11

1.2.1　管理的历史随认识人性而深化 …… 23

1.2.2　管理的边界随组织演变而拓展 …… 26

1.3　管理学范式转向：从简单性到复杂性 …… 27

1.3.1　管理学中的复杂性范式 …… 27

1.3.2　现实背景：终结官僚主义 …… 33

1.3.3　海尔管理学与管理学范式转向 …… 38

1.3.4　复杂性范式的实践范例：以变制变 …… 52

第二章　管理学的理论方法框架演进 …… 59

2.1　管理原则演进：从管理 1.0、管理 2.0 到管理 3.0 …… 60

2.1.1　管理 1.0：法约尔管理原则 …… 60

2.1.2　管理 2.0：丰田模式的原则 …… 63

2.1.3　管理 3.0：第三代管理的原则 …… 65

2.2 管理理论演进：从原子论到复杂性理论 …… 70
2.2.1 原子论框架下的传统管理学 …… 70
2.2.2 管理学范式转变的系统论基础 …… 72
2.2.3 第三代管理的管理学研究 …… 85

第三章 管理变革的中国贡献 …… 100
3.1 根植于实践的贡献 …… 102
3.2 利用中国文化助力管理变革 …… 103
3.2.1 以灵活的组织应对复杂的环境 …… 105
3.2.2 对中国传统管理文化进行批判改造 …… 108
3.3 “因为中国而更加世界”的普适价值 …… 109
3.3.1 “中国一定是做了非常对的事” …… 109
3.3.2 海尔模式的中国文化特质 …… 111
3.3.3 海尔模式与中国经验的关系 …… 116
3.3.4 海尔模式普适性的经济学根据 …… 119

第二部分 管理学：框架转变 …… 123

第四章 比较管理学框架：从职能到功能 …… 135
4.1 管理学框架的理论解释 …… 136
4.1.1 管理学框架的“四因说”解释 …… 138
4.1.2 海尔管理学解释框架的结构 …… 142
4.2 管理学框架的结构变化 …… 145
4.2.1 管理学框架演化：从职能、流程到功能 …… 149
4.2.2 管理学功能框架与职能、流程框架比较 …… 149
4.3 海尔管理学框架的功能特征 …… 158
4.3.1 人单合一的管理学方法论意义：关系论框架 …… 158

4.3.2 以用户为中心的范式与需求工程框架结构 …… 162
4.3.3 为创客单独设立框架结构 …… 167

第五章 计划功能 …… 170
5.1 引入关系论的功能视角：计划职能的功能化 …… 171
5.2 计划的范式转变：从分解到涌现 …… 173
5.2.1 让计划面向创新和创造 …… 173
5.2.2 创造性地决定目标、战略与方案 …… 174

第六章 领导功能 …… 176
6.1 引入关系论的功能视角 …… 176
6.1.1 领导职能的功能化 …… 176
6.1.2 人的行为基础：双向动力 …… 184
6.2 领导的范式转变：从官僚到创造者 …… 201
6.2.1 服务型领导新范式 …… 202
6.2.2 自我激励的复杂性特质 …… 206
6.2.3 通过服务于愿景来整合资源 …… 208

第七章 组织功能 …… 210
7.1 引入关系论的功能视角 …… 210
7.2 组织的范式转变：从科层制到自组织 …… 212
7.2.1 范式转变中的组织 …… 214
7.2.2 组织范式转变要点 …… 216

第八章 控制功能 …… 218
8.1 引入关系论的功能视角 …… 218
8.2 控制的范式转变：从中心控制到全员控制 …… 220
8.2.1 范式转变中的控制 …… 220

8.2.2 控制范式转变要点 …… 223

第三部分 管理经济学：逻辑转变 …… 227

第九章 海尔模式的一般经济学解释：有何不同 …… 230
9.1 管理经济学框架：管理学与经济学框架比较 …… 230
9.2 如何看待海尔管理的底层逻辑 …… 237
9.3 海尔模式涉及的经济学问题 …… 239
9.3.1 人单合一关系框架中的供求均衡体系 …… 239
9.3.2 海尔模式所涉及的四类经济学分析 …… 244

第十章 双赢与生态：均衡理论解释 …… 247
10.1 双赢模式的哲学基础：开放非平衡结构 …… 247
10.2 双赢模式的经济学基础：何谓创造价值 …… 248

第十一章 创新与体验：范围经济解释 …… 250
11.1 范围经济：质量、创新与体验经济不经济 …… 253
11.2 二维点阵数学模型 …… 256
11.2.1 套圈—换道二元成本函数 …… 258
11.2.2 套圈—换道二元利润函数 …… 261

第十二章 交互与温度：网络经济解释 …… 263
12.1 如何对交互与温度进行经济学定位 …… 264
12.1.1 什么是经济学意义上的“交互” …… 264
12.1.2 什么是经济学意义上的“温度” …… 266
12.2 网络资本与交互 …… 268
12.2.1 结构洞与交互 …… 268

12.2.2 通过结构自主性实现自主人 …… 274
12.3 用户乘数与温度：溢价与增值 …… 276
12.3.1 用户乘数的含义 …… 276
12.3.2 用户乘数的微观基础：消费资本 …… 277
12.3.3 用户乘数的宏观基础：消费乘数 …… 281

第十三章 开放与分享：制度经济解释 …… 283
13.1 管理就是借力："实君"与"虚君" …… 283
13.2 开放分享的数学模型 …… 288
13.2.1 分成制双层规划建模思路 …… 289
13.2.2 "平台—应用"模式的分成制双层规划建模 …… 290

结 语 …… 298

第一部分　管理：范式转变

这一部分的主题词是范式转变。核心是讨论为什么海尔模式代表的是继第一代管理（科学管理）、第二代管理（丰田经验）之后的第三代管理。

如果不这种讨论，人们默认的观点会把海尔模式与丰田模式、通用模式、华为模式等，视为同一类管理中的不同企业经验。例如，人们不会认识到日式管理有什么致命弱点导致其已在互联网时代过时；会认为海尔模式“人人都是 CEO”与阿米巴模式是同一类模式等。

而经过下面的讨论，我们需要正视这样的可能：世界管理的引领者，正从美式管理、日式管理，转向中式管理；海尔模式既是中国的，又是全球普适的；海尔模式的普适性在实践中表现出对互联网时代的高度适应与驾驭，这是目前为止各种互联网管理经验中唯一系统化的实证；海尔模式是对以丰田模式为代表的日式管理的系统矫正，它是与阿米巴模式相反的变革性模式。

海尔模式代表人类的第三代管理。张瑞敏是人类第三代管理的代表人物。海尔是人类第三代管理的代表企业。本书的重点是分析以中国海尔为代表的第三代管理同以日本丰田为代表的第二代管理的本质区别，在理论管理学高度解释中国成功经验与日本成功经验背后的根本差异。

海尔模式不仅带来一场管理变革，而且带来一场管理学变革。这场管理学变革是一场范式革命。

本研究聚焦管理范式，引入复杂性范式，解释人的改变；认为丰田经验与海尔模式的理论区别在于简单性范式与复杂性范式的区别；通过总结海尔模式，梳理其中具有普适性的第三代管理的逻辑。

管理的范式可以从两个角度理解，一个角度是管理学范式，分为系统科学范式意义上的简单性与复杂性，这是管理学研究范式，用于研究不同管理模式的根本区别；另一个角度是管理范式，是人的行为范式，或者叫管理的人性基本假设，分为理性范式与行为范式，前者对应简单性范式（不区分人与机器），后者对应复杂性范式（区分人与机器，认为人可以创新、创造，实现双赢）。

人类正在进入复杂性时代，互联网只是复杂性的一种技术表象，代表着用户需求复杂性高度增长且决定生产与服务的时代的到来。以复杂性科学解释复杂性的实践，是社会科学进化的趋势。在管理学科中引入复杂性范式，是对管理的斯芬克斯之谜——管理中的人是什么——的时代性解答。海尔始终坚持“人的价值第一”，始终坚持共创共赢的创造价值①和传递价值体系。体现在管理人的问题上，就是要最大限度发挥人的潜力。传统管理学把人想简单了，以为用户需求都可以用没有温度的交易来对待，所有员工不具有企业家的创造力，体现了人的理性假设的盲区。

与现有管理 1.0（第一代管理）、管理 2.0（第二代管理）不同，管理 3.0（第三代管理）的使命是创造企业家，使人人成为创客，并在创造企业价值的同时，创造用户价值，实现二者在创造性（这是最体现人的复杂性的地方）上的统一。海尔模式正是在这里，体现出与传统地把人简单化的机械式管理在范式上的不同。海尔人把这称为卓越与引领的区别：“‘卓越’侧重于企业家个人的优秀；而‘引领’却是带领每一位创客成为卓越的创业家。”②

管理解释与管理学解释有所不同，前者更多依企业的历史来叙述管理，后者则将历史打乱，按逻辑进行重新排列组合。本项研究定位于管理学而非管理，意在突出海尔模式在范式与框架上的不同，为的是说明，第一，为什么海尔模式具有普适性，不同企业的经历不同，人们无法在自身经历上复制海尔的演进历史，但可以抓住逻辑上的普适之点，学习借鉴。而且，把经历过滤掉，有利于每个企业发现自己身上潜伏的与海尔共通的基因。第二，为什么海尔模式是一种成体系的创新，不只是一种经验层面的东西。对体系的学习，要按体系的逻辑来整体把握，而无法只学一鳞一爪。第三，为什么海尔模式是适合各行各业的。从管理学角度总结海尔模式，超出把海尔模式总结成制造业经验或贸工技经验这类专门经验的范围，有助于学习者更好把握

① 传统企业只注重人能创造的利润和收入，却忽视了人所能创造的价值。

② 《海尔人报》编辑部：《只有引领才能生存》，《海尔人报》2018 年 1 月 17 日。

普适性的东西，举一反三。产业、模式定位不同的企业，都可以从中看到未来的自己。管理学作为管理行为与管理经验背后的理论，一旦出现范式一级的变化与基本结构框架上的变化，仅用经验之谈，而不进行理论范式对比，就会很难在不同体系的管理观念间进行沟通，达到理解的目的。

笔者不止一次听到学习海尔模式的人反映，海尔模式语言很通俗，就是听不懂。显然，这些人不是听不懂说的话，而是与这些话背后的范式与框架不“兼容”。这就好比以牛顿力学的范式与框架来理解量子力学一样，如果读者固执于牛顿观念，即使画小人书来给他讲量子力学，他该不懂还是不懂。张瑞敏说：“量子时代，东方文化的系统论思想重新照亮科学和哲学的夜空。”① 这是因为，东方文化系统论中的关系实在论，对应量子力学中波粒的波（或弦论的弦或膜）。

同一范式和框架内的知识，可以用“知”的方式把握，一旦跨范式、跨框架，就只能通过“悟”的方式来把握了。悟有顿渐之分。顿悟是直接把握真理本身，而绕过知识体系；渐悟要靠知识体系来达成。悟，不仅是把握真理，而且是跨范式把握，从一种知识体系跨越到另一种知识体系，把思想变到另一个频道上，出现思想的飞跃。把海尔模式表述为管理学，而非管理，就是提供一种渐悟之路，帮助大家从管理 1.0、管理 2.0 的知识体系，搬道岔到管理 3.0 的轨道上去，换道思维。

管理 3.0 的本质是自管理，其范式属于复杂性（复杂性管理不是复杂化管理）。这里的复杂性是指复杂性能力，具体指企业经济性地化解与利用复杂性的能力。管理复杂性，实际是管理复杂性能力，而不是指管理得越复杂越好，不是指把可以简单处理的问题复杂化，而是指低成本、简易地处理复杂性。对于“三易”来说，就是简易地处理变易（复杂性、多样性），而保持（日标、宗旨）不易。这里说“简易地处理复杂性”，而不说“简单地处理复杂性”，有所针对，不是指把复杂性转化为简单性（如把人性的变为机械的，把扁平的变为金字塔的）再加以处理，而是在保持结构复杂性不变的条件下，以处理简单性

① 张瑞敏：《新年只是一个数字，新我才能迎接新的太阳!》，《海尔人报》2018 年 1 月 3 日。

的成本，处理复杂性。使处理复杂性的成本，看上去像处理简单性一样，因此“显得”很简易，如举重若轻，“谈笑间，樯橹灰飞烟灭”那样。

复杂性的核心是人的潜力，包括需求方面的潜力与供给方面的潜力。复杂性管理面对的需求，是个性化需求、体验需求，它们与传统经济学说的需求不同，后者是指物质欲望。管理一旦把需求都还原为同质的物质欲望，就不再有质的区别，只有量的区别。这管理的是简单性需求。同样，员工作为劳动力是简单性的人，而非具有创新、创造潜力的人，创新与创造是人人皆有的潜力，传统管理只能管理人的简单性，但无法深入员工的潜力，发展人之为人的特性。

德鲁克对人的理解（包括人与单两方面人的理解），既不是生存，也不是发展（工具理性人），而是自我（价值）实现的人。德鲁克曾说：“21 世纪的企业应该是每一名员工都是自己的 CEO，也就是说应该自主做出决策。”

德鲁克认为的管理的四个问题，本质上就是在供与求两方面对人的理解，包括对人的目的以及实现目的的手段的理解。

与经济学的均衡区分为需求理论与供给理论相比，管理学只有供给理论，没有需求理论。在经济学的供给理论中，假定需求不变，专注于收入、利润与成本的关系。而管理学正是这样，隐含的假定是单不变（把单作为黑箱、外生变量，不随因变量变化而变化），专注于人的变化。这不符合德鲁克与张瑞敏对人的全面理解，如对双赢的理解。

管理 3.0 的人单合一，首先要求供给与需求的实质平衡。这要求在供给理论中，内在设定需求可变，对应需求可变设计供给的变化能力，以变化应对变化，以人的复杂性变化应对单的复杂性变化。在人单之间内生变化，以及由变化中的多样性（个性化体验与创新）带来的价值，是谓双赢。

研究互联网时代管理变革的重心，不是研究在管理中应用互联网技术，也不是研究如何在互联网中对已有管理理论进行运用，而是研究如何以互联网思维来重新认识与实践管理。其中，管理变革的“变革”是指范式转变，“网络成为探索复杂性的一条新的途径”①。

---

① 史定华：《网络度分布理论》，高等教育出版社，2011，第 9 页。

在这里，互联网思维特指用网络的观点看待世界（把所有管理现象视为网络现象），它针对的是相反观点，即用原子的观点看待世界（把所有管理现象视为原子现象，或用原子论的方法来解释管理现象）。

从这个角度，我们把管理区分为互联网之前的管理与互联网之后的管理。它们之间是特例与通则的关系，即网络是通则，它是由节点（原子）与边（关系）构成的系统；原子只是这一系统的特例（即在系统中，排除了关系，只保留节点这一特殊情况）。我们以此为线索，梳理互联网对管理变革的系统性的影响。这种影响从最开始把互联网理解为一种技术（因而把非互联网现象理解为非网络现象，把网络仅仅理解为与互联网有关的现象），深化为把网络理解为一种世界观（从而把一切现象理解为网络现象）。

中国作为互联网经济的领先者，由于在文化和技术经济前沿上的独特优势，在互联网时代管理变革中第一次有可能成为引领者，除工业化时代的美式管理、日式管理之外，形成互联网时代的中式管理。本书集中探索实践和理论中涌现出的这种“因为中国，更加世界”的管理思潮。

张瑞敏谦虚地将海尔的管理称为模式，而不称为经验，但本书特别强调，海尔模式具有与丰田经验同等的管理学地位。因此，我们从中国经验角度来总结与概括海尔模式，把它当作更广泛的中国经验的一个重要甚至核心的组成部分。这其中包含这样的意思，作为中国经验的海尔模式，是一种“道”。一方面，它的价值超越海尔本身，不以海尔的成败而论成败，具有普适性。退一万步说，即使海尔走入企业生命周期的低谷，中国成功与中国经验仍是普适的；另一方面，它的内容也超越海尔本身，力图总结所有中国企业（无论是制造型企业、服务型企业还是体验型企业）身上的“海尔”基因，以此区别于美国、日本等国家的管理基因。

我们将对中国经验的解释定位于管理学解释，是为了区别于管理解释。一般来说，管理解释往往一人用一套术语、框架，一个企业用一套术语、框架，这使得比较起来相对困难。而管理学是基础理论，它具有超越管理学家个人、企业家个人、企业个体的学术规范性，且具有教科书一级的形式上的标准性。我们希望通过比较管理学分析，用同一套概念体系，对管理 1.0、管理 2.0 和管理 3.0 进行从范式到管理功能、管理原则的全方位比较，以降低学习海尔模式的难度。

第一章　海尔模式的管理哲学范式

理解海尔模式的关键在于理解范式革命。

在海尔的管理学背后，正发生着一场管理学的范式转变。管理学的以企业为中心的简单性范式，正转向以用户为中心的复杂性范式。

随着复杂性科学的兴起，不仅是管理学，所有自然科学与社会科学当前都在发生从简单性范式向复杂性范式的转型。

从简单性范式向复杂性范式的转变，带来对人的认识的深化。以简单性范式看待人，人是机械的、理性的，没有创新与创造性的；以复杂性范式看待人，人是有生命的，充满创新与创造活力的。

管理学范式转变对组织看法的最大改变在于，在简单性范式下，组织与机器具有相同的特征，不具有创造性，组织的价值是用其获得的金钱来衡量的；在复杂性范式下，组织具有不同于机器的、人之为人的特殊本质，创新成为人的社会本质，而企业的使命在于塑造人，塑造具有人的创新、创造本质的人，在于人的群体的自我实现。

映射到人的行为上，范式转变主要涉及管理能否释放人的潜力。这个潜力有所特指，是指人的自由选择的能力。简单性范式抑制人的自由选择潜力，而复杂性范式发挥人的自由选择潜力。

自由选择表现为需求（单）与供给（人）两方面的多样化能力。

从需求来说，是指多样化选择的潜力（如个性化体验的潜力），一旦挖掘出这种潜力，用户价值会以乘数形式加倍释放，可以使用户终身实现对于美好生活的体验。

从供给来说，是指多样化创造的潜力（如创新、创造的潜力），一旦调动出这种潜力，每一位普通员工都可以成为企业家，在创造高于物质投资驱动的价值中体现人的创造性，体现人的创新的本质。

对海尔来说，这就是双赢，是人与单两个方面相互结合中体现出来的人的潜力的发挥。

1.1　管理实践转向：从确定性到不确定性

1.1.1　以企业为中心的确定性管理

以企业（企业家）为中心的管理学，是确定性系统管理学，是企业家管理员工的管理学。而复杂性系统管理学，是不确定性系统（又称量子系统）管理学，是以用户为中心，由用户直接“管理”员工（如海尔“用户付薪”）的管理学。

确定性系统管理学（如美式管理、日式管理）的确定性的一个重要表现是，把用户（包括需求如客户、订单，以及市场环境）当作黑箱，把企业理解为确定性系统，管理仅仅体现在企业内部从金字塔塔顶向塔底的职能性行为。

黑箱的意思是，企业（企业家、管理者）被默认为拥有对用户的充分信息。这种充分信息的依据，或者在于把用户想象为系统中已知的、确定性的部分（如美式管理），或者在于把充分信息能力作为默认具有的企业家才能（如日式管理）①，总之，就是把用户打包、封装起来。

这造成对管理变革的元问题的理解与网络式的理解不同。复杂性是网络管理的核心问题，主流管理学虽然抽象地肯定市场具有不确定性等复杂性特征，但企业的应战仍是外在的，企业作为确定性系统在这一点上仍然没有质的改变（如仍然保留向心化、科层制结构）。在传统管理学中，管理多样性（Managing Diversity）问题，不是指单的多样性，而是指人的多样性，具体指员工多样性（Workforce Diversity），如年龄、性别、种族和民族、残疾（健

① 企业家精神和才能被认为是一种禀赋，是天生的、不可管理的，因而被排除在管理对象之外。

全）、宗教等构成的多样性①。

1.1.2 以用户为中心的不确定性管理

对于海尔模式来说，不仅企业是时代的企业，用户也是时代的用户。这个时代的用户与上一代用户最大的不同，在于它是一个复杂性系统。复杂性系统，也可以被当作不确定性系统看待。复杂性的突出表现，就是用户需求具有高度不确定性，昨天的需求、今天的需求与明天的需求不同。同时，用户是一个网络——复杂性网络。为了适应用户从简单性系统进化为复杂性系统，企业也要从简单性系统（死的、不能应对不确定性的系统）进化为复杂性系统（活的、专门应对不确定性的系统）。

网络管理重新定义了多样性。在人单关系中，从单的多样性（需求多样性）角度来定义管理多样性，由此突破了管理学原有的经济学、会计学基础。

海尔的管理哲学属于量子论，即以不确定性为原理的管理哲学。人单合一双赢强调的是以变制变，即以创客的不确定性（创新、创造）应对、驾驭用户的不确定性（个性化）。

当用户被作为管理黑箱，当作一种确定性时，隐含的经济学前提是需求的同质化，实际是把一切需求还原为最低的物质欲望。对这种原子论、还原论的需求观来说，高级需求与低级需求面对的是同样的管理，服务与体验不加区分。而对海尔来说，要满足高级需求，必须换道。

互联网时代需求多变（由此派生的高风险、不确定性）的背后，是需求升级。要区分低收入（人均收入 5000 ~ 10000 美元）与高收入（人均收入 5000 ~ 10000 美元）需求的不同特征，后者具有“需求曲线向上”的假象②。进一步说，个人可自由支配收入占总收入的 60% 以下，需求特征是理性定价；

---

① 斯蒂芬·罗宾斯、玛丽·库尔特：《管理学（第 13 版）》，中国人民大学出版社，2017，第 110 页。

② 需求曲线向上，实际是存在多条不同质的需求曲线，每条需求曲线的质不变，这就是需求多样化的意思。信息化与网络经济理论，用品种 N 来计量多样化的程度，因此解决了需求曲线“向上”代表的高附加值的计算问题。模型详见姜奇平：《信息化与网络经济：基于均衡的效率与效能分析》，中国财富出版社，2015。

而个人可自由支配收入占总收入的60%以上，具有情感定价特征。后者带来需求多变涉及的管理问题，如用户乘数问题，以及配合个性化、定制需求的一线员工的决策问题（这是丰田模式的盲区）。

管理2.0在一定意义上，也认识到用户需求的不确定性，但对策是以不变应万变，也就是以人的确定性，应对单的不确定性。这构成管理2.0与管理3.0的区别。管理3.0强调以变应变，意思是人也是不确定的。2018年5月22日，张瑞敏在与笔者的谈话中明确讲，“从不确定原理角度看人，能力不确定，每个人都可以发挥”，意思是，人与单一样，也是不确定的。这表现在人的能力是不确定的，人具有创新、创造的潜力，一旦发挥出来，就可以实现以变应变，“把许许多多的不可思议和不可能都在我们手中变为现实和可能”①。而以往的管理，特别是管理2.0，把人当作确定的，是由学历、情商、能力这些确定的，“把人才压住了”。张瑞敏还讲了人的不确定性的另一层意思，就是核心竞争力也是一种不确定性。张瑞敏说：“核心竞争力，成败都是它。如果是不变的，核心竞争力一旦形成，不动了，就死了。（不确定性说的）动态，是指根据外部变化，改变核心竞争力。动态是指更新核心竞争力，这就难了。时代要求以变制变，（对核心竞争力来说）时代一变就完了，要改就难了，因为是要改整个机制。如全面质量管理，年功序列工资。他都升成部长②了，再让他改就难了。”意思是，人要以用户为中心，按用户的需求，变化出自己的竞争力，并且把改变核心竞争力当作一种竞争力。也就是竞争力由用户说了算，不能由自己来固定、固化。

1.2　管理范式转向：从理性人到自主人

对人的认识有两种，或认为人是机械、理性的人（确定性的人），或认为人是创新、创造的人（不确定性的人）。前者把人视为简单性系统，后者把人

---

① 文正欣：《张瑞敏谈战略与管理》，海天出版社，2011，第222页。

② 日本企业管理职位一般从高到低的顺序是：部長（部长），次長（次长），課長（课长），係長（系长），班長（班长）。

视为复杂性系统①。简明判断，人的含义中，取消自由意志，归入简单性系统；人的含义中，具有自由意志，归入复杂性系统。人的不确定性在哲学上称为自由意志。自由意志在经济管理中表现在供求两个方面，供给方面的自由意志，表现为创新、创造；需求方面的自由意志，表现为个性化、体验。这两个方面在海尔语言中被称为双赢。还有一种简单的判别方面，在回答人是什么时，认为人是手段的，都是简单人假设；认为人是目的的，则都是复杂人假设②。

管理 3.0 从复杂性角度理解人，从而深刻理解人的本质在零和博弈之上，还具有双赢这一重有待发掘、发挥的潜力。从这个意义上来说，张瑞敏的管理哲学及实践，在于对人的价值的再发现。这一点达到了管理学前所未有的新境界。

简单人与复杂人的区别，简单说，就在于有没有人的潜力可以调动，人的潜力特指多样化潜力（表现为对体验或创新的自由选择）。这是人之为人的独特性所在③，也是人作为能动的复杂性系统不同于物化的简单性系统之处。

简单人是理性的人，是像机器一样的人，是生产的人，其有很高的专业化效率，但不会创新、创造，不具有自由意志，无法达成自我价值实现；复杂人是体验的人，是追求与创造美好生活的人，其在需求方面表现出个性化这种多样化特征，在供给方面体现出创新、创造这种人之为人独具的灵性，都体现了人的自由选择这种复杂性本质，可以达成自我价值实现。

---

① 本书严格区分复杂系统与复杂性系统。复杂系统是指简单性系统中的一类（复杂的简单性系统）。凡中心化、科层化的系统，无论多么复杂，都归于简单性（范式）系统，如世界 500 强企业多为简单性系统中的“复杂系统”。复杂性系统则是指去中心化、扁平化、生命有机性、自驱动、自组织、自生成的系统。复杂性系统也分两类，简单的复杂性系统（如雪花）与复杂的复杂性系统（如网络组织）。

② 所有管理主张，名义上多讲人是目的的，但许多实际意思正好相反。其中分别见 7.2.1“什么是群体”。

③ 物理系统也有复杂性，但不具有体验与创新这种人所专有的复杂性，因此，所有物理系统都不具有双赢特性。传统管理学的局限在于用社会物理学的简单化视角认识人，因而认识不到人具有双赢的潜力，其对应的管理 1.0、2.0 无法在管理中将人的潜力最大限度发挥出来。

这里说的复杂人，有别于管理学史上的复杂人概念。在管理学历史上，埃德加・沙因与哈罗德・孔茨都提出过复杂人假设。约翰・莫尔斯和杰伊・洛希提出的超 Y 理论，也是一种复杂人假设管理学说。

但他们说的复杂人，是指复杂的人。海尔模式的复杂人，是指复杂性的人。复杂与复杂性的区别在于，复杂性是复杂性科学所指复杂性，即结构复杂性；而复杂则只是口语上的复杂，是指要素复杂。要素复杂不等于结构复杂（如去中心化、分布式，非决定性等）。例如，世界 500 强企业绝大多数是简单性系统，因为具有中心化结构、科层制结构，只不过它们是非常复杂的简单性系统。它们虽然很复杂，但并不具有复杂性。

埃德加・沙因与哈罗德・孔茨提出的复杂人假设中所说的人只是复杂，但不具有复杂性。这种复杂，表现在人具有多面性，有时是理性经济人，有时是自我实现型的人，也就是说有时表现出简单性的一面，有时表现出复杂性的一面；当表现为理性人时，仍然在传统的简单性组织结构下行动，而不具有人与单两方面的自主性，即既不是个性化的，也不是创造性的，因此不符合双赢的标准。历史上的复杂人假设与海尔的复杂性的人还有一个重大区别：海尔对人的理解，包括了对用户需求的复杂性的理解，表现在终身用户与用户乘数上；而历史上的复杂人假设，只是对企业中的人的设定。

海尔的复杂人，一定是双赢的人。从单的方面说，个性化是人的复杂性的特征。如果人的需求不是个性化的，只能称为顾客、用户，而达不到具有乘数效应的终身用户（高价值用户）的水平。

从人的方面说，理性人因为不具有创新能力，所以仍是简单性的人，人的复杂性体现在其不同于机械的最大特征——可以创新、创造，也就是说，可以创造出与个性化对应的差异化的价值，并在这种创造中获得自我价值实现。

管理学说的人性，是指人的社会属性，而非个体属性。那么，怎样理解人的社会属性中的复杂性呢？

管理学面对的不是自然人，而是社会人。人在进行社会活动时，是简单机械之人，还是复杂生命之人，这是区分工业社会的人与信息社会的人的时代尺度。管理 1.0、2.0 把人管理成了简单的人，泯灭了人的个性化需求与高附加值创新创造的能力；管理 3.0 把人管理成了终身用户与创客，充分发挥了每个人（而不光是精英）的潜力。

按照传统的管理观念，网络管理只是管理的一个分支。但从网络角度看，网络是管理的本质，而现有管理只是管理的特例。

从网络视角看管理，同现有所有管理学理论一个最大的不同在于引入了网络科学的视角。网络科学本质上是复杂性科学。因此，引入网络科学，实际是在管理学中引入复杂性范式，要求用复杂性系统观点看管理。从人文科学角度看，这里的复杂性，是指心物一元性。其中的心，特指人之为人特有的，而在物理、化学、生物中都不存在的那种特质，如德鲁克说的人的潜力，熊彼特说的创新等创造价值的特质。海尔模式说的创造价值，有所特指，不是赚到钱，就是创造了价值。钱是没有温度的，价值是有温度的。所有简单性系统，都是没有温度的；所有复杂性系统，都是有温度的。这个温度，不是指自然温度，而是比喻人之为人的那种特性，在需求方面指体验，如解决有钱不快乐问题；在供给方面指创新，如解决有钱但无意义（没有展现万物之灵）的问题，二者都可以达到高峰体验。这些都是人达到万物之灵这一复杂性系统高度才具有的价值。

因此，在管理学中引入复杂性范式，就是在引入人之为人的特性，在体现人的创造价值的能动性。与之相反的简单性范式，从人文科学角度看，则是指物性，即把心物二元对立起来后，把心的部分（创新、创造等）抛弃，只保留物的部分（理性人按照社会物理学的动力规律行事）而得出的管理结论。这种见物不见人的管理学，最大的局限是不能充分适应需求变化，不能充分发挥人的潜力，因此在人之为人（增值）这一点上，造成供求双输的局面。

杨小凯曾说："多样化和专业化的发展是分工发展的两个方面。"① 这首次接触到社会复杂性的效率内涵。人的社会属性的复杂性，体现在其创造多样化效率的能力上。传统管理的长处是提高专业化效率，而网络管理的长处是提高多样化效率。海尔模式兼顾这两个方面，以前一个方面为基础，以后一个方

---

① 杨小凯：《经济学原理》，中国社会科学出版社，1998，第 237 页。

面为引领方向；在前一个方面要求实现套圈，在后一个方面要求实现换道。

从复杂社会系统理论角度理解的人，就是复杂人，复杂人可以很简单（如一旦觉悟而变得“思无邪”的人），但在以下方面具有与机械系统相反的复杂性系统的典型特征：他是多样化、个性化、具有自我实现需求的人，是具有创新和创造性的人，是可以自我管理（包括自我设定、自主经营、自组织、自协调、自激励、自控制）的人，是在系统与环境的关系（包括人单关系）中自适应、自发展的人，是与社群融为一体的人。与复杂人相反的是机械人，是不开悟而没有灵商的人。这样的人无法自我管理，只能由他人加以领导、控制，难以实现自身价值与用户价值。

管理学是社会科学，其关于人的基本假定属于社会假定。这与生物学、解剖学从自然角度看待人有所不同。简单性、复杂性这样的范式，不是社会科学独有的范式，不是研究人的独有范式，而是将社会科学进一步提炼为跨越社会科学与自然科学的哲学高度后采用的范式。如果将哲学高度的复杂性范式，还原为管理学本身的范式，就要将复杂性缩小范围，缩小为体现人性的复杂性范式。这样的范式典型如自由（如自由意志、自由秩序）。自由意志不是物理学的研究对象，因此也不可能成为基于物理复杂性、数学复杂性（计算复杂性）的研究对象，但自由意志是决定人类系统不同于非人类系统的主要范式。对管理学来说，德鲁克说的人的潜力发挥，最接近这一范式。

对海尔模式来说，体现为自由意志的人的复杂性范式，表现在供求（人单）两个方面，构成双赢的管理哲学基础。

简单人是生存发展的人，追求衣食住行的人；而复杂人是自我价值实现的人，追求美好生活的人。海尔“生活 X.0”的概念，体现了复杂人的人性假设。张瑞敏强调，“X”代表不确定，一方面代表用户的个性化美好生活需求是各不相同的，另一方面意味着企业要无止境地去求解。

人的复杂性可以从人与单两方面的复杂性来理解。在人这方面表现出创新的多样性，在单这方面表现出个性化的多样性，这种人的多样性用哲学语言描述指自由选择，用管理学语言描述指人的潜力发挥。

表现在单的方面时，自由意志表现为个性化需求和意义体验，用户因此而自愿付出高于边际成本的溢价（例如，追涨杀跌不是价格越低越买，而是价格越高越买）。表现在人的方面时，自由意志表现为员工通过创新、创造价值而达到自我价值实现，创造的价值也超过边际成本，而实现正经济利润（高附加值）。这与从物理规律中总结出的复杂性适应系统（Complex Adaptive Systems，简称 CAS）规律不同，不是消极适应市场需求，而是主动创造用户价值，从而实现自我价值。

“X”至少代表了两个不确定性：第一，美好生活的定义是不确定的，每个人理解的美好生活是不一样的，你要的美好生活在别人看来未必就是美好的；第二，美好生活的价值是不确定的，今天是美好生活，明天未必还是美好生活，这也是为什么海尔强调要拥有终身用户，就是为了用户需求的即时变化持续迭代。

从企业（“人”）这个方面来说，复杂人的假定，体现在张瑞敏“企业的使命在于创造企业家”这个非凡的命题上。简单人是指劳动力和物质资本。从理论上说，货币形态的物质资本可以生息，劳动力也可以创造剩余价值，但这不是海尔所说的“创造价值”“创造用户（价值）”意义上的剩余，而只是无创新内容的增值。“企业家”在此特指具有企业家精神的人，是指具有创新精神和创新能力的人，是指可以创造循环流转的价值之上的高附加值的人。德鲁克说的发挥人的潜力，也主要指发挥人的创新、创造的潜力。这样的人，因为体现了人不同于物理系统的特质，体现了生命在于创造这种复杂性（灵性），因此说他是复杂性的人。以往，只有企业家才可以成为这样的人。管理 1.0、2.0 也顶多把企业家管理成具有企业家精神的复杂人。但海尔的“人人都是 CEO”，可以将每一位员工，都管理成企业家，意义就完全不同了。海尔说的创客，就是说员工不仅可以作为劳动力这种意义上的机械人，拿机械劳动对应的工资，而且可以参与分工，拿股东对应的分红，还可以创新、创造出体现创新的高附加值。创新体现了人之为人的灵长类动物在社会性方面的灵性。这是复杂性系统的独有特征。在德鲁克见识过的各种管理中，真正可以把底层人的潜力激发到企业家程度的，只有海尔一家。即使在德鲁克盛赞的 GE（General Electric Company，美国通用电气公司）中，激发的也只是高级管理人员作为复杂人（创新、创造之人）的潜力，而达不到将普通人身上的企业家潜力发挥出来的程度。日式管理就更不用说了，管理 2.0 不是把员工培养成企业家，而是把企业家培养成杰出的人，而让员工被这些杰出的人影响，成为一群发自内心地认为企业家什么都对，因而不等企业家来管，就积极主动与其保持一致的人。日式管理要的不是员工真正成为企业家，而是成为企业家的跟随者，而这些跟随者要忠诚自觉。

企业在创造企业家过程中的作用是提供平台，即固定成本或重资产。把体现人的灵性本质的创新、创造，以轻资产运作的方式，交给创客去做，创客就是轻资产运作意义上的企业家。企业则整合内外资源，分享给创客，而按资源使用效果收取支撑服务的使用费，即租金。

对管理哲学来说，复杂性系统具体针对的就是人的自由潜能，这是人之为人，有别于物理系统和其他自然复杂性系统之处。

从网络科学角度反观管理思想演进，一条重要线索是核心问题意识的变化。其中的分野，可以追溯到斯密的分工思想。杨小凯曾说：“多样化和专业化的发展是分工发展的两个方面。”① 工业化和信息化分别代表分工的这两个相反发展方向。多样化使系统由简单性走向复杂性，专业化使系统由复杂性走向简单性。质言之，系统由简单性转向复杂性，提高的是多样化效率；系统由复杂性转向简单性，提高的是专业化效率。这是管理原问题背后的本质。

工业时代管理的问题意识，是围绕专业化这一总体方向展开的，互联网出现之前，中国管理思想一直被笼罩在传统中国制造的问题意识（同质化、专业化的大规模生产在管理上如何可能）中；而互联网时代管理的问题意识，则正在围绕多样化这个总的方向展开，这使中国管理思想开始面对中国创造这个新方向上的特殊问题（差异化、多品种的服务在管理上如何可能）。

网络科学虽然也包含提高专业化的主题，但就其特殊性来说，主要与多样化的主题内在联系。这是因为网络科学以复杂性（而非理性，即以线性逻辑为代表简的简单性）为核心问题意识。当范式转变后，原来不重要、非核心的问题，开始变成重要的、核心的问题，主要问题从规模经济不经济，转变为范围经济不经济（实质是多样化经济不经济，因而等于个性化经济不经

① 杨小凯：《经济学原理》，中国社会科学出版社，1998，第237页。

济，进而等于复杂性经济不经济）的问题。提出这样的原问题后，互联网时代管理的真问题才开始浮出水面。这是管理 1.0、2.0 没有提出的问题，是管理 3.0 独特的核心主题。

回顾管理思想史，基本问题意识的变化，通常被总结为管理的人性假定，从经济人假定转变为社会人假定，进而转变为有限理性假定。但从网络科学角度看，这两种假定是一回事，都是简单人假定。网络科学对应的管理学人性假定，是复杂人假定。

1. 基于简单人假定的管理 1.0、管理 2.0

管理 1.0 的思想，从泰勒、法约尔，一直延续到 1961 年孔茨的“管理学丛林”，丛林中的六大物种（管理过程学派、人类行为学派、经验主义学派、社会系统学派、决策理论学派、数理学派），包括后来的 11 个学派，提出的都是简单性机械论的问题，其管理实践可以称为美式管理。

其中管理的经济人假定是简单人假定，这容易理解。因为以泰勒、法约尔为代表的早期管理思想，是以建构性理性主义的机械论为哲学基础的，它完全依赖理性主义等现代主义的分析方法。其中的管理有机论，在整体论意义上貌似复杂性系统理论，但在中心化等关键特征上，仍不属于复杂人设定（其历史渊源是德国历史学派——社会有机论的集权理论）。

从霍桑实验到梅奥的行为管理理论提出的社会人假定，虽然挣脱了经济学现在还深陷其中难以自拔的经济人假定，但本质上仍属于简单人假定。因为以网络管理要求的个性化、客户中心等标准衡量，管理的社会人理论讨论的还是同质化的人，还是企业自我中心的人（哪怕重心从企业家转向员工），只不过从同质化的个人，变成了同质化的社会人。其哲学基础仍然是卢梭的同质化的社会人的设定，因此与网络管理思想对复杂人的理解格格不入。

以西蒙为代表的管理决策理论同样属于简单人假定。虽然其理性主义不再是建构论的，但其基本立场仍然与网络管理的旨趣相互。最显著的差异在于，西蒙的决策说的是领导的决策，领导仍然高高在上，自上而下指挥；而海尔的决策说的是人人都是 CEO，是自下而上的决策。前者是中心化决策，后者是去中心化的决策，因此是完全相反的。以上是管理学教科书中谈及的管理理论。

20世纪80年代兴起的以日式管理为代表的管理2.0，是管理思想从工业时代向信息时代过渡的中间产物。其过渡的标志是，一半工业化，一半信息化。管理2.0对需求的理解，同互联网时代的理解是一致的，而同管理1.0明显不同；但它对成本的理论，则与工业时代一致，而与管理3.0明显不同。具体来说，日式管理的问题意识已经发生了变化，明确意识到市场瞬间万变是一种时代特征，这种变化来自需求多样化，也就是分工在向与专业化相反的方向演变；但是，日式管理的成本意识仍然是工业化思维，仍沿着专业化的方向思考对策。

这一时期的一个奇特现象是，管理思想众多，如全面质量管理（Total Quality Management，简称TQM）、准时制生产（Just in Time，简称JIT）、看板管理、Z理论……但这些管理思想多以经验形式，而非理论形式出现。丰田经验、索尼经验等，严格来说，并不符合美式管理（管理1.0）的教条，但它们没有像管理1.0那样提出独立范式，形成纲领与理论体系，因此在理论上始终没有成熟，更像是依附在管理1.0框架上的经验之藤。管理2.0思想中最接近管理3.0的，是戴明关于质量的一个特殊理念，即认为提高质量不但不会提高成本，反而会降低成本。它倒是与管理1.0隐含的经济学范式相悖。但深受戴明思想影响的丰田质量管理，却没有把这种相悖之点（范围经济）发挥出来。其质量管理从第一步到最后一步，都是在需求确定之后开始的，并不符合我们前述以用户为中心管理的几个基本条件。

而海尔在20世纪90年代中期的时候，就抓住了管理3.0的质量概念的本质。质量，分产品质量与服务质量，都是指质的差异。如果说管理2.0的质量主要指产品质量，好坏是由生产者决定的；那么，管理3.0的质量主要指服务质量，好坏是由用户决定的。像张瑞敏说的："从抓产品本质的质量这种狭义的质量提升到一种广义的质量，延伸到服务""要把产品的质量延伸到用户的家里去"①。

以丰田经验为代表的日式管理，从企业理论来看，仍然没有真正接受复杂性系统的理念，仍在以简单人理念设计管理组织，其致命弱点在于，决策

① 文正欣：《张瑞敏谈战略与管理》，海天出版社，2011，第244页。

自上而下，离散的节点（员工）没有独立决策能力，这导致组织的神经末梢对外界变化没有战略性反应，经常因等待上级指令而贻误商机，难以适应互联网时代的高速变化。不仅 Z 理论，包括阿米巴管理在内，虽然对一线决策有所授权，但仍需要以 CEO 为中心进行统一领导，其管理机制不能保证一线决策体现战略价值。

2. 基于复杂人假定的管理 3.0

进入 21 世纪，管理 3.0 悄然兴起。而中国在管理 3.0 的形成中开始发挥主导作用，以致我们可以把管理 3.0 直接称为中式管理。中式管理在这里不是指传统中国管理，也不是指中国改革开放前 20 年的成功经验（工业化管理经验），而是特指与互联网时代相联系的管理变革，包括实践与理论。

管理“佛法”东去的一个标志性事件，是 2016 年 1 月 15 日海尔张瑞敏接管了 GE 的家电业务部门，在中美两国顶级制造企业同时推进网络管理。2017 年上半年更换美方总经理，韦尔奇时代结束，中式管理开始走向世界。德鲁克对于 21 世纪管理的期待，是实现管理范式的根本转变，从“现代”的世界转向“后现代世界”，“从由机械因果主导的笛卡尔世界观，转向由模式、目的和过程主导的新世界观”，前者“把世界视作机械的聚合体，在聚合体中整体是各部分之和”，后者“认为整体不同于部分”①。韦尔奇曾是德鲁克最为看好的管理者，但事实证明，中国人更适合引领 21 世纪的管理。

与日式管理相反，所有中国企业（甚至无论是不是互联网企业）都不同程度地具有“将在外，君命有所不受”的末梢决策型的管理风格。而这种“上有政策，下有对策”的末梢决策型文化，虽然往往在现代性（如规则性）方面需要补课，但在克服现代性弊端（如工业病）方面，却有矫治奇效。由于互联网风险巨大，日式管理的优点往往被抑制，而缺点却被无限放大。而中国管理的这种底色，正好具备德鲁克“个人尊严和机会平等”所特指的文化基因。这种基因一旦与互联网的先进实践相结合，马上就在管理 3.0 的核心上产生了其他各国所没有的剧烈化学反应。这表现在，中式管理与管理 1.0、2.0 的简单人假定（包括简单性经济人假定、简单性社会人假定）相

① 德鲁克：《已经发生的未来》，东方出版社，2009，第 2 页。

反，客观上提出了管理的复杂人假定。德鲁克曾明确地把与笛卡尔理念的相反方向，归结到复杂性理念上，所谓“个人尊严和机会平等”就是表现为人的自由的复杂性①，要归结到多样化上来。

可以认为，互联网时代管理变革的核心问题，就是在继续提高工业化能力（专业化能力）的同时，提高网络化能力（多样化能力），管理变革要实现的真正的转折性变化在于，要变多样化不经济（表现为迟钝这种工业病，即做大做强后通过官僚主义做死），为多样化经济（表现为通过让所有末梢恢复灵活，像生命体那样有活力地发展，可持续高增益地做优）。中式管理第一次在世界上提出了做强、做优、做大的纲领性主张。其中的做优，就是对美式管理、日式管理的批判性超越。

下有对策要想成立，要与上有政策保持协调，利益的上下一致就成为关键。否则下有对策就不仅不能对上有政策帮忙，反而会以下乱上，给系统添乱。在这方面，稻盛和夫经营之道也显现出局限，变革的决定性的一步是由中式管理迈出的。张瑞敏从网络思维角度提出“用户付薪”并建立起用户乘数机制，使下有对策与上有政策的利益，从两张皮变成了一张皮，从原来的利益相向变成了利益同向，建立起上下利益关系一致的激励机制。

同是超越核算会计与管理会计，海尔的战略会计与阿米巴的经营会计，存在明显的管理3.0与管理2.0之分。阿米巴经营会计的核心是单位时间核算，首要目标是“追求单位时间内最小经费和最大销售额”，其管理2.0局限在，没有把价格作为损益表中的能动因素，从战略角度区分收入。这使高利润仍由主观因素决定，而没有真正成为可管理的对象。而管理3.0重点在人（全员）的创造性的发挥与用户体验的最大化，这才是“个人尊严和机会平等”的精髓。海尔的战略损益表，以竞高单为鲜明的导向，其收入的重心不在最大销售额（如降价库存会被记在损的一方），而在经济利润（对应经济学中的AC－MC，而非仅仅是会计利润）。人人都是CEO的想法则来自德鲁克，意在走一条与丰田模式相反之路，降低差异化的成本。把戴明说的低成本高质量，推广为低成本高利润，也就是越多样化，成本越低。把人性体现在人

① 例如，“以自由看待发展”就是指以人的选择多样性来驾驭工具理性的发展。

单双赢中。至此，管理 3. 0 率先在中国成熟起来。在这里，管理 3. 0 与管理 2. 0 相比，发生了一个细微的变化。这就是对质量的理解，出现了管理 2. 0 与管理 3. 0 定义的不同。同是指质的差异，管理 2. 0 说的质量是产品质量，质的差异表现为高质量的产品不同于低质量的产品，质量是由生产者决定的。而管理 3. 0 说的质量是服务质量，质的差异表现为用户与用户之间需求的质的不同上，质量好坏是由用户决定的。张瑞敏指出，“从抓产品本身的质量这种狭义的质量提升到一种广义的质量，延伸到服务”“要把产品的质量延伸到用户的家里去”①。“海尔又开始了新的提升：在20 世纪90 年代中期抓到了质量的本质，即永远要满足用户的需求，永远使用户满意，提出为用户创造需求，满足用户潜在的需求。”②

管理 3. 0 的革命性表现在，管理的人性假设发生了范式级的转变。复杂人假设是在德鲁克“目标管理和自我控制”这种经验学派式的认识基础上，对管理人的进一步提炼。正如张瑞敏解释的：“目标管理和自我控制的精髓是什么呢？就是机会平等和个人分享。那我就想，目标管理是什么呢？目标管理按照德鲁克的说法就是企业的绩效。自我控制是什么呢？自我控制就是你怎么样在一个组织里体现你的自身价值。这两者加起来，其实就是他所说的机会平等和个人分享，因为体现了自我价值。”对海尔模式来说，这一精髓就集中体现在常常被人们从“人单合一双赢”中当作冗余词删掉的“双赢”中。双赢的哲学实质是“人是目的”，它的反面是“人是工具”（管理 1. 0、2. 0）。双赢中的人，将管理人深化到用户与员工两方面来定义。在“单”的方面，从顾客升级为用户（从交易层面——将需求作为生产的工具——上升到体验层面），体验依赖于目的实现，是多样化的，在这个意义上他是复杂人；在“人”的方面，将员工升级为 CEO，实际是使工具理性人变为创造性的人，而创造是多样化的，在这个意义上他是复杂人。将网络科学转化为网络人文，最后的结论就只能是以人是目的为内涵的复杂人。这也可以解释为什么互联网兴起后，体验越来越成为商业潮流。

---

① 文正欣：《张瑞敏谈战略与管理》，海天出版社，2011，第 244 页。

② 同①，第 245 页。

1.2.1　管理的历史随认识人性而深化

2016 年 12 月 7 日，张瑞敏在“世界智能制造合作发展高峰论坛”上，对企业管理模式变革过程进行了一个回顾，指出以下内容①。

传统的管理模式，发展了差不多 100 多年的时间，主要有三个代表人物。第一位是科学管理之父泰勒；第二位是组织理论之父韦伯；第三位是法约尔，提出了一般管理的理论。互联网时代消除了距离，这是它最大的影响，同时也是对我们最大的挑战。经典的三种管理模式很明显不再适用了。

科学管理理论，最富代表性的应用在于流水线。最早得益的就是福特汽车，福特汽车因为用了流水线，而把当时在美国卖 4000 美元一辆的汽车变成了 500 美元，最低的时候，只有 300 多美元，大大降低了成本。但是现在，流水线满足不了用户个性化的需求，流水线生产模式也一定会被大规模定制所颠覆。

组织理论也叫官僚制，是一个金字塔结构的管理架构，强调中心，可以保证公司上层意志的有效传达。但如今，互联网时代带来的趋势是去中心化和去中介化。

一般管理理论，就是分立出各个职能管理部门，然而现在互联网时代的企业更强调自发能动性，是自组织而不是他组织，所以也会被取代。

其实传统管理理论的基础是国富论，国富论强调分工，从而催生了传统管理理论。美国纽约大学宗教历史系教授詹姆斯·卡斯写过一本书《有限与无限的游戏：一个哲学家眼中的竞技世界》，出版至今多年经久不衰，里面有一句话说：世界上的游戏一共有两种，一种叫有限的游戏，另一种叫无限的游戏。有限的游戏意味着游戏的参与者在界限内游戏，而无限的游戏就意味着参与者与界限游戏。在互联网时代，我们就是在与界限游戏，与传统管理的界限游戏，我们发现所有的边界都在不断衍生。

管理学的演进与实践的演进是同步的，只是理论往往滞后实践一步。管理学

---

①　佚名：《海尔张瑞敏南京开讲：让员工成为创业者，“群龙无首”才是公司极致!》，《江苏商报》2016 年 12 月 9 日。

演进的一条总的线索，就是对“人是什么”这个斯芬克斯之谜进行解答的深化。按照张瑞敏的“企业即人”，企业管理学就是人的管理学。张瑞敏在文章《海尔精神常青》中指出，“从某种意义上说，企业就是人”“企业说到底，就是人”。

从对“人”认识最大的范式区别划分，海尔模式及所在的管理 3.0 属于一大类；管理 1.0、2.0 二者虽有区别甚至存在对立关系，但同属一大类。这两大类的根本区别在于核心范式相反。管理 1.0、2.0 背后人的范式是理性范式，形成于启蒙运动，在方法论上属于简单性系统理论；管理 3.0 背后人的范式是意义范式（例如，海尔提“生活 X.0”就是把美好生活作为终身用户意义所在），形成于互联网时代，在方法论上属于相反的复杂性系统理论。

如果从简单性系统理论与复杂性系统理论相反这一视角观察管理学的演进过程，在海尔模式成熟前，管理学其实一直处在简单性这个总范式的笼罩下。直到张瑞敏出现，人类管理思想才出现了根本性的范式转变。从这个意义上讲，张瑞敏相当于管理学中的哥白尼。

管理学历史上流派众多，但对人性的定位无非理性（管理 1.0）和有限理性（管理2.0）两种，二者相比于管理3.0 其实是一回事，都在理性这个大的简单性范式之下。管理学的社会人假说，实际也没有突破理性范式，也是以理性为基调，只不过变成了社会理性。

管理学中的行为人假设，比社会人假说更接近范式突破。但正如奥地利学派经济学将行为与理性并称，其实只不过是苏格兰式理性与大陆理性之间的内部区别一样，行为仍以理论为基调，这一点影响到管理学对行为的研究，很难突破最后范式边界。而海尔突破了，当海尔用有温度与没有温度对行为进行大的分类时，无意中迈过了人类自我认识的一大极限。更重要的是，海尔不是说说而已，而是径直把没有温度的收入都列入战略损益表的损的一方，只将有温度的收入列入益的一方。理性是没有温度的，凡理性收入均计入损的一方！这就等于正式宣告范式转变后价值观标准的改变。全人类从把人的理性理解为“人是目的”的定义，到把温度（比喻意义）理解为“人是目的”的定义，这是人类自 17 世纪、18 世纪以来的又一次思想解放，把“人是目的”从理性价值这个台阶，上升到目的意义这个台阶。

海尔管理学是人的管理学，对人的重新发现是海尔管理学的核心。管理

3.0在“人是目的”上的答案超越管理1.0之处在于，管理1.0把“人是目的”偷换为“人是手段”，这不仅是拿员工当手段，而且把老板也当作（社会实现理性的）手段；管理3.0超越管理2.0之处在于，管理2.0虽然开始强调发挥人的潜力，但发挥的只是企业上层的潜力，而对下层实行的愚民政策，逼迫员工把老板的目标当作自己的人生目的，而且要信以为真。这相当于让企业老板代表人的目的，把员工当作实现“人是目的”的手段。管理3.0真正的革命性在于，其第一次把人的解放的范围扩大至员工，甚至用户。这昭示出一个真理：双赢是“人是目的”的真正所在，被以往管理1.0、2.0彻底忽视的员工与（因为个性化而成为少数的）用户，都有作为人之为人的独特价值，需要系统挖掘出来，使员工无障碍地自我实现至企业家的程度，使用户无障碍地自我成就至实现美好生活的程度。

海尔管理学首要的一条是用户第一。这个第一，是无条件的第一。

几乎所有企业都讲用户第一，却是有条件的，这个条件就是要求用户必须达到一定规模。因此，实际完整的意思是：保证用户第一，但用户需求过小、变化过快例外。换句话说，确定性的用户第一，不确定性的用户不是第一。例如，丰田模式也讲“按单定制”，但附加了一个条件“同时也均衡化”，实际意思是“必须对到底可以允许多少改变加以控制”，即“有一定的限制数量”①。加上这个限制后，用户第一，就变味成用户第一要对我胃口。

而海尔的用户第一是无条件的，用户千变万化，要求企业也要跟着千变万化，因此不确定性的用户也是第一的。全面快速精准响应不确定的用户，成为海尔用户第一有别于其他模式的特色所在。

海尔模式给管理学带来的一个最大改变，是从定位于人，改变为定位于人单。原有只能容下人的框架，已装不下人单这两方面内容。

传统管理学，包括管理1.0、2.0的理论定位，都是针对企业本身（人单之中的“人”），内容是如何组织员工以实现组织的目的。海尔要求的管理学，还要补充另一半：组织的目的是哪里来的——它是由单决定的。比较一下就

---

① 杰弗瑞·莱克：《丰田模式：精益制造的14项管理原则》，机械工业出版社，2016，第130－131页。

可以发现，传统管理学中，组织的目的本身不是管理对象，它是既定的前提假设，在前提假设不变条件下研究系统的系统学。而在海尔要求的管理学中，这个目的的生成与改变，恰恰是管理的重点对象，相当于在系统不变的条件下，研究前提假设条件的改变，是条件学。管理 3.0 是系统学（人）与条件学（单）的合一。

容纳海尔模式的管理学，因此要把内容扩容一倍，要把单如何决定人摆在人单关系中，当作管理的对象；而把组织员工以实现组织的目的，变为实现用户的目的。

1.2.2 管理的边界随组织演变而拓展

对海尔模式来说，管理学的边界已发生变化，不再是以企业为对象、以企业为边界的企业管理，而变成以网络中的利益攸关方为对象、以网络为边界的网络管理。

企业与网络的边界不同。以资源为标准划分，企业是以资本的价值来划分边界的，同一个企业是指老板相同，也就是在同一个支配权（Ownership）下使用资源。企业外的主体，不能无偿使用老板的资源，否则就算作“搭便车”。从这个意义上说，企业是支配权的单位。而网络是以资本的使用价值，即以使用权（Access）来划分边界的，也就是说以分享资源（包括生产资料）的使用权，来划分是在网络之内，还是网络之外。同一网络内的可能不是同一个企业，但一定是共享资源使用权的。

从这个意义上说，企业是支配权共同体，即资源拥有共同体；网络是使用权共同体，即资源使用共同体。

对海尔模式来说，海尔是一个企业，有其支配权与使用权；但海尔同时还是一个生态共同体，把海尔作为网络是指，海尔企业自身资源的使用权分享的边界就是海尔网络的边界。例如，小微主、创客可以是独立的老板，其与海尔在支配权上可能是分立的；小微主与创客依据对海尔企业的资源的共同使用，而与海尔企业共同构成海尔网络。

网络中不同支配权主体（老板）的关系，可以是松散型的（如虚拟企业、虚拟企业联盟），也可以是紧密型的（如海尔）。区别在于，松散型网络中的老板不是企业的员工，而紧密型网络中的老板（分红）同时兼有员工的属性（如拿工资）。但他们的共同之处在于，都在某种程度和范围分享使用资源。而不与企业分享网络资源的，比如与其他企业或企业网络合作的企业，则虽然处于广义的网络（互联网）中，但不处于具体的产权网络（如海尔网络）之中。

管理学如果以资源拥有为对象边界，称为企业管理学；如果以资源使用对象为边界，称为网络管理学；如果这个边界内是公益网络，则称为社会（社区）管理学；如果这个边界内是公共网络，则称为公共管理学。

1.3　管理学范式转向：从简单性到复杂性

管理学范式转向不同于管理范式转向，管理范式转向面向的是人本身的转向；管理学范式转向则是指管理研究者方法论体系的转向。海尔管理学要求研究管理范式转向的研究者本身，实现方法论体系的范式转向。

当代管理学研究范式转向，与所有社会科学转向的方向一致，即从简单性范式（理性范式）转向复杂性范式（量子范式）。

要区分复杂与复杂性：复杂是指要素，复杂性是指结构。中央企业虽然内部很复杂，结构上却是简单性结构（凡金字塔结构都是简单性结构）；雪花虽然看起来简单，结构上却是复杂性结构（拓扑结构）。

官僚主义是复杂的（要素繁文缛节、叠床架屋），而本质却是简单性的（通过理性，将复杂性化简为少数规则，但难以灵活应变）。老子说的“无为而治”，行为上是简易的，本质却是复杂性的（像生命体一样，不用层层汇报落实）。从这个意义上说，复杂性管理等于反对官僚主义的管理。

复杂性管理学，研究的不是如何把管理搞复杂，相反，是研究通过管理从容驾驭复杂性，让复杂性得大于失，从不经济变为经济。因此可以说，复杂性管理学是让复杂性成本降低的管理学。

1.3.1　管理学中的复杂性范式

1.3.1.1　从自然复杂性到管理复杂性

海尔模式在思想上属于量子管理思想，海尔管理学也可以说是量子管理学。量子管理学中的量子，是一种比喻，比喻的是复杂性。左哈尔径直把“量子论”科学家称为复杂性科学家①。而 Jurgen Appelo 认为，“只有人具有必要的复杂度去管理复杂系统”②。

量子突出了复杂性中不确定性、非决定性、非线性、关联性、相对性、多元性等本质特征。而复杂性是全面涵盖了量子的内涵又更加全面的说法，包括多样性、拓扑（错综）、非中心、自组织、涌现生成等特性。海尔管理实践具有所有这些复杂性特征，而复杂性范式是对这些实践的理论自觉。

对海尔模式来说，量子管理中的量子还不能直接与玻尔的量子在思想上画等号。张瑞敏所谈的量子，还有与玻尔思想完全不同的另一面，即体现人文精神的创造、创新的思想。

这种意义上的量子概念，来自物理学外的另一个思想来源，即左哈尔的量子管理思想，她将量子思想从自然延伸到社会。如左哈尔所说：“与量子物理相联系的思维、混沌和复杂科学强调不确定性创造的潜能。它告诉我们创新系统是复杂的、互联互通的，且可以在彼此环境中对话、自我组织与管理。”③

比较左哈尔与玻尔的思想，一个显而易见的区别在于，玻尔的知识背景是自然科学，左哈尔的知识背景是人文科学。玻尔虽然有对于量子与生命关系的思考，但一生几乎没有跨过物理学家的本分，进入对生命创造问题的思考与表述。他走得最远的地方，只是非线性因果决定论，用互补性来说明自然现象，从来没有用自由意志等含有创新、创造的内涵来刻画生命。左哈尔不同，她所说的量子，已将非决定论，提升到自然生命之上的自由意志的领域。对量子领导者来说，人对于单，不是单纯的适应，还有创造价值这一相反的方面，二者的互补才形成完整的量子。左哈尔说的适应，不是系统对环境的消极适应，而是具有能动活性的自适应，她说：“量子系统动力学能够将

---

① 丹娜·左哈尔：《量子领导者：商业思维和实践的革命》，机械工业出版社，2016，第4页。

② Jurgen Appelo：《管理3.0：培养和提升敏捷领导力》，清华大学出版社，2012，第56页。

③ 同①，前言。

复杂的自适应系统（所有的活跃系统）变得富有创意，并适应人类系统的特性。”① 玻尔从来没有系统谈论过创造价值，他谈的只是没有大脑在其中起作用的物理现象。而左哈尔谈的量子，涉及复杂适应系统所不涉及的意识和思想②，特别是右脑的功能（创造性）③。张瑞敏的量子思想，在创造价值这一点上，完全与左哈尔一致。张瑞敏提出的人的价值第一，是对复杂性思想向人文方向的拓展。

这正好代表了复杂性思想的两面性，复杂性理论来自自然科学，这决定了它所说的复杂性只是复杂适应，将复杂适应的观念，经由自然科学直接套用于社会，是圣塔菲的代表性立场，这种把社会等同自然的学说，将整个复杂性仅仅理解为复杂适应系统（CAS）。而复杂性还有另一面，即复杂创造这个与适应相反的特征。适应是被动的，创造是主动的。自然科学的对象往往是被动的，而人文科学的对象往往是能动的。管理学不是物理学，人的价值第一，鲜明地将人的潜力发挥这种非决定论因素，注入复杂性理论中。

因此我们可以得出一个结论，海尔管理学说的复杂性范式，不同于圣塔菲学派所说的复杂性（复杂适应性），而是自然科学与人文科学合体，适应与创造同炉的复杂性。在这一点上，管理复杂性理论要超越它的母体之一的复杂性科学理论本身。

1.3.1.2　管理复杂性的人文特质：量子自我

管理复杂性说的复杂性，是指管理对象和管理目标——人性——的复杂性，管理提升表现在从管理简单性的人性，到管理复杂性的人性。人性中，饮食男女属于人的物质性，是简单性的，可以通过满足人的衣食条件，进行简单性的管理；人性中的归属、交往，属于人的社会属性，可以通过满足人的发展的金钱条件，进行简单性的管理；唯有人性中的自尊、自我和自我实现，是人性中的精神属性，最具复杂性。管理复杂性，就是要对人性中最具

① 丹娜·左哈尔：《量子领导者：商业思维和实践的革命》，机械工业出版社，2016，前言。

② 在量子科学家中，目前只有少数，如玻姆，认为自然有“思想”（“即使是电子也被认为具有一定程度的思想”）。

③ 同①。

复杂性的核心部分进行管理。

量子管理思想，或者说管理学的复杂性思想与传统管理思想最大的不同在于，要求管理学回到管理本身，即回到管理的源头来思考。这样的管理学，重心不再是作为职业的管理（控制），而是作为人生目标的愿景（由此产生领导），把管理活动置于实现人生目标这一更大语境之下看待。

传统管理思想不能回到管理的源头，而只能回到管理的半途中间。源头是指最终价值（意义），而中间是指中间价值（工具理性），表现为将工具理性的目标，如利润、股东价值等，当作管理的目标，而忽视了通过管理目标而要实现的人生意义，即工具所要实现的目的。

海尔模式的核心是人的价值第一。这有所特指，特指在于，将人的价值分为两类，一类是简单性价值，另一类是复杂性价值。简单性价值又分两类，一类是生存价值（对应生存需求，如管理学中的保健目标），另一类是社会价值（对应社会需求）；复杂性价值是自我实现价值（又称意义，对应心理需求）。人的价值第一，主要指通过管理将人的最高价值即自我实现价值，作为第一位目标与核心目标来实现。股东价值主要属于企业的社会价值，不是第一位的。

这些价值都是同时对人单两方面讲的。人有自我实现价值，指创客创新、创造价值；单也有自我实现价值，指满足对美好生活的体验。

人的价值第一与复杂性的关系，可以通过量子理论得到解释。人与自然（物）相比，具有更高的不确定性，因此具有更高的复杂性。这种不确定性或复杂性，有没有一个总的源头，抓住了它，就可以使管理变得简易呢？左哈尔的观点是，人之为人的源头，就在于量子自我。

左哈尔将量子场论用于解释人的原动力。她说："一切存在的事物和存在的人，无论有无意识，基础和源头都是量子真空。量子真空是驱动宇宙演化的力量，是产生一切物质的基础物质，是一切运动背后的'第一推动力'，是一切物质产生的'原因'，是'方向感'，是物质背后的'目的'，是我们生命的根本目的。"①

① 丹娜·左哈尔：《量子领导者：商业思维和实践的革命》，机械工业出版社，2016，第11页。

量子真空有点像黑洞，它本身没有质量，但可以吸引与驱动一切质量。量子真空比喻的是作为管理源头的第一推动力。张瑞敏探索的管理模式，是那种不用外力，自我驱动、自我运转的“道”。管理面对的是生命体，正如生命体有自己的原动力一样，管理也有自己的原动力。对生命来说，输入物质，驱动的只是人的低级行为，如身体新陈代谢；而输入第一推动力，驱动的是精神行为及由此得以释放的创造力。

人的价值第一与人的潜力释放（德鲁克思想）是同一个意思，暗示的是，一般管理顶多可以实现人的生存价值、社会价值，但无法将更高的自我实现价值作为管理潜力释放出来。例如，传统管理满足的消费者需求只是顾客需求，实现的是消费者的生存价值和社会价值，但海尔模式可以满足的终身用户需求，满足的是消费者自我实现的心理需求（左哈尔称为“心灵需求”）。再如，传统管理带来的员工价值，一般只是通过工资满足员工的生存价值；而海尔模式发挥员工像企业家那样创新、创造的能力，创造出与老板同一级别的现期分成，这就把员工身上创客和小微主的潜力（“企业家”精神）发挥出来了。

左哈尔认为现有管理的问题在于“未能从一个基本的、全面的、系统的角度来看待管理的功能”①，表现为将利润与自尊割裂开，将逐利与愿景割裂开。问题都出在将高级价值与低级价值割裂，聚焦问题价值偏低上。左哈尔从马斯洛的需求层次理论（生存、安全与稳定的需求，归属与社交的需求，以及自尊与自我，直至自我实现的需求）入手分析认为，一般管理学都把管理聚焦在需求层次较低的问题上，如赫茨伯格所说的保健因素，用刺激物的方法刺激人。管理产生官僚主义的病根，在于强调社会需求（工具理性价值），而忽视自我实现这一意义。而左哈尔认为，“对于意义的需求是首要的”②。管理学应该倒过来，“将自我实现（意义）放在塔尖处”③。如果按塔基、塔腰、塔尖，把管理分为下游、中游、上游，管理 1.0

① 丹娜·左哈尔：《量子领导者：商业思维和实践的革命》，机械工业出版社，2016，第 26 页。

② 同①。

③ 同①，第 25 页。

相当于管理的是下游价值；管理 2.0 相当于管理的是中游价值，管理 3.0 相当于管理的是上游价值，通过赫茨伯格所说的内在激励，激发主动性和创造性，走向管理价值链的上游。

把生存需求、社会需求归类于简单性价值，而将意义价值归类于复杂性价值，是因为前者非决定性的量子特征较弱；而自我实现是人之为人特有的价值，非决定性的量子特征更强。可以说，自然的复杂性表现在不确定性上，人的复杂性表现在创造与体验上。正如 Jurgen Appelo 指出的："创新正是复杂性科学的核心概念。"① 创造与体验是自由选择过程，在这一过程中变不可能为可能，具有最大的由能动性带来的不确定性，只有把这种潜力发挥出来，人生才能显示出人之为人的独特之处，而不只处于消极被动适应环境的动物的水平（自然复杂性的水平）。如果不抓住"管理在于人"这一源头，就可能只把人管理成动物或机械了。

量子自我，简单地说，就是自我实现对应的那个自我。它好比量子力学面对的黑洞，没有任何物质质量（比喻饮食男女的成分最低），但可以把强大的各种物质力量（如星球、星系）一下子吸入其中，融合得无影无踪。管理学面对物质世界，把人都管理物化了，但一直没有找到自己的黑洞，没有找到可以征服一切强大的物质力量，而不是被物质力量所征服。这个黑洞，就是左哈尔认为的量子自我，只要把人的最高价值即自我实现的价值作为核心，整个宇宙的能量和物质都会任其驱动。道理很简单，价值实现的顺序是由低到高，一旦低端价值过剩，必然会受到更高一级价值的控制，由高级价值决定低级价值，意义（心理需求）决定价值（社会需求），价值（社会需求）决定功能（物质需求）。这可以解释追星现象，一些歌星唱功并不如专业歌唱家，但演唱会门票卖得更贵。这是因为，专业歌唱家强在价值，但歌星强在意义（对听众的"心灵需求"而言）。意义（"快乐"）可以换算更多的价值（"金钱"）。管理学一直在研究如何管理才能产生更多价值，但一旦由管理产生更多意义，"气场"就会高于这些价值。而

① Jurgen Appelo：《管理 3.0：培养和提升敏捷领导力》，清华大学出版社，2012，第 50 页。

所有意义现象相较于价值现象，都是更具复杂性的，因此需要复杂性管理学。

1.3.2 现实背景：终结官僚主义

1.3.2.1 以复杂性对付复杂性

管理学范式转向复杂性范式针对解决的现实弊端，一言以蔽之，是终结官僚主义。

官僚主义是系统中存在的一种以不适应复杂性为本质的现象。官僚主义与复杂性的内在相关在于这样一种悖论：系统最初通过中间环节迂回提高效率，但最终由于中间环节迂回而降低效率，系统随着复杂性的提高而崩溃。

不适应复杂性，首先是指系统随复杂性上升而效率下降。改变随着中间环节的复杂性上升而日益明显。具体来说，最初，中间环节的迂回增进了专业化效率，但增加了多样化，导致成本上升，由于增加的多样化成本低于专业化效率的提高，总的效率在不断提高；然而，最终多样化的成本上升，抵消了中间环节迂回增进的专业化效率，导致总的效率下降。

不适应复杂性，其次是指系统随复杂性上升而成本上升（而不是像生命那样随复杂性上升而成本下降）。简单性系统（专业化系统），在专业化效率不变条件下，复杂性（多样化）程度越高，相对成本越高。复杂性范式则呈现相反特征：一个复杂性系统（多样化系统），在专业化效率不变条件下，复杂性（多样化）程度越高，相对成本（特别是平均成本）越低。相对成本是指相对于多样化产出的成本：总的成本可能随产出增加而提高，但相对产出的成本（边际成本或平均成本）递减。

所有生物体都是复杂性系统，生命活体不存在官僚主义现象，生物体抵御中间环节异化的具体途径，是以复杂性对付复杂性（以变制变），改变的范式上的对象是以简单性对付复杂性（以不变应万变）。在多样化产出不变的条件下，边际成本下降，称为多样性有效率（与简单性系统多样性无效率相反），典型现象是灵活；平均成本下降，称为多样化有效能，即范围经济（又称范围报酬递增），典型现象是智慧。

复杂性管理学，研究的不是如何使管理变得复杂，而是如何使复杂性的成本降低。相反，管理 1.0、2.0 才会使管理变得复杂，使复杂性的成本上升。官僚主义，就是管理过于复杂，造成失大于得。管理 1.0、2.0 对复杂性的态度是害怕，认为所有复杂性都是不利因素，因为复杂性意味着人与单两方面的变化性显著加大。为了避免这种不利，主张管理以不变应万变。通过消除复杂性，将复杂性变成简单性，比如，让多样化的单变成大批量单一品种的单；让具有创新多样性的人变成墨守成规的人，以回避时代变化这种复杂性的“不利”因素。

而管理的复杂性范式的取向正好相反，当人与单变得越来越复杂，越变越快时，不是人为对复杂性降速，而是将复杂性转化为有利结果，本质是提高多样化效率。正如 Jurgen Appelo 所说的：“复杂系统中的多样性（官方说法是异质性）很重要，因为它带来的诸多收益远远超过（系统内部变化的）付出。科学家发现，多样性可以稳定系统并使其能够抵御环境的变化。多样性有助于生物系统在严苛的环境中生存下来，它增加了灵活性并为创新提供着养分。”① 复杂性（如单的多样性）可以带来更高的附加值，甚至更低的成本（如人用智慧的方法替代机械的方法越变越灵活）。这样可以越变越简易（相对成本越低），越变越增值。

管理 3.0 的使命，不是消灭复杂性，不是像倒脏水把孩子一起倒掉一样，将其中的有利与不利一同摒弃，而是兴利除弊，通过管理使复杂性得大于失，发挥复杂性在激发创造活力，激发人的创造、创新潜力，满足人们对美好生活的体验，灵活驾驭变局等方面的优势。相反，管理 1.0、2.0，尤其是管理 2.0（如丰田模式、通用模式）越害怕复杂性，越会使管理变得复杂，产生官僚主义。因为由市场多变、需求多变造成的单的复杂性，是时代无法回避的现实，如果只是害怕复杂性，找不出通过智慧化、灵活化简易地化解复杂性、利用复杂性的管理方法，原有机械组织和流程组织就会在单的复杂化的现实作用下，无可避免地走向官僚主义。

---

① Jurgen Appelo：《管理 3.0：培养和提升敏捷领导力》，清华大学出版社，2012，第 59 页。

通过转向复杂性范式而终结官僚主义，最主要的管理变化在于，利用灵活、灵敏、灵捷的复杂性核心优点，将组织柔化，拉近人单距离，保持组织的初心，从而从根本上矫治以组织僵化、人单疏远、遗忘初心为特征的官僚主义。

海尔模式是复杂性范式下的管理变革。从复杂性范式角度将其从管理经验上升为管理学体系，侧重的是从管理变革的范式突破角度总结管理经验，可以从中国的管理经验（强调地域性）和管理的中国经验（强调普世性）结合角度总结，着眼于提升中国企业管理创新的整体水平、高度和引导性。

当然，复杂性范式不是绝对的，需要结合条件加以运用。在管理学中引入复杂性范式面临的主要争议在于，在内部讨论中，有学者提出，倡导复杂性范式，追求的管理效果是灵活，它对于官僚主义虽有疗效，但对中国人不适合，因为中国人本来已经灵活过头，再提倡灵活，可能与理性、守规发生矛盾。

对此，我们需要具体分析。中国人的灵活（复杂应变）来自农业文明传统，是在理性发展不充分、规则发育不充分条件下形成的。灵活要想变为信息时代的智慧，就不能脱离工业化基础，不能脱离理性基础。正确的方法，是将理性守规的科学管理与灵活应变的人性管理，在工业化与信息化融合前提下，有机结合起来，做到符合理性，但不走向教条；追求灵活，而不失原则；将普遍之理与具体之用有效结合，才能代表时代进步的方向。

就海尔实践而言，海尔的以变制变，显然不是专家所担心的小农式管理文化，而是在汲取了工业化的科学管理（包括管理1.0、2.0，如德式管理经验）有益成分的基础上，在信息时代否定之否定的成果，是在历史的螺旋式上升的更高阶段，对灵活与智慧的重新肯定。提醒学习海尔模式不要抛弃科学管理基础，不要削弱基础管理的作用，是对的。但只打工业化基础，不向信息时代提高也是不对的。在以工业化管理为基础这一前提下，应解放思想，把重点放在学习海尔模式跟上时代的优势一面上，解决中国企业普遍存在的，管理落后于信息时代的问题。

1.3.2.2 “以变制变”同“以不变应万变”逻辑对比

以不变应万变，是官僚主义的内在逻辑；以变制变，是反官僚主义的内在逻辑。因此，以变制变同以不变应万变的关系，就是反对官僚主义与官僚主义的关系。

从经济学角度看，官僚主义的实质就是范围不经济；而反对官僚主义必须采用相反的逻辑，即范围经济。

范围越大，品种就会越多（越个性化），事情越多样化（从而越需要创新），就会越具复杂性，对现代性来说，肯定会越难（成本越高），这是因为简单性系统不适应复杂性。但对前现代与后现代来说，范围越大，品种越多（越个性化），事情越多样化（从而越需要创新），越具复杂性，做起来反而越简易（成本相对越低），在中国古代称为易，对应的能力是智慧。

表现在管理上，范围越大越经济，对应的就是以变制变。工业化的理念是以不变应万变。这里的不变代表理性，一旦抓住了事情的规律，就因抓住了“不变”而使事情变得简单了，因为我们可以拿着不变的规律，往一件一件不同的事情上套，每件事的因果都会符合这个规律，做事的成本就降低了。这是以简单性为范式为核心思考世界。以变制变，背后的哲学不是理性，认为不变的不是理性，而是道（形而上的理性与当下此在构成的形而下的复合体），即变的本身是不变的，而非变动不居的世界背后的规律是不变的。为此，不是把事物简化为不变的教条式的规律来化繁为简，而是认为一事一理，一个用户一种不同需求，虽然有不变的规律贯穿其中，但这样的规律只具较低价值（没有温度，只适合打价格战，没有经济利润，从而不符合人的本质），不能穷尽每一件事、每一个人不同于他事、他人的那个方面（这个方面代表经济利润的来源，从而可以把用户、创客两方面的人的本质调动起来），需要将普遍的理与具体的当下此下重新融为一体来把握。为此需要人调动出其与山水、植物、动物的那个特性，也就是以创新为特色的创造力，来辨析、驾驭理性辨析不出、驾驭不了的细节。不管这个细节的范围有多大，都能以变制变——以人之变（如创新、创造）顺应、驾驭单之变（以个性化、体验为代表的复杂性变化），从而成就人。

胡泳曾向张瑞敏询问海尔同国内其他企业的异同，张瑞敏一语破的：“用一句话说，我们是天天都在想着‘以变应变，以变制变’，而中国绝大多数企业都还是‘以不变应万变’。”创新和不断打破平衡的原则是海尔管理的精髓所在。在海尔，革命已经成为一种生活方式。而且，海尔已经内化于自身一套统一而完整的创新动力机制。

以变制变同以不变应万变在管理上的区别在于，以变制变不是强调在生产与服务中简化需求，把需求的可辨识范围压到最低，海尔认为这样管理企业就没意思了，因为把人压抑到山水、植物、动物的水平了。以变制变是说，用户需求千变万化，要多复杂有多复杂（要多个性化就有多个性化），企业也顺应这个趋势，使员工千变万化（创新、创造），不是把员工变简单，而是变复杂，即把员工变得比机械状态（打工的劳动力的状态）更复杂，从创新、创造中体现人之为人的千变万化（自由）这种复杂本质，用员工的自由潜力的发挥，把用户作为人的本性发挥出来，创造出美好的生活体验。其中的逻辑是，如果员工的千变万化超过了用户的千变万化，适应与驾驭变化这件事就“简易”地完成了。

相比之下，以不变应万变只是管理2.0的逻辑。以不变应万变的意思是说，如果用户需求千变万化，员工不要跟着千变万化（好像在主张“千万不要把员工的创造精神调动发挥出来，那样就没有企业家什么事情可干了”似的），要通过企业家凭借理性抓规律，对用户需求“合并同类项”，找出相同需求最大的那个不变的用户集合，通过流程再造的同质化过滤，把用户降级为顾客（无温度、无名无姓的人），来降低应对变化的生产服务成本。至于员工，听话就好，他们不过是领工资的劳动力，不是全面发挥意义上的人。

由此可见，以变制变（管理3.0），同以不变应万变（管理2.0）的关键分歧，不在于用户需求是否千变万化这一事实判断（这是管理2.0、3.0与管理1.0的共同区别，管理1.0对用户有个性化需求、需求会变化这一事实也是无视的），而在于要不要用复杂性系统思想对待企业自身，具体来说就是，到底是抑制员工作为人的复杂性内核，还是调动员工作为人的复杂性内核。这个复杂性内核，对于人来说，就是高于劳动力的那一部分能力，具体来说，就是创新、创造。管理2.0一直以为，这只是属于部分人（精英、企业家）

的本质，不是所有人的本质，因此，对员工的管理，用简单性范式（理性范式）作为内核就可以了；而以变制变则认为，员工也是人，人人皆可为圣贤，应把员工身上的才能发挥出来。企业管理员工不算本事，把员工培养成企业家才真正到位。有人误解，认为以变制变，是要把管理工作复杂化，但正好相反，复杂性管理是强调越复杂越简易，是要治官僚病和官本位，绝不是强调管理的繁文缛节。

中国人信《周易》，这不是学来的，而是一种文化基因，好比于人人在潜意识里，天然地认为范围是经济的；而在外国，人人都不相信范围可以经济，潜意识的默认选项是范围不经济。

这可以合理解释为什么从王阳明到张瑞敏，认为人人可以做圣贤、做CEO是理所当然的（因此才可能是“简易”的①），而西方人却不这样看。近代以来，中国失去了文化自信，导致文化意识与文化潜意识分裂，前者是西化的，后者还有《周易》的影子。

1.3.3 海尔管理学与管理学范式转向

管理学范式转向，表现在从简单性范式向复杂性范式转变。核心是要建立终结官僚主义的模式。

以变制变是海尔模式方法论的核心，以这种核心建立起来的管理学，代表着管理学范式的一种根本改变：从简单性范式向复杂性范式转变。

从这个意义上可以说，海尔的管理学代表着管理学与复杂性理论的结合。在人类管理学还停留在简单性理论阶段时，张瑞敏已将管理学引入新的现代化水平，跟上全人类社会科学纷纷转向复杂性理论的潮流。

管理学转向复杂性与转向复杂不是一回事。复杂性管理，本质上是降低复杂性成本的管理，也可以说是提高复杂性收益的管理，它不是使管理变得更复杂，而是变得更简易。对于海尔模式来说，就是以（人）变制（单）变，以人的复杂性（人变），驾驭单的复杂性（单变），在其中提高“应万

① 王阳明说致良知，是挖掘本身已有的东西。只要不让错误的意识遮蔽正确的潜意识，人人都可以凭直觉领悟，因此说有简易的一面。

变”的收益，降低“应万变”的成本。

这包括得与失两方面的含义。从得（收益）的角度说，是提高人与单的变化（即复杂性）的收益，海尔称为创造价值，表现在需求方面是从简单性的顾客需求，升级为复杂性的终身用户体验需求，为用户创造更高的价值（同时也是更高的溢价能力）；表现在供给方面是从员工的简单性地生产出工资水平的价值，升级为创客和小微主创造出自我实现的价值。从失（成本）的角度说，是降低人与单的变化（即复杂性）的成本，表现在需求方面是降低用户体验的成本（如通过物联网降低用户面对千变万化的个性化服务的选择成本）；表现在供给方面是降低创客提供个性化解决方案的成本（如通过大规模定制降低定制的成本）。

简单性范式，是指经济人理性范式，其特点是寻求普适的规律，不分条件，把一切事物纳入规律，认为一切没有规律的事物（如非线性、不确定性）是不可管理的。而复杂性范式，是指确定的理性与不确定的行为的统一，强调人的价值还有非线性、不确定的方面，可以通过管理发掘其不确定的潜力。

如果说人的价值第一，是从主体、人文角度概括人的复杂性，而以复杂性概括人的价值第一，则是一种方法论，旨在在管理科学中系统地引入复杂性系统科学，来解释管理现象。在社会科学中引入复杂性科学的方法，是当今社会科学发展的趋势。从某种意义上说，与人的主体视角略有差别，它将人的规律与自然的规律视为一体，或者说把人的科学提升到“道”的高度来总结。

管理范式的复杂性，与人的复杂性既有联系，又有区别。它们是内容与形式的关系，人单合一双赢是内容，以变制变是形式。海尔模式告诉人们的是，为了跟上时代，必须用以变制变这种方式，实现人单合一双赢。具体到海尔模式来说，最大的复杂性就是用户与创客表现为不确定性的能动性，代表着将创新、创造这种非线性因素内生于管理体系，从而把人的潜力发挥到理性科学所不能达到的高度。

管理范式意义上的复杂性，除了人的复杂性外，还有组织管理方式的复杂性的含义，例如，是采用去中心化、扁平化这种复杂性系统的方式管理，还是按照中心化、科层制这种简单性系统的方式管理。

从复杂性范式角度概括人单合一双赢，它的确切意思可概括为以变制变。二者只是概括角度的不同。人单合一双赢侧重模式要实现的是什么，以变制变侧重的是模式如何实现。

如张瑞敏所说："我始终认为，只有时代的企业，没有成功的企业。所有的成功只不过是因为你踏准了时代的节拍，但是外部环境变化非常快，你不一定总能踏准节拍。成为时代的企业就要不断创新，不断战胜自我，才能在变化的市场上以变制变、变中求胜。"

简单性与复杂性从管理运作角度讲，一个简明的区别就是看它是否有官僚主义（本质上是人的手段与目的之间是否存在矛盾），简单性系统做大、做强后，会产生官僚主义；而复杂性系统，具有对官僚主义天然的免疫力，因为任何生命系统都没有"中层干部"，都是天然扁平、不会得官僚主义这种工业病的。

简单性与复杂性背后，是理性范式与创新范式的区别。凡理性的，都是简单性的；凡创新的，都是复杂性的。这里的复杂性，与复杂不是一个概念。理性可以非常复杂，说它是简单性的，是指一切简单性系统具有中心化、规则化、科层化这些简单性系统的典型特征。理性过头，就表现为唯科学主义，而与创新格格不入，在管理上会与双赢冲突。复杂性的事物不一定是复杂的，如雪花是复杂性结构，但并不复杂。复杂性是指在结构上具有去中心化、随机性、扁平化等特征，本质上是涌现、生成的，生命具有与机器相反的复杂性特征，在于其通过去中心化（人人都是 CEO）、随机性（突破规则束缚创新、创造）、扁平化等结构，创造出不同于物质驱动的增值。对复杂性进行管理，就是对创新、创造、增值、个性化等复杂性现象进行管理。这些都是人之为人，不同于机器系统的特征所在。管理 3.0 面对的首先是多样化效率，而管理 1.0、2.0 非专业化效率。管理 3.0 以管理 1.0、2.0 为基础，但要高于它们。

在新范式看，现有主流管理思想只是把管理问题当作简单性系统看待的特例理论。互联网之前的管理学，都是简单性系统管理学；互联网之后的管理学，是复杂性系统管理学。"在沿着还原论这条路飞奔时，我们撞上了复杂性这堵墙。”① 复杂性的管理不是说要把简单问题复杂化，而是说面对复杂性，只有发挥人之为人的特性，才能从容化解（达到“三易”中的“简易”）。而以机械性为特征的物性，最怕的就是复杂性，一复杂，就会陷入迟钝（工业病）。人面对复杂性与物面对复杂性降低成本的方式相反。物只有化繁为简，降低复杂性系统的复杂性，把复杂性转化为简单性，才能使能量发挥作用，用耗费能量来降低成本，提高专业化效率。而人面对复杂性时，不是降低对象的复杂性，而是提高自己的复杂性（如生命有机性），通过智慧（而非能量），以人性之灵活克制物性之迟钝，以信息来降低成本，提高多样化效率，使复杂性的处理成本只有机械处理简单性的成本那样低，因此显得“简易”。

从这样一个角度看过去，所有的传统管理都只是特例。简单性就是复杂性处于同质化状态这样一种特殊情况。职能就是功能局限于要素（结构的组合部分）这样一种状态的特例。在这种特殊情况下，需求、市场、环境都是确定性的，管理只不过是从计划、组织、领导、控制方面，将供给行为加以简化，通过使人的关系和行为获得确定性（理性或物性），以在确定性条件下，使企业获得确定的发展。但与通则相比，漏掉了人的潜力的发挥，包括以创新为特点的需求增值与供给增值的心的特点。

在互联网条件下，需求、市场、环境处于高度不确定性的状态下，草根实现梦想的潜力得到极大的释放机会。管理的问题变成，我们怎样做才能在一个不确定的条件下获得持续稳定的发展，并在其中最大范围（从精草扩展到草根）、最大限度地释放人的潜力。

从信息革命的高度看，如果肯承认它相对于工业革命是一场体变而不仅是用变，对管理学来说，就不能不大胆设想它带来的变化，可能会是范式的变化，而不仅是现有范式在应用上的变化。

与网络科学对应的范式可以概括为复杂性范式。复杂性不是指复杂，而是特指多样化、不确定性、分布式离散化、拓扑结构、涌现、生成、灵活、

---

① 艾伯特－拉斯诺·巴拉巴西：《链接：商业、科学与生活的新思维》，沈华伟译，浙江人民出版社，2013，第9页。

智慧等具有结构复杂性特征的事物。管理的复杂性范式，不是指化繁为简（把复杂转化为简单），而是指把复杂变得简易。与之相对的同工业科学对应的范式，可以概括为理性范式。理性范式是一种对世间万物进行化简的模式，它是简单性范式，但不是简单的，即可以非常复杂地把事物进行简单化处理的方式，如通过同质化、标准化、中央处理、分层金字塔结构、专业化等形式对管理涉及的人际关系加以简化。

网络经济对管理、管理学带来的最大的改变，是从单纯以产品服务提供者（人单关系中人的一方）角度讨论管理，并以供给方的人性为基本人性假定，改变为以产品服务的接受方角度（人单关系中单的一方）讨论管理，并将用户的人性假定为人性基本假定。要求供方的人性假定服从于需方的人性假定，共同统一于复杂性。

具有网络特色的管理与不具有网络特色的管理，就变成是否以消费者的复杂人假定为中心调整管理的问题。

1.3.3.1 复杂性管理与海尔管理学的关系

海尔模式是复杂性范式下的人单合一管理经验。

复杂性是海尔人单合一双赢背后提炼出的总的管理范式，这一范式对管理创新具有变革意义。

把海尔模式总结成复杂性管理经验，是否符合海尔的实际？海尔模式中体现出的复杂性因素特殊在什么地方？我们进行一些分析。

海尔模式的核心是人单合一双赢。人单合一双赢是口语化的经验表述，总结成管理学经验，需要对这一核心进行管理学术语转换。

1. 术语转换

人单合一双赢中的“人”和“单”，分别对应管理学中所说的组织与环境，合一实际是指组织与环境相互适应、相互作用。人单合一双赢实际是指组织与环境相互适应、相互作用，包括人适应环境，人驾驭环境。

人单合一中的“人”，既指企业这个整体，也指员工个人。当抽象到只剩组织与环境时，这里的组织对应的就是人单合一中的人。人单合一中的“单”，既指订单，也指客户需求。当抽象到只剩组织与环境时，这里的环境对应的就是人单合一中的单。

推广来说，将人单合一理解为企业与市场的关系，同样将组织与环境的关系理解为企业与市场的关系。它们仍然是一一对应的。

人单合一属于企业与市场一体化模式。新兴际华集团有限公司的“多层级模拟法人”经营机制等许多管理经验，也同属这一范畴，在管理学上，都可以被归入组织与环境相互适应、相互作用关系来理解。

一种看法认为，人单合一是制造型企业，甚至白色家电行业的特殊管理经验，服务行业不存在订单，也不存在生产控制，难以学习人单合一。这种理解把人单合一窄化了，把单望文生义仅仅理解为订单，以为没有订单的企业（如一些服务企业）没有订单，认为人单合一仅仅是制造企业或销售企业的事。这些认识是不对的。事实上，任何企业都要面对市场，面对需求。把人单合一提升到组织与环境相互适应、相互作用层面，即使不是制造企业，也同样存在组织与环境的这种关系，因此，这一层面上的海尔模式对不同行业遇到同类管理问题的企业也是适用的。

2. 管理变革的变革点

对于复杂性管理来说，人单合一双赢对应的是组织复杂性与环境复杂性的相互作用，而不是泛泛的人单合一，例如不包括打价格战意义上的人单合一。

复杂性是管理变革中的变革点。互联网时代的管理变革，就是从简单性范式向复杂性范式的质变。

海尔模式不同于以往我国总结的其他大多数企业管理经验的特殊之处在于，它有强烈的时代性，是国际水平的先进管理经验。这主要表现在，其他大多数企业管理经验，包括多数企业内部市场化经验，都是简单系统条件下组织与环境的匹配经验，而海尔模式是复杂系统条件下组织与环境的匹配经验。

人单合一双赢对应的组织与环境的相互适应与相互作用，体现的是组织复杂性与环境复杂性之间的相互作用。

组织复杂性管理专家刘洪对组织复杂性与环境复杂性之间的关系做过如下系统的解释。

在环境复杂变化的情况下，一方面，组织就要产生多种行为模式来应对不同环境情境的要求，所以，复杂的环境要求组织提高复杂性；另一方面，组织作为它所处环境的一个组成部分，其行为的复杂性必将导致环境的进一步复杂。环境对组织的要求，是通过对个体行为以及它们之间关系调整的要求来实现的，如图 1－1 所示，组织复杂性与环境复杂性是互动的，从历史演化的角度看，组织复杂性和环境复杂性有不断提高的趋势。

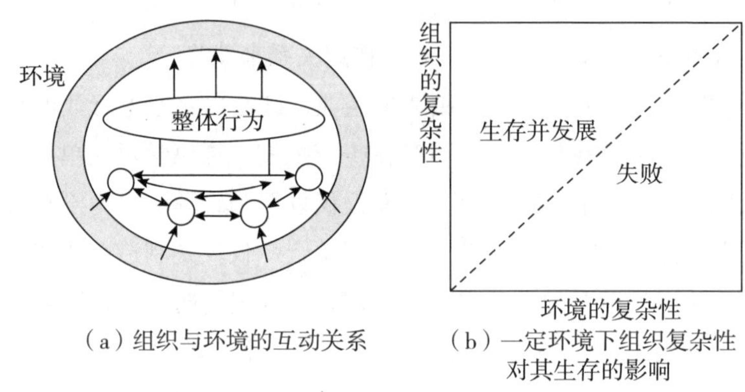

（a）组织与环境的互动关系　（b）一定环境下组织复杂性对其生存的影响

图 1－1　组织复杂性与环境复杂性的关系

资料来源：刘洪《组织复杂性管理：适应复杂性，创立竞争新优势》（2011）。

当一个组织的行为变化性不能满足环境条件变化的要求，即有些行为组织是不能采取的，那么，如果不能采取的行为越来越多，就会在很多方面都不能满足环境对组织提出的要求；反过来，这个组织要想从环境中获得生存和发展必要的支持，就会遇到困难，这个组织生存能力就降低了。所以，组织的复杂性程度应该高于所处环境的复杂性。当组织的复杂性程度低于其所处环境的时候，该组织的生存受到威胁，最终导致失败；当一个组织的复杂性程度高于其所处环境的时候，该组织能够驾驭环境获得发展。

如果环境是稳定的、长期基本不变的，那么，企业就可以用较少的理性行为来满足外部环境的需求，并获得必要的支持；反之，如果环境是不断变化的、不确定的，那么，一个企业要生存和发展，就应该有相应的行为来满足环境要求。所以，简单的环境需要简单的组织，复杂的环境需要复杂的组织①。

在此，我们可以识别出复杂性管理的关键变革特征，这就是“组织的复

① 刘洪：《组织复杂性管理：适应复杂性，创立竞争新优势》，商务印书馆，2011，第 405、406 页。

杂性程度应该高于所处环境的复杂性”。“简单的环境需要简单的组织”是管理变革之前的管理经验的核心特征，“复杂的环境需要复杂的组织”是管理变革之后的管理经验的核心特征。

3. 复杂性的变通说法

从复杂性范式角度总结提炼海尔模式，但在实践中称为复杂性，并非实质问题。复杂性是学术研究术语，它是我们观察海尔模式的望远镜和显微镜，至于给被观察的对象起什么名字，可以根据人们的约定俗成，这不影响海尔模式的内涵。

（1）以变制变

海尔自己的说法中，最接近“组织的复杂性程度应该高于所处环境的复杂性”的说法，是张瑞敏的“以变制变”。张瑞敏说过：“我认为，如果说海尔有什么经验的话，那就是随着外部市场的变化不断地变，孙子说‘兵无常势，水无常形’，外面天天在变，你必须跟得上这些变化，甚至走到变化前面去，做到以变制变，这样才行。”①

如果认为以变制变太抽象，还有更形象的说法，就是“打飞靶”。张瑞敏在概括管理3.0的特征时说：“进入知识经济时代，瞄准市场就如同打飞靶，需要有前瞻性，有提前量，必须不断创新才有生命力。”② 打飞靶的含义是“准确、快速、经济性地解决问题”，它同以变制变相比，在自然科学、管理学含义外增加了经济学的内涵，而且具有计量经济上的效能（动态效率）的准确特征。“组织的复杂性应该高于所处环境的复杂性”与成本收益结合在一起，就是John Panzar提出的“范围报酬递增”，对应的是“低成本差异化”战略。

（2）全员响应

如果从管理习语中选择，全员响应是对复杂性人单合一区别于简单性人单合一的较好描述。它是对“人人都是CEO”的术语表达。

“简单的环境需要简单的组织”意义上的人单合一，不具备全员响应的特

---

① 张大鹏：《张瑞敏管理真经：中国顶级CEO的经营管理智慧》，中国经济出版社，2012，第39页。

② 同①，第62页。

征。全员响应是指企业中的“人”从上到下全员响应“单”，它是企业员工在扁平化结构中分散化实时地对客户进行战略响应的能力。丰田经验就在顶层思路中缺乏全员响应的含义，因此无法要求员工根据战略损益及时决定当下的行动，仍需要通过漫长的官僚机制决策，反应就比海尔模式慢半拍。互联网时代的分布式计算，要求每个节点在连接中具有活性。它映射到管理上，就要求每个分散节点（自主经营体）分形、全息地蕴含企业核心价值（以CEO代表）。“复杂的环境需要复杂的组织”，在实战中，判断标志就是看企业中最接近客户的一线人员，是否具备全员决策、全员创新等全员响应特征。这也是国内同类管理经验相对薄弱，而海尔相对强的地方。

（3）灵巧型企业

海尔内部流行过“灵巧型企业”的提法，源自 BCG（Boston Consulting Group，波士顿咨询公司）咨询报告 *The Ingenious Enterprise*：*Competing Amid Rising Complexity*，把提升组织复杂性的总体效果，概括为 Ingenious（意为灵巧的）。

灵巧型企业采用“五步法”的思维框架。正如（桥水投资）Bridgewater Associates 公司的创始人 Ray Dalio 所言：“所有的企业面临的共同挑战是，建立一种伟大的企业文化，选择合适的员工，管理并使之成就伟大的事业，创造性、系统性地解决各种问题。企业所采用的应对以上挑战的方法决定了它们之间的差异。”文化、人、事、方法决定了灵巧型企业的内容。要成长为灵巧型企业，第一，必须明确问题是什么以及问题的价值，不能将问题过于简单化或者含混不清地向企业员工进行陈述；第二，进行行业对标，一定要明确是否正在有企业试图像谷歌那样改变现有的行业规则；第三，开发一场“剧目”，在企业内部形成一种有效的工作框架和方法，每个员工都能够采用这种方法和技巧指导自己的工作；第四，使得解决问题成为一种能力，激励那些能够突破现有思考模型，并尝试新方法的员工；第五，不断评价和试验，对比新方法和框架所产生的结果①。

---

① 海尔研究中心：《创业导向与“灵巧型”企业》，《海尔研究中心月报》2013 年 6 月。

与灵巧型企业有同样含义的说法是 IBM 的智慧企业（Smart Business）。Smart 与 Ingenious 具有同样含义。IBM 的实践结果是产生“大象可以跳舞”（企业做大、做强后做活）的效果。这种说法突出了复杂性管理的竞争力含义。复杂性作为竞争力，就是巧实力。它曾由 IBM 首倡，经希拉里推荐，成为美国国家竞争力的取向。将这种竞争力灌注于企业中，就要求企业从做大、做强，转向做强、做优。

（4）商业生态系统

复杂性的另一表述是生态。例如，海尔问题专家王钦提出“企业走进‘创新生态系统’时代”的判断，针对海尔的“商业生态圈”建设，提出“差异化是企业不变的追求，差异化优势的获得来源于‘商业生态圈’的构建”①。这里的生态系统、生态圈也是复杂性系统。在实践中，阿里巴巴也将复杂性系统称为商业生态系统。商业生态系统突出了生态多样性的作用、平台的作用，对商业模式创新有积极指导作用。

类似的概念还有“分形企业”（Fractal Company）。其中的“分形”，在海尔模式中对应的就是“自主经营体”。分形企业是一个开放的系统，通过进化形成与其目标自相似的单元——分形，通过其动态组织结构，形成类似生物体的自我进化系统或虚拟企业。企业中的分形是自组织的，能自我形成符合和有利于企业总目标的战略与战术，可以改变自身形成新的分形单元。

刘洪把复杂性管理称为组织复杂性管理，我们认为组织是管理题中应有之义，而且互联网时代的复杂性管理将环境也纳入管理（如海尔整合外部资源），因此我们还是简称其为复杂性管理。此外，受圣塔菲学派影响（如霍兰认为适应性造成复杂），许多人用复杂适应系统（CAS）代替复杂性系统。虽然这里的适应不是消极适应，也包含积极、能动适应的意思，但同熊彼特创新理论比较，还是有显著差异。海尔十分强调破坏性创新及双赢，难以用“适应”全面概括，因此我们只是把复杂适应作为全面的复杂性概念中的与复

① 王钦、贺俊：《“融合之道”——有感海尔“商业生态圈”构建》，《海尔研究中心月报》2013 年 4 月。

杂创新相对的一个方面。

无论什么样的概念，基本内核都是一样的：第一，都具有企业贴紧市场（人单合一）的基本意思；第二，都具有自下而上快速响应复杂变化的特征；第三，都具有企业适应市场、驾驭市场的两方面含义。

1.3.3.2 海尔管理学彰显复杂性范式普适性

如果说人的价值第一，是海尔管理普适性的基础；那么，复杂性管理则是海尔管理学普适性的基础。在人与单两个方面都按复杂性的管理方式进行管理，是海尔与美式管理、日式管理的理论原理的不同所在。美式管理中有的（如德鲁克与韦尔奇）也可以认识到人的价值第一，但在管理学基础理论和实践上，却不一定能兼容以变制变的体系，因为需要做底层功夫。

复杂性系统原则的前提判断是，系统越复杂（“变易”），行为越简易（“简易”），因此才主张不是缩小人的变化范围（“以变制变”的前一个“变”），而是扩大人的变化范围。

与此相反的原则是以不变应万变。以不变应万变的前提判断正好相反，认为系统越复杂，行为成本越高（越不“简易”），试图以人的“不变”，对付单的“变易”。为此，要将系统的复杂性程度降低，不是变得更有机化、灵性化，而是更理性化，以同人的行为能力及较低的智慧水平保持一致。在“三易”中，只有道是不易的。企业核心价值观就处在道的位置。以不变应万变，相当于把人（“企业”）的地位拔高到道的高度，把自以为是当成了实际的企业核心价值观（不管它口头说自己的核心价值观是什么）。人自以为是的最高境界，就是自己把自己提拔为道。人因为无能而得道（人仅仅是因为无法应变），反而享受道的“不变”的地位，这将是非彻底颠倒了。

复杂性管理，不可被理解为以提高管理的复杂性为目标。它首先是指利用复杂性，这时的复杂性是中性的，利用得好，复杂性就是好的；利用不好，复杂性就是不好的。西方科学管理强调化繁为简，假设了复杂性不可利用，可利用的只有把事务机械化的理性，放在互联网时代，相当于隐含着放弃使组织变得灵活的变革机会。它其次是指寻求使复杂性变得经济（或者利润上经济，或者成本上经济）的方法。例如，使组织有机化这样一种复杂化的方式，可以降低复杂网络的协调成本；使隐性知识得到充分分享这样一种复杂化的方式，可以降低差异化所耗费的固定成本。而西方科学管理隐含着与互联网时代相反的假设，认为系统越复杂，成本只能越高，排斥了新经济增长理论所发现的知识报酬递增的管理变革机会。

互联网时代之前的经典管理理论，均属于机械式管理。机械式管理以单纯降低复杂性为管理的取向。“按照经典的管理理论，将机械式作为对付复杂性的措施”①，其中分两种情况，一种是面对机械式环境，另一种是面对复杂性环境，无论哪种情况，都会采取机械式管理以简化复杂性。其中，以机械式组织应对机械式环境，属于管理1.0；以机械式组织应对复杂性环境，属于管理2.0。

对后者来说，承认与需求复杂性相应的市场环境的复杂性，例如，与同质化“中国制造”相反，重视满足需求差异化在提高利润上的重要性，但把管理的作用方向，确定为化复杂为简单（化繁为简），以降低交易费用（如由复杂信息造成的决策成本，复杂环境造成的营销成本）。在以机械式范式处理复杂性的思想指导下，有人甚至认为复杂性科学所做的就是简化复杂性，“简化是处理管理复杂性的一种基本思路”②，将机械式作为对付复杂性的措施，如在实践中将管理重心放在线性的预测和计划上。

互联网时代的管理，导向复杂性管理的变革。同机械式管理把复杂性视为负面因素相反，复杂性管理将复杂性视为正面因素，如把组织“做活”视为比组织机械化更好的状态。管理取向，从变革前的以机械式对付复杂性，变为“以复杂性对付复杂性”③。例如，IBM 等企业通过主动创造复杂性获得竞争优势。复杂性管理可以基于复杂性提高来实现竞争优势，如通过提高产品研发与生产的复杂性、提高组织结构复杂性及提高企业文化复杂性，构建竞争优势，如表 1－1 所示。

---

① 刘洪：《组织复杂性管理：适应复杂性，创立竞争新优势》，商务印书馆，2011，前言第 1 页。

② 同①。

③ 同①，前言第 13 页。

表 1－1　　面对互联网时代复杂性变化的两难管理选择[①]

<table>
<tr><td rowspan="2">机械模式观点：降低复杂性</td><td>复杂的管理战略：规则系统</td><td>复杂的规则系统创造简单的组织</td><td>复杂的规则系统创造简单的反应</td></tr>
<tr><td>关联最小化，分离的人力资源；参与最少；针对每个分离部分的规则；精细的控制制度；详细的标准化程序</td><td>简单的决策过程：少数决策者；少量被调查者；少量的解释；狭窄的信息环境；相似的价值；冲突最小化的规则</td><td>适应是目标狭窄的认识对可能性的可预期性被期望；变化被认为是分裂的事情；环境是不敏感的</td></tr>
<tr><td rowspan="2">复杂适应系统观点：增加复杂性</td><td>简单的管理战略：广泛参与</td><td>简单的规则系统创造复杂的组织</td><td>简单的规则系统创造复杂的反应</td></tr>
<tr><td>关联最大化：相互联系的人力资源；参与最大化；自治的元素；最少控制的制度；少量程序</td><td>复杂的决策过程：多个决策者；多个被调查者；多重的解释；广泛的信息环境；明显的冲突</td><td>共同进化是目标：对可能性的广泛认识；突现被期望；变化是共同进化的一部分；敏感的环境</td></tr>
</table>

复杂性管理的核心理念，正如新英格兰复杂系统研究所（New England Complex System Institute，NECSI）的创办人 Yaneer Bar－Yam 所认为的，只有组织的复杂性高于所处环境的复杂性，组织才能够生存②。海尔模式符合这样的核心理念，用张瑞敏的话说，叫“以变制变”。张瑞敏说：“我认为，如果说海尔有什么经验的话，那就是随着外部市场的变化不断地变，孙子说‘兵无常势，水无常形’，外面天天在变，你必须跟得上这些变化，甚至走到变化前面去，做到以变制变，这样才行。”③ 走到变化前面去，就是指组织复杂性要超过环境复杂性，人的变化要超过单的变化，人单合一才能够实现。

---

① 吕鸿江：《转型背景下的中国企业组织复杂性：动因、成长与应对》，科学出版社，2012，第 4 页。

② 刘洪：《组织复杂性管理：适应复杂性，创立竞争新优势》，商务印书馆，2011，前言第 13 页。

③ 张大鹏：《张瑞敏管理真经：中国顶级 CEO 的经营管理智慧》，中国经济出版社，2012，第 39 页。

当然，复杂性管理并不是一味提高复杂性，而在于追求组织复杂性与环境复杂性的匹配。这当中就包括根据需要降低复杂性。例如，通过降低组织的复杂性，从而提高资源供应者对本组织的易接近性①。只是同机械式管理相比，它具有利用复杂性这样的选择。

管理复杂性，不是追求复杂性最大化，而是以实现最优复杂性为目标。最优的组织复杂性，是与环境复杂性相匹配的恰到好处的复杂性，如通过管理，确定产品的复杂性如何才能恰到好处；确定顾客愿意支付的复杂性；根据平衡复杂性的需要，创造或简化复杂性。

从以变制变中，结合人单合一双赢，可以直接推导出“人人都是CEO”的派生命题来。

管理2.0不是提高员工的应变能力，而是强调把变的幅度本身调低。以适应员工“不变时简易处理”这种能力水平，要把单的变化降低到“不变时简易处理”水平来管理。这是典型的自以为是。

而以变制变要求自以为非。要以单的变化这一点不变（不以主观意志为转移）为前提，反向调整人自己，使人的变化超过单的变化，着力于提高信息能力，即处理复杂变化的成本，提高多样化效率和效能，从而实现以变制变。

以变制变的时代性表现在，认为复杂性（即“变”）是工业时代之后一个时代的本质性的时代特征。不仅具体的需求变了，而且需求作为一个整体，所隶属的范式发生了变化，从总体上隶属于相对静止的简单性系统状态和简单性范式，演进到隶属于相对动态的复杂性系统状态和复杂性范式。因此，需求在时空中的变易，将成为一种常态。这种新的常态，是一种积极的变化，意味着人的价值的升级，从以“不变”为常态（如以同质性假定为经济及经济学常态）时代的零经济利润时代，进入“变”时代的正经济利润时代。

从管理原则演进来看，管理1.0、2.0的方法论的原则，总体上依据的是简单性范式，因此以工具理性为原则。管理1.0以“不变”为常态，以

---

① 刘洪：《组织复杂性管理：适应复杂性，创立竞争新优势》，商务印书馆，2011，第415页。

“变”为非常态，因此要把管理纳入简单机械论管理。管理2.0虽然承认了需求变化是一种常态，但仍然依据理性原则，将这些变化纳入以不变应万变的模式来管理，具体来说，通过以流程再造为代表的管理模式，抓住变化中可用理性把握规律的部分（也是需求成规模的部分），纳入理性化的程序，进行无温度化批量处理。以变制变则正视用户需求中还有一部分无法理性化，一旦去掉温度，就会失去其特有的高附加值的部分，这种变化不能简单化地用流程再造这种“不变”来应对，必须以有温度的变化（加强互动），来驾驭有温度的变化（高端需求），把其中潜伏的高附加值创造出来。海尔的办法就是把流程再造与定制结合起来，变为全流程并联。

以变制变是“因为中国而更加世界”的普适原则。它的前身，是中华民族的传统智慧——“简易”地适应与驾驭“变易”，以达到“不易”（如中华民族的基因“不易”）；现代以来，变幻形式为“实事求是”这一原则；在当代，则凝聚在企业的以变制变中。其普适性表现在，它反映了复杂性之于行为的（超越理性的）根本规律。当今，美国、日本、德国及世界其他国家，都不能逃避环境的复杂性变化，也无法做到完全凭借理性就可以应对变化，因此需要有关于“越复杂越简易”这种超越西方传统核心价值观的逻辑，作为替代理性（以不变应万变）的新逻辑，以跟上互联网的时代变化。

从学术上来说，总结出以变制变这个根本法则，就实现了管理学从简单性理论向复杂性理论进化的根本性转折。这是张瑞敏对管理学做出的一大贡献。张瑞敏以一己之力，实现了人类管理学的“改朝换代”。

1.3.4 复杂性范式的实践范例：以变制变

复杂性就是变化、不确定性，因此复杂性范式就是变化范式、不确定性范式。

管理的复杂性用非学术的口语概念表述，可以等价于管理的量子性。量子管理中的量子，来自物理学量子理论，波粒二象性是推动量子变化的基本矛盾，其中反映的是对物理世界的本质，从确定性向不确定性转变的趋势。背后更深层次的变化，是对世界本质的认识，从简单性向复杂性的转变。

复杂性从来源看，它来自变化①，对管理来说，包括人的变化与单的变化；从结果看，变易带来不确定性，包括人的不确定性与单的不确定性。其中既包含挑战，又包含机遇。实践的挑战在于，人的变化一旦滞后于单的变化，企业就会死亡；实践的机遇在于，人的变化一旦适应了单的变化，人与单的潜力将得到空前的释放。理论的挑战在于，管理学一旦不能为以变制变提供范式依据，将落后于时代变化；理论的机遇在于，管理学一旦推动范式向以变制变方向转变，人的价值潜力将得到进一步的释放。

以变制变体现了管理方式随生产方式与时俱进，是海尔模式的“时代”性所在。由它决定了，人单合一双赢不能在农业生产方式上实现，不能在工业生产方式上实现，而只能在信息生产方式上实现。如果离开了这一条，就会分不清楚人单合一双赢是哪个时代的路数。它直接排除了大多数学习者的默认选项：靠以不变应万变实现人单合一双赢。

以变制变体现了管理学方法论原则的转变，它指向的不是为什么，而是怎么做，是实现人单合一双赢的总的方法论。这一原则的革命性特点，在于它是新的生产方式原则，是复杂性系统原则。

海尔模式的精华不仅在于人单合一双赢，而且在于必须用以变制变这样一种方式来实现人单合一双赢，而不能用以不变应万变的方式来实现人单合一双赢。这构成海尔模式的根本时代特征所在，并成为与丰田模式截然相反的特点。

1.3.4.1　以变制变，变中求胜

张瑞敏曾高度概括海尔模式的管理学含义：“用一句话说，我们是天天都在想着‘以变应变，以变制变’，而中国绝大多数企业都还是‘以不变应万变’。”

2012 年 11 月 6 日，《经济日报》发表了一篇张瑞敏的文章，标题就叫《以变制变，变中求胜》。文中指出：“我始终认为，只有时代的企业，没有成功的企业。所有的成功只不过是因为你踏准了时代的节拍，但是外部环境变化非常快，你不一定总能踏准节拍。成为时代的企业就要不断创新，不断战

① 变化在《周易》中表述为变易。

胜自我，才能在变化的市场上以变制变、变中求胜。”

这里明白无误地点出了“时代”与“以变制变、变中求胜”的内在关系。时代的企业就是以变制变，变中求胜的企业。

张瑞敏解释说：“我说的这个‘以变应变’，指的是国内（环境）在不断地变化，人员、组织结构都在不停地发生变动，我们很多规章制度政策都要经常调整，老百姓常说‘你有政策，我有对策’，我的任务就是变到你的前面去。”也就是说，人的变化要变到单的变化前面去。

以变制变不是一种策略，而是一个体系。张瑞敏指出，“要有适应国际市场的应变体系，也就是说企业内部的组织结构要适应外部市场的变化”①。

2001 年 6 月，张瑞敏在中国科学院创新战略论坛上说：“有时候各种变化太快，但变化快不能成为搞不好企业的理由。我们所说的‘三只眼’② 就是盯着并且抓住各种变化，并使之转化成为企业迅速腾飞的机遇。”倒三角形组织，可以说是以变制变的杰作，“可以适应快速变化的市场需求”③。

2018 年 5 月 22 日，张瑞敏进一步指出，以变制变是针对核心竞争力说的。他说：“楼旧了，装修还可以；但拆了，自己拆自己，没人能干。以变制变，就是要挑战自我，对于已经是核心竞争力的东西，有了以后，再改变它。”意思是，核心竞争力好比一座楼，一旦形成，一般企业小变（“装修”）还可以，大变（“拆了”，比喻另起炉灶）就难了。以变制变就是围绕单，改变人的核心竞争力。在核心竞争力上也要自以为非，以用户为是。张瑞敏还说：“佛说‘应无所住，而生其心’。一切是空的，没什么能住，无所住。今天存在的明天就不存在了。我们从来不信任昨天的脚步，潮水一来，所有脚印都没有了。在哈佛大学，‘认识你自己’一直被奉为核心。要认识到自己永远赶不上时代，没法预测它。要把认识自己当作认识时代。”

以变制变具有端到端分布式决策，以创客端的不确定性对冲用户端的不确定性的优势。正如张瑞敏指出的：“‘端到端’的自主经营体要想成为自组

① 文正欣：《张瑞敏谈战略与管理》，海天出版社，2011，第 130 页。

② 三只眼：一只眼盯着市场变化，使之满意度最大化；一只眼盯着员工变化，使之满意度最大化；一只眼盯着政策变化，以抓住机遇。

③ 见 2009 年 6 月张瑞敏在沃顿全球校友论坛上的演讲。

织须具备‘两创’的氛围，即创业创新文化，只有这样，才能在外部无序、复杂、多变的环境中创造出一个既有序又有第一竞争力的体系和机制，使团队的每个成员都能够自主、即时地以变制变，变中求胜。”①

1.3.4.2　打飞靶的效能原则

张瑞敏自己曾这样概括管理 1.0、管理 2.0 和管理 3.0 的不同：“如果把追随市场比作打靶，可以说，20 世纪 40 年代至 50 年代的美国人靠打固定靶谋取了世界经济的统治地位，即瞄准固定的市场，组织生产，降低成本，提高效率，以此赢得竞争；到了 20 世纪 60 年代，日本开始崛起，它们的市场细分如同射击中的打游动靶，产品围绕着变化的市场转，为自己创造了新的机会；现在，进入知识经济时代，瞄准市场就如同打飞靶，需要有前瞻性，有提前量，必须不断创新才有生命力。”②

打飞靶，强调的是速度与准确性的统一。张瑞敏指出：“在信息化时代，必须做到速度与准确度的统一，才能生存。我们要像打飞靶一样，既要快又要准。”结合量子管理学波粒二象性原理，这里的速度与准确，与不确定性原理中的位置与速度，具有内在联系。第一，由于需求的位置不确定，昨天的需求、今天的需求与明天的需求都不在一个位置上，因此人与单对位要准确，这种准确是动态的准确；第二，“速度是第一位的，能不能抢在前面被消费者选中很重要。”位置变化是与速度相关的。变化越大，对响应速度的要求越高。速度与准确度的统一，只是生存的基本要求。

张瑞敏经常用打飞靶来比喻以变制变。他在 2005 年 9 月海尔全球经理人年会上说：“如果每个客户都是一个飞靶，那么飞靶的数量就不计其数。如果靠一个企业把所有飞靶都研究清楚是不可能的，因为每个飞靶都是不一样的。所以这就需要每一个员工都直接面向市场，都与自己的订单、自己的市场连在一起，否则就无法获取这个市场。”

“打飞靶”的含义是“准确、快速、经济性地解决问题”。不仅是快速，而且是要准确，即（相对于用户需求）“正确地提出问题”。张瑞敏说，“正

---

① 佚名：《当前需要聚焦的实践——经营人》，《海尔人报》2010 年 3 月 24 日。

② 张大鹏：《张瑞敏管理真经》，中国经济出版社，2012，第 62 页。

确的问题比错误问题的正确答案更重要，就像打飞靶一样，因为发展太快了，怎么来捕捉到这个目标非常重要。你开发出的产品用户不需要，你开发出来的产品完全达到技术标准有什么用？这个是最重要的，我们叫打飞靶的概念。”①

张瑞敏曾说，“现在，海尔的效率不一定很低，但是，很多事情的有效性不高”。这是特指市场需求复杂化后，有效率地奔向错误的目标，会放大错误，因此必须把快速准确瞄准目标（海尔称为“打飞靶”）当作要解决的问题。张瑞敏认为，“其实，也不仅仅是海尔，所有中国企业都面临着这种挑战，即如何在速度中做到准确，在追求效率的同时做到有效能”②。这也就是德鲁克在《有效的管理者》中强调的：“对企业而言，不可缺少的是效能，而非效率。”既然所有中国企业都面临着这种挑战，那么把管理变革聚焦到这里具有普遍意义。

对于什么是效能，理论界至今还没有一致的解释。有人提出公式：效能 = 效率 × 目标，意思是效率高不代表目的就可以实现，因此，“所谓效能，是指适合目标的设定”③。在测度上，效能经常同基于效果的效率衡量联系在一起。我们有一个更为精确的定义，效率与经济学上说的效率是同一概念，即专业化效率。效能的基础是多样化效率，效能在此的特定含义是多样化效率呈现范围经济（即多样化效率的变化呈现“越……越……”这个公式的动态效率，如越多样化，效率越高），是指相对于复杂性的效率变化率，它度量的是越复杂效率越高，还是越复杂效率越低。对应经验现象，智慧、灵敏可以定义为越复杂效率越高；迟钝、僵化可以定义为越复杂效率越低。如果说专业化效率是指打固定靶的效率，多样化效能就是打飞靶的效率的变化趋势。在经济学中效率与效能的关系在于，效能加入了固定成本，而效率不考虑固定成本。比如，专业化效率加入固定成本在均摊后呈现的效能为规模经济，多样化效率加入固定成本在均摊后呈现为范围经济。

---

① 文正欣：《张瑞敏谈战略与管理》，海天出版社，2011，第 86 页。

② 张大鹏：《张瑞敏管理真经》，中国经济出版社，2012，第 126 页。

③ 同②，第 127 页。

对管理问题来说，也就是相对于市场需求变化的复杂性而言，以对准差异化目标为前提的效率，到底是高还是低。直观地说，就是越复杂越僵化，还是越复杂越灵活。这是互联网时代下企业生存发展优化面临的主要问题。复杂性管理（管理 3.0）追求的效能表现为范围报酬递增，即越差异化、复杂化，相对效率反而越高，强调的是动态效率。

海尔模式中的人单合一，是以变制变意义上的人单合一，要求的是这样的动态效率：在同等成本条件下，组织变化的速度要高于环境变化的速度，瞄准的速度要快于飞靶的速度。把这里的时间维度转换成空间维度，变化速度对应的就是复杂性程度，则动态效率问的就是同等复杂度之下，谁的相对成本更高或更低。如果只有在市场需求简单，变化不快时效率高，而市场需求复杂，变化加快时效率变低，企业就不能适应互联网时代管理变革的挑战。反过来也可以说，互联网时代的管理变革的主题，针对的就是解决这样的动态效率（效能）问题。

1.3.4.3　以变制变是先进生产方式的实践形式

张瑞敏在 2003 年 3 月接受《经济观察报》记者采访时，从生产方式转变高度指出，“大批量生产变成了大规模定制。但是，如果没有每个员工的 SBU，也就是说如果没有以人作为经营单位的话，你没法满足这种定制的关系”。他同时说：“信息化是瞬息万变的，企业也要作瞬息万变的决策，企业要想作出瞬息万变的决策，只能以每一个人作为一个单位、一个主体。”也就是说，以变制变，或以“瞬间万变”制“瞬间万变”，是一种生产方式现象，而非简单的市场节奏现象，市场节奏加快只是生产方式变化的表象。

这一思想从根本上超越了改革开放以来国人的理念。改革开放最深入人心的理念就是活力（搞活）。但人们一直是从生产关系来认识活力的，以为只要调整生产关系，就可以提高活力。但张瑞敏指出了更深层次的问题，通过“生产力 + 生产关系（ = 生产方式）”来提高活力。此活力与彼活力相比，多了一个生产力。前一个活力是在工业化生产力下调动的低层次活力，后一个活力是在信息化生产力下调动的高层次的活力，这就把一个第二次浪潮的命题，提高到第三次浪潮的高度。有与没有信息化这个生产力，决定人单合一双赢是否要快速、准确并且经济。许多学习者没有理解到人单合一背后，还有快速、准确的要求，是因为只想调整生产关系，没想到要调整生产方式。

海尔人认为管理创新要提高的活力，是建立灵巧型企业："建立'灵巧型'企业"，就是"相对于竞争对手，企业能够更加准确、快速、经济性地解决问题，这是进行管理创新的目的……'灵'就是'机智灵活'，在于对于机会的快速、有效捕捉，'巧'就是'巧妙'地为用户创造价值"①。

① 佚名：《创业导向与"灵巧型"企业》，《海尔研究中心月报》2013 年 6 月。

第二章 管理学的理论方法框架演进

社会科学归根结底都是在讨论人的目的系统与手段系统及它们之间的相互关系。在关于社会的各种学科中，管理学按“目的—手段”系统分类，大致可以归入偏重手段系统的理论。具体来说，管理学主要研究的是在人际关系（或组织）运作中如何更好地利用手段系统，做好操作方面的工作。

偏重研究目的系统与偏重研究手段系统的区别，可以从具体学科分类看出来。举个例子来说，政治学是关于目的系统的，而行政学是关于手段系统的。前者决定方向，后者决定操作。立法部门是目的系统，而行政部门是手段系统。研究立法是在研究政治如何才能取得合法性，或者说人（民）的目的如何能够成为政治机构设定的目的；而研究行政，重点则是在假定目的具有合法性的前提下，如何通过更有效的手段达到目的。

管理学对应公共管理中的行政学。它的重点研究领域是企业的目的、方向既定后，在人际关系（组织）方面，通过什么样的手段，使组织可以更好达到自己既定的目标。直到相当晚近，管理学才将决策功能提到一级概念高度，而且还是不稳定的，即使这里的决策更多指与计划相对的短期选择，是企业内部功能。

由以上比较可以发现一个问题，目的在管理学之外，是先验设定的，是外在于学说的。也就是说，管理学天然就缺少像政治学那样的基础，或者说企业缺少像立法机构那样的机制，以确定企业主观认为的用户需求是不是真的用户需求，也就是老板是否有市场决定的合法性（目前老板的合法性来自其拥有资本，因此是由产权制度决定其合法性，而不是由市场本身决定其合法性）。海尔管理学最大的不同，就是将目的与手段同时纳入管理，将立法与执法同时纳入管理，因此相比其他的管理学，多出了一个目的学说与立法学说。

张瑞敏的管理学，不是企业管理学，而是生态圈管理学。生态圈相比企业，多出了一个决定企业合法性与正当性的“立法”部门，这就是用户。用户不是一个人，而是一个依托一定物质环境（如物联网）存在的社会网络，可以把用户的集合，视为立法机构。由企业（人）与用户（单）共同构成的生态，具有共创共赢的性质。而由企业单方面决定自己合法性的企业，则是单赢的。张瑞敏认为，用户也是生态圈中共创共赢的重要一方。这就意味着，总结海尔的管理学，不能像其他管理学那样，只研究企业这一个部门，还要把用户当作部门来研究。

不是说管理学认为企业的目的不重要，而是说这个目的，不是由管理所能内在决定的，是由企业老板个人决定的。其中隐含着这样的意思，如果老板确定的目的不正确，如他把握不住顾客的需求，企业就自然不存在了（破产了）。反之，企业但凡还要谈管理，前提是企业还存在，也就是说，老板还没有犯这种致命的错误。至于老板如何才能不犯这类错误（包括不把企业的目的搞偏，不把企业的价值观搞偏，不把用户需求搞偏），都不是管理职能所决定得了的，而是由老板出资这一点决定的，是由老板修为决定的。在哲学大类上，可归于自由意志，不是从物理学出身的科学的研究对象。

需要说明的是，哈佛大学有一种理论，区分领导与管理，认为领导管方向，管理管操作，似乎接近“政治—行政”二分理论。但这里的领导，仍不是我们这里所说的“立法”（确定合法性）意义上的“政治”。因为与海尔相比，哈佛说的领导，仍是企业闭关设定的，没有用户决定领导的法定程序，不像立法机构是设在政府之外的，只相当于政府设一个部门，一方面执行，另一方面自我审议是否符合“立法”初心。

2.1 管理原则演进：从管理1.0、管理2.0到管理3.0

2.1.1 管理1.0：法约尔管理原则

管理1.0的原则，以法约尔的14条管理原则为代表，这些原则分别是：

1. 劳动分工原则（Division of Work）

劳动分工不仅适用于技术工作，而且适用于管理工作，应该通过分工来提高管理工作的效率。

2. 权力与责任原则（Authority and Responsibility）

有权力的地方，就有责任。责任是权力的孪生物，是权力的当然结果和必要补充。要贯彻权力与责任相符的原则，就应该有有效的奖励和惩罚制度，即“应该鼓励有益的行动而制止与其相反的行动”。这就是现在我们讲的权、责、利相结合的原则。

3. 纪律原则（Discipline）

纪律应包括两个方面，即企业与下属人员之间的协定和人们对这个协定的态度及其对协定遵守的情况。制定和维持纪律最有效的办法是：①各级有好的领导；②尽可能明确而又公平的协定；③合理执行惩罚。

4. 统一指挥原则（Unity of Command）

一个下级人员只能接受一个上级的命令。如果两个领导者同时对同一个人或同一件事行使他们的权力，就会出现混乱（这是指计划）。

5. 统一领导原则（Unity of Direction）

对于力求达到同一目的的全部活动，只能有一个领导者和一项计划。一个下级只能有一个直接上级（这是指组织）。

6. 个人利益服从整体利益的原则（Subordination of Individual Interest to the General Interest）

“无知、贪婪、自私、懒惰以及人类的一切冲动总是使人为了个人利益而忘掉整体利益。”为此，要坚持“①领导人的坚定性和好的榜样；②尽可能签订公平的协定；③认真的监督”。

7. 人员的报酬原则（Remuneration）

人员的报酬首先要考虑的是维持职工的最低生活消费和企业的基本经营状况，在此基础上，再考虑根据职工的劳动贡献来决定采用适当的报酬方式。

8. 集中的原则（Centralization）

如果领导者的条件允许其扩大活动范围，他可以大大加强集中，把其助手作用降低为普通执行人的作用。相反，如果他愿意更多地采用协作者的经验、意见和建议，那么可以实行广泛的权力分散。

9. 等级制度原则（Scalar chain）

等级制度就是从最高权力机构直到低层管理人员的领导系列。而贯彻等级制度原则就是要在组织中建立这样一个不中断的等级链。法约尔设计了一种“联系板”的方法，以便使组织中不同等级线路中相同层次的人员能在有关上级同意的情况下直接联系。

10. 秩序原则（Order）

坚持物品的秩序原则就是要使每一件物品都在它应该放的地方。贯彻社会的秩序原则要对企业的社会需要与资源有确切的了解，并保持两者之间经常的平衡；同时，要注意消除任人唯亲、偏爱徇私、野心奢望和无知等弊病。

11. 公平原则（Equity）

公平原则就是公道原则（以已订立的协定为准）加上善意地对待职工。在贯彻公平原则时，还要求管理者不能“忽视任何原则，不忘掉总体利益”。

12. 人员的稳定原则（Stability Tenure of Personnel）

按照人员的稳定原则，要使一个人的能力得到充分的发挥，就要使他在一个工作岗位上相对稳定地工作一段时间，要在稳定与流动之间把握好尺度。

13. 首创精神（Initiative）

建议与执行的自主性也都属于首创精神。对于领导者来说，“需要极有分寸地，并要有某种勇气来激发和支持大家的首创精神”。当然，纪律原则、统一指挥原则和统一领导原则等的贯彻，会使得组织中人们的首创精神的发挥受到限制。

14. 团队精神（Esprit de Corps）

需要确保并提高劳动者在工作场所的士气，培养个人和集体积极的工作态度。团队内部每当可能时，应直接联系，这样更迅速、更清楚，并且更融洽，以此避免由于管理能力的不足，或者自私自利、追求个人的利益等而忘记了组织的团结。

对以法约尔 14 条管理原则为代表的管理 1.0 的管理原则的总体评价，有以下几点。

第一，管理 1.0 的基本范式是理性。

理性构成了科学管理的范式内核。因此，在管理 1.0 时代出现的各种各样的管理流派，核心范式都没有超过理性这一边界。区别仅在于内部区分经济人理性与社会人理性等。

第二，管理 1.0 的原则以职能为核心。

理性的前提是原子论。这决定了管理 1.0 所有的管理原则都是原子论的原则。原子论原则的一个突出表现，是以职能为核心。这一传统至今还遗留在所有管理学教科书的章节划分与那个时代企业的部门划分上。这一点决定了它与管理 2.0（以流程为核心）的不同。

第三，管理 1.0 的原则系统地缺失关系视角。

由此可以直接推论，管理 1.0 与管理 3.0 的原则之间，存在一个固定的转换规律。管理 3.0 原则的结构公式是“功能 = 职能 + 关系”，因此，只要把管理 3.0 中有关关系（人单关系）的内容取消（包括剪除关系的两端：用户与创客），就可以顺利还原为管理 1.0 原则。

第四，管理 1.0 的原则是以自我为中心的简单性系统原则。

管理 1.0 体现了第一代系统论的特点：不区分系统（企业）与环境（市场），只谈企业（系统本身），不谈市场（影响系统的变量）。我们将其概括为以不变应不变，也就是以机械式的系统本身的不变，应对外部环境的不变。这在当时不算一种“错误”，因为短缺经济中需求变化较少。应对量大且不变的需求，不需要系统本身变来变去。

2.1.2　管理 2.0：丰田模式的原则

丰田模式的 14 项原则不是来自丰田公司自身的总结，而是美国管理学家杰弗瑞·莱克在《丰田模式：精益制造的 14 项管理原则》中的概括。这 14 项管理原则如下。

原则 1，管理决策以长期理念为基础，即使因此牺牲短期财务目标也在所不惜；原则 2，建立连续的作业流程以使问题浮现；原则 3，使用拉动式的生产方式以避免生产过剩；原则 4，使工作负荷平均（生产均衡化）；原则 5，建立立即暂停以解决问题、从一开始就重视质量控制的文化；原则 6，工作的标准化是持续改善与授权员工的基础；原则 7，通过可视化管理使问题无所隐藏；原则 8，使用可靠且已经充分测试的技术以协助员工及生产流程；原则 9，培养深谙公司理念的领袖，使他们能教导其他员工；原则 10，培养与发展信奉公司理念的杰出人才与团队；原则 11，重视合作伙伴与供应商，激励并助其改善；原则 12，亲临现场，彻底了解情况（现地现物）；原则 13，制定决策时要稳健，穷尽所有的选择，并征得一致意见，实施决策时要迅速；原则 14，通过不断省思与持续改善以成为一个学习型组织。

对丰田模式 14 条管理原则为代表的管理 2.0 的管理原则的总的评价，有以下几点。

第一，管理 2.0 的基本范式是有限理性。

理性构成了科学管理的范式内核。但到了管理 2.0 时代，这一范式发生了内部改良，变为有限理性。有限理性的客观背景是，单的变化快于人的变化，使人感到自身力量的有限，因此调整人的内部结构。

第二，管理 2.0 的原则以流程为核心。

管理 1.0 所有的管理原则，都是原子论的原则。管理 2.0 则是原子论与关系论的混合。在大类上仍坚持原子论，但以流程再造为实践背景，在人这一方面引入了关系论，但没有在单的方面，同时引入关系论原则，这造成管理 2.0 与管理 3.0 的区别。这一区别一开始分歧不显著，但在如何对待关系的两端——用户与创客——的问题上，出现了矛盾的总爆发。导致中式管理与日式管理的彻底决裂。本书实际上从头到尾都在解析在每个局部、每个细节上中日管理的不同。日式管理成也流程再造，失也流程再造。

第三，管理 2.0 的原则系统地缺失创客与用户个性化视角。

由于管理在人单之中人这一方面，总体上坚持的是理性原则，只不过通过流程再造，使理性变得柔性化，但留下了它的致命缺陷，它可以管理出规模经济效果，但管理不出范围经济效果。这不是日本人、美国人能力不足，而是原则本身有缺陷，对比后面提到的管理 3.0 代表之一左哈尔的第 6 条原则“拥抱多样性”，就可以看出这是正反两极的关系。

中国成功的时间，与日本衰退的时间正好重合，仅从管理上看，实际上与双方的原则不同有关。日本逃避多样性，成为失去互联网的主因；而中国拥抱多样性，因此在创客（员工多样性）与用户个性化（需求多样性）方面，比日、美两国加起来做的研究还多。

第四，管理2.0的原则是复杂的简单性系统原则。

如果把管理1.0概括为以不变应不变，即以供给简单性应对需求简单性，管理2.0可以概括为以不变应万变，即以供给简单性应对需求复杂性。说它是复杂的简单性系统原则，是因为管理2.0从需求角度已看出了需求复杂化这一趋势，因此它有复杂性的影子，但从应对来说，仍然坚持自上而下的金字塔管理，因此不论技术上如何信息化，在管理上只能归入简单性系统。

这在当时，也不算是一种“错误”，因为在短缺经济社会向丰裕社会转变中，虽然需求单一已慢慢转向需求多元，但在过渡期变化着的需求中，有一些批量大得足以养活丰田、通用这样的大企业。因此它们感觉不到变革压力。或者它们自以为压力很大，其实不过是在与福特生产方式（管理1.0）作战，找错了对象。

相比之下，管理3.0应概括为以变制变，即以供给复杂性应对、驾驭需求复杂性。

2.1.3　管理3.0：第三代管理的原则

管理3.0的总特征可以概括为：“管理3.0 = 复杂性”①。“管理3.0模型应用了复杂性思想”②，发现“有很多复杂系统能够适应变化的环境”③。如果把这里的系统替换为人，环境替换为单，就是人与单的关系。张瑞敏曾指出，“‘管理3.0’之于海尔，就是近几年我们大力推行的‘人单合一双赢’商业模式变革与‘自主经营体’组织模式变革”④。

---

① Jurgen Appelo：《管理3.0：培养和提升敏捷领导力》，清华大学出版社，2012，前言。

② 同①，第47页。

③ 同①，第48页。

④ Jurgen Appelo：《管理3.0：培养和提升敏捷领导力》，清华大学出版社，2012，序。

2.1.3.1 第三代管理思想

管理3.0也就是第三代管理原则。经验派的德鲁克提出过“目标管理、自我控制”等原则，但没有系统化。在第三代管理学理论中，明确提出了系统的管理原则的，主要有拉兹洛父子①的“第三代管理思想”和左哈尔的“量子管理”。

拉兹洛父子的《管理的新思维：第三代管理思想》是第一本用复杂系统理论写出的管理著作，其中提出18条管理原则，分为组织、战略和经营三类。

组织原则包括：①把领导者重塑为乘务员和教师；②支持企业所有层次团队间的相互交往和默契；③创造组织内部平行的处理能力；④以多层次异等级结构代替等级结构；⑤营造良好的工作环境；⑥在组织内灌输足够的持续不稳定性，造成要适应和不断学习的工作环境；⑦在需要进行急剧变革时，造成暂时的混沌；⑧通过“国际化”的协作功能和“地方化”的经营功能实现公司文化的全球化。

战略原则包括：①为实现股东价值最大化，把公司员工利益放在第一位，优于财务、经济、技术资源及目标；②持续地监控和调整本公司在行业的战略定位；③保持坚定的长期竞争焦点；④视信息为重要的战略资源，而不是消耗品；⑤力争永保行业整体水平优势。

经营原则：①品质预测；②纳入各项成本与各项活动衔接的成本；③计算生态约束和机遇，并将其引入成本；④利用不稳定和非连续变化，保持企业的竞争优势；⑤推断未来以拓宽视野，勿墨守成规。

与左哈尔的管理原则比较，拉兹洛父子提出的管理原则的管理3.0纯度不够。例如，他们的组织原则不是强调扁平化，而是在科层制内部修补；“为实现股东价值最大化，把公司员工利益放在第一位，优于财务、经济、技术资源及目标”，这近于管理2.0的原则，不是管理3.0的原则（强调唯用户是从），等等。

---

① 欧文·拉兹洛和克里斯托弗·拉兹洛。

2.1.3.2　量子领导力

左哈尔在《量子领导者：商业思维和实践的革命》中提出12条管理原则。这些原则偏于管理的哲学原则，方向性明确，但在操作性上仍有不足。

这12条管理原则包括：①自我意识；②自发性；③愿景及价值引导；④整体性；⑤同理心；⑥拥抱多样性；⑦场独立性；⑧刨根问底，勇于质疑；⑨重建框架；⑩积极利用挫折；⑪谦逊；⑫使命感。

这些原则都偏向动力因（或者不如说是人的主观能动性），而对计划、组织、控制涉及不多。长处是对领导理念转换冲击力较大。短处是在涉及落地的方方面面，略显细碎。单看字眼，至少有一半与管理2.0区分不开。

其实，左哈尔对管理原则最大的贡献就在于量子这个范式概念。因为波粒二象性，代表着管理3.0与此前管理的原则区别。左哈尔这本书写得最精彩的一章是第七章“东方的传奇：人际关系模式的右脑”。其中谈到“波与组织”关系，对西方人来说，这是一种难能的人的意识的觉悟。这一方面的创新，全部都可以概括在海尔“人单合一”这个代表“波”的原则中。

左哈尔提出的量子自我，带来一场对人的认识的范式革命。量子自我既不同于西方模式的粒式自我，也不同于东方模式的波式自我，而是东西方模式的融合。左哈尔指出，“量子自我是兼容包并（按并包）的：它既具有独特的、粒子态的个体部分，又具有分享性的、关联性的、波形的群体部分”“量子自我是整体性的、关联性的”“量子自我是自组织的”“量子自我是自由的”“量子自我是负责的”“量子自我是一个爱发问的自我”“量子自我是心灵的。它充满了意义、愿景和价值观的色彩”①。

左哈尔说：“根据量子论的观点，公司的社区、客户和环境位于公司之内，正如公司被它们所包围一样”②。意思是明白的，直觉也很纯正，是典型的管理3.0的观点。但实际上，第一个“公司”与第二个“公司”的概念不

---

① 丹娜·左哈尔：《量子领导者：商业思维和实践的革命》，机械工业出版社，2016，第136－138页。

② 同①，第106页。

同。公司的经济学和管理学定义都是以产权为边界的，说“社区、客户和环境”位于产权的边界之内，会让人误以为变成同一个老板。其实作者不是这个意思。我们在表达的时候，一般把第二个“公司”称为网络组织、生态系统。

管理3.0有三个特点。

第一，管理3.0的基本范式是“大写的人”。

进入21世纪，当单的变化快于人的变化时，管理3.0另辟蹊径，从改变人单之中人的范式入手，变工具理性人，为“大写的人”，也就是自主人（创新、创造之人），从而使人的变化速度反超单的变化速度，达到人的价值第一这一新的高度，引领人类继续往前走。

第二，管理3.0的原则以大写的用户为核心。

面对需求多变，而日式管理无法处理小单、碎单的弱点，管理3.0挺身而出，提出一种不同于流程再造的主张，这就是以用户为核心的管理。这里的用户不再是指只知成本、质量等物质利益的顾客，而是有温度、有感情、有个性化需求主张，要求主动参与、创造自身价值的大写的用户。

如果说管理2.0是原子论与关系论的混合。关系论只进入企业内部流程再造，那么管理3.0将关系论全面引入管理，实现了从全面质量管理，向全面关系管理的转变。从关系角度（左哈尔称为“波”）理解用户，与从原子角度理解客户的最大不同在于，原来理性化的需求在战略上变成包袱，而社交化的需求开始变成战略上的增益；从关系角度理解员工，员工从过去拿工资的“小写之人”，变成了有机会通过创新、创造参与分成的“大写之人”。

这造成了由管理原则改变而对人是目的的定位从精英向草根的转变。中国人自古以来就善于以变应变，赶上天下大变的时代，借助互联网，成为以变制变的引领者。

第三，管理3.0的原则是复杂性系统原则。

管理3.0可以概括为以变制变，即以供给复杂性应对、驾驭需求复杂性。这包括了人与单两方面的复杂性。

许多研究管理3.0的人，也说不清它与管理2.0的区别，或者不能把这种区别总结到范式高度。从管理原则的区分，我们现在可以简明地做出以下结论：管理3.0与管理2.0的区别，是以变制变同以不变应万变的区别，展开来说，就是以人的复杂性（应变能力提高）应对并驾驭单的复杂性（变化增加）。

这使得人类管理学实现了像哥白尼改变人类宇宙观一样的伟大转变：从简单性时代，进化到复杂性时代。

2.1.3.3　海尔：管理3.0

对海尔模式的总结，不仅具有巨大的实践价值，而且具有重大的理论价值。这里重点谈一下海尔模式总结在管理学建设方面的意义。

与华为、腾讯等管理经验总结倾向于就事论事不同，海尔模式的总结具有理论抱负与理论追求，因此对互联网时代管理变革的新体系建设，具有重要理论意义。这突出表现在，张瑞敏领先于国内专业管理学家，思考互联网时代管理的体系建设方向问题。

当许多管理专家在西方中心论影响下，还在从原子论的角度认识管理问题时，张瑞敏较早开始思考管理的新方向。例如，张瑞敏指出："21世纪是量子管理的世纪。所有之前的管理理论都在20世纪被淘汰了，过时了。"众所周知，波粒二象性是量子力学的特征，张瑞敏决心"将海尔转变为一家量子型企业"，就是要在西方原子论的管理范式（粒的范式）上，加入波的范式。对于波来说，粒子的位置是不确定的。今天的需求与昨天的需求不在一个位置上，明天的需求与今天的需求不在一个位置上，因此不能自以为是，要永远自以为非，单变了位置，人也要变位置，以变制变。新旧管理范式的这种区别，也就是简单性范式与复杂性范式的区别。如左哈尔指出的："整个科学界就是在管理和组织这种简单性。在新的科学领域，如量子范式下，自然是复杂的、混沌的、非确定性的。"① 张瑞敏事实上已领先于专业管理学家多年意识到网络的真谛在于对原子论的扬弃，而不仅仅是互联网技术那么简单，从而在互联网时代的管理变革中占得先机。

海尔模式另一个超出经验总结范畴的理论努力，表现在对管理3.0的认同上。张瑞敏指出，"Jurgen Appelo所提出的管理3.0的复杂性时代，从企业

① 丹娜·左哈尔：《量子领导者：商业思维和实践的革命》，机械工业出版社，2016，第55页。

实践角度审视，就是如何应对当前互联网时代全球化竞争挑战……‘管理3.0’之于海尔，就是近几年我们大力推行的‘人单合一双赢’商业模式变革与‘自主经营体’组织模式变革”①。这说明，张瑞敏提前于专业管理学家意识到，中国的复杂性管理变革，是一场堪与管理1.0、2.0并称的管理革命。而绝大多数管理学家，至今仍没有这种理论自觉。由此可见，在互联网时代所带来的管理变革时期，先知先觉“春江水暖”的企业家对于后知后觉的管理学家，在理论方向引导上可以发挥重要作用。当理论无法指导互联网实践时，互联网实践必然拖着理论走。

2.2 管理理论演进：从原子论到复杂性理论

2.2.1 原子论框架下的传统管理学

现有管理学的学科框架，往往是按照职能的分类划分的，如计划、组织、领导、控制。职能分类的具体标准是根据管理手段与管理目的的技术关系，对手段进行分类，如表2-1所示。例如，计划针对的是长期目标（区分长远目的与眼前目的）的落地进行规划，控制针对的是让结果与目标相符所采取的种种核查纠偏手段（相当于企业的“司法”系统）。总之，它们都不是追究目的本身对不对，而是把目的当作目标，探究目标可否想方设法得以实现，实现得怎么样，是否走样。

表2-1　管理学中管理职能所属功能分类

功能分类	计划	组织		领导		控制			
法约尔	计划	组织		指挥	协调	控制			
古利克	计划	组织	人事	指挥	协调		预算	报告	
梅西				决策					创新
罗宾斯	计划	组织		领导		控制			

① Jurgen Appelo：《管理3.0：培养和提升敏捷领导力》，清华大学出版社，2012，推荐序。

在计划、组织、领导、控制的顺序上，所有管理学都是将计划放在最前面，控制排在最后面，为什么不把领导摆在最前面呢？实际这是按管理职能顺序排出来的，计划是前项管理，控制是后项管理。领导和组织都是管理的中项。一般管理学把组织排在领导前面，我们则把领导摆在组织前面。二者的关系有对称性，领导功能在于把分散的局部化为集中的整体，组织功能则把集中的整体分解为分散的局部。计划、控制是管事，领导与组织是管人，它们之间的逻辑关系如图 2－1 所示。

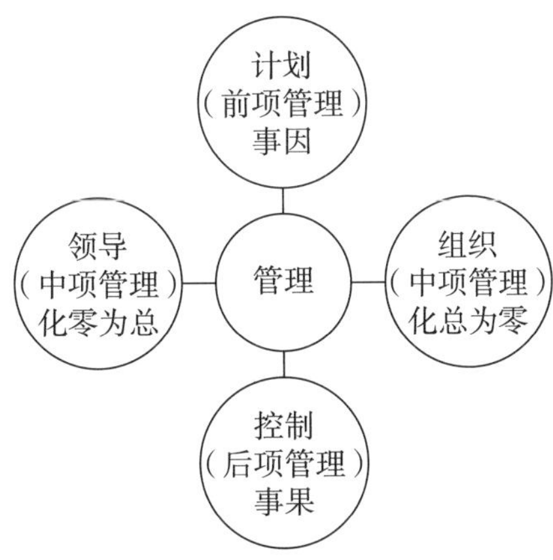

图 2－1　管理学功能结构关系

事实上，功能本身也分前项、中项（过程）与后项。例如，对海尔来说，计划的前项是预算，中项是预案，后项是预酬。控制的前项是战略损益表，中项是日清表，后项是人单酬表。如图 2－2 所示。

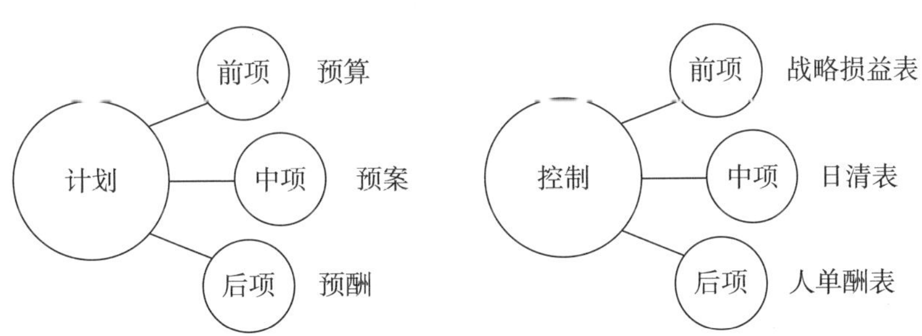

图 2－2　海尔管“事”的体系

由此可以看出，海尔的真正不同，不在于这些形式，而在于同样形式名下的内容完全不同，有些甚至是相反的。

传统管理中的这些分类（如计划、组织、领导、控制）以及形式（如前项、中项、后项），海尔也有。只是过去总结海尔模式时，总结者把这些顺序打乱了，因此许多学习者无法将海尔模式与学习的管理学知识对应上。海尔的真正不同，在于内容的不同，我们试图在相同的形式下，读出海尔那些与原有管理不同，甚至相反之处。具体来说，我们会在同样形式下进行管理1.0、管理2.0和管理3.0的比较，帮助大家透过形式看实质。

此外，传统管理学框架还存在一种技术性的缺陷。这就是在处理计划、组织、领导、控制的内容交叉方面，缺乏形式化的框架区分。举例来说，领导是一种职能，单列一章，但计划那一章中也有领导问题，组织那一章中也有领导问题，控制那一章中有也领导问题，前者与后三者是什么逻辑关系，一般管理学往往说不清楚，而且还会出现混乱和重复。我们试图梳理管理学框架，采取了类似黑格尔大逻辑和小逻辑采用的那种嵌套逻辑，展现管理学概念的全息性质。详见后面对管理四因的解释。

总地来说，我们认为海尔模式带来的管理变革，对以原子论为基础的传统管理学，带来的是内科手术（改变内涵），而非仅仅是外科手术（改变概念名称和组合）式的变化。

2.2.2 管理学范式转变的系统论基础

本节的重点是理解管理3.0背后的系统论基础原理。特别针对的是认识与理解管理2.0（日式管理）与管理3.0（中式管理）背后的基础理论上的重大区别。许多人，甚至管理学专家都分不清管理2.0与管理3.0、日式管理与中式管理、丰田模式与海尔模式不同在什么地方。确实，只从经验上区分，二者非常类似。只有涉及它们背后的系统原理时，我们才看出天差地别来。

2.2.2.1 系统论3.0：自生成系统

日本学者河本英夫的《第三代系统论：自生系统论》，提出一种新的系统方法论，可以有效解释海尔背后不同于丰田模式的系统论逻辑。

河本英夫把系统分为第一代、第二代、第三代，而且与管理 1.0、管理 2.0、管理 3.0 这三代之间，存在一定的对应联系。我们要研究这里说的第三代系统论，是否可以支持解释海尔模式的系统论逻辑。

梅求若纳、维若拉对自生系统的定义是："所谓自生系统是指作为构成元素生产构成元素的产出（变形以及解体）过程的网络，有机地形成（作为单位体）的系统。此时构成元素具有如下特征。①通过变换和相互作用，不断地再生产并实现产出自我的过程（关系）的网络。②网络（系统）成为一种空间的具体的单位体，此外，在空间内，构成元素通过确定网络所实现的位相领域来实现自身的存在"①。

对管理 3.0 来说，自生系统就是自己生成自己，这是自我管理的理论前提。对人单合一来说，包含两个基本方面，一是单再生产出实现单的人（用户是老板的老板）；二是用户作为网络（成为系统的构成元素——而原来是以职能为管理的构成元素），生成以网络为使用边界的组织（在其中以需求生成项目的形式确定组织的存在形式，而不是以产权为界的企业为固定形式）。

空间位相在此指实相。企业在这里相当于一种固定化的空间位相。在《网络经济：内生结构的复杂性经济学分析》中，我们用一种近似物理学弦论的表述方法，认为在资源配置上，"凡所有相，皆是虚妄"。意思是家庭、企业这类实相（空间位相），其实只是关系的不同运动形式，就好比各种粒子表面上是实相，但实际只是弦的不同振动所致。企业在管理 1.0、2.0 中看到的只是这种实相。企业在成立之初，曾在老板的初心上与用户需求联系在一起。之后，企业的自我，完全由企业自身决定（"自以为是"），而往往不再跟随变化的用户而调整。其实相，往往一直停留在它最初形成的状态。自生系统则相当于把企业当作一个由单定义人的演进过程，始终由用户来不间断地形成企业的自我包括实相。这个自我因此是没有固化内容和边界的，它就是人单合一本身，它只是对应用户的变化本身。一说出，就可能已经过时。比如说海尔是生产电冰箱的，这只是一定时点上人单合一的重点。但海尔随后可

---

①　河本英夫：《第三代系统论：自生系统论》，中央编译出版社，2016，第 121 页。

以搞供应链金融，搞物联网，那是根据用户需求变化在不断变化。海尔的自我是人单合一本身。企业老板必须自以为非，以此作为“是”的内容。

“自生系统是一个反复进行重复运动的系统，由此划分观察者所看到的系统的‘边界’，通过产出构成要素形成自身的结构秩序。这个系统在运动之前几乎没有决定任何东西，通过运动形成自我。”①

对人单合一关系来说，自生系统不是海尔这个企业，而是人单合一关系系统，因此它的边界不在海尔，而在海尔的网络生态（跨产权边界，以使用权为边界）。人与单之间“反复进行”合一这种“重复运动”，构成了人单合一网络这种生态系统。如果硬要与管理1.0、2.0的企业框架比较，相当于别的企业是“企业（自身企业）”框架，海尔是一个“单+企业（自身企业+合作企业）”框架。多出来的单，就是在自生系统内部决定企业自我的部分。用户需求就是“产出构成要素”（例如，产出的商品就是按用户需求构成的）。多出的合作企业，就是企业边界之外的部分。这时形成的结构不是企业结构，而是网络结构（即“企业+合作者”形成的结构）。

人单合一的网络生态系统，在人单合一自我循环起来之前，不固化“任何东西”，不像一般企业，已由老板事先界定好了要服务的顾客需求（回答“企业是干什么的”）。自生系统必须通过人与单之间的互动这种“运动”，形成整个关系意义上的自我。

如果说，企业是在标准化时空的理性条件下构建的系统，网络则在是相对论的时空下构建的系统。这个相对论，是指人与单的关系，在互动中始终处于一种相对形态，“通过更高层次的自我参照运动来获得时间”②，意思是，以人与单合一形成的关系自我，来确定价值尺度。例如，如果人与单在终身用户的需求水平互动，这时的时间就变成了体验时间，它的价值浓度要超过在顾客需求水平互动形成的价值。当价值的浓度不同时，作为价值尺度的时间③看上去就成了相对的时间。

---

① 河本英夫：《第三代系统论：自生系统论》，中央编译出版社，2016：第121页。

② 同①。

③ 例如，在政治经济学中，就用社会必要劳动时间作为尺度衡量价值。

河本英夫解释认为，“由产出过程的关系构成的网络……系统本身从功能上被限定了，等同于由回归自我的生成过程构成的超循环”①。这正是管理3.0对应的系统，它不是从职能上被限定，而是“从功能上被限定”。这个功能意味着职能（“粒”）在人单合一关系（“波”）中合成的运动。人单合一就是构成网络的“关系”，人与单之间的超循环，使系统回归到超越于人（企业）与单的自我，这就是双赢，或者叫创造价值。

1. 自驱力：自生成系统的核心

自生成系统的一个关键特征是自我驱动，对管理来说，就是要有一种机制保证第二曲线自动覆盖第一曲线。

在张瑞敏看来，自驱力体现为创造一个新的平台，标志是能否做到第二曲线超过第一曲线。这对创客的考验是挑战其自驱力，如果不能使第二曲线超过第一曲线，说明其挑战自我的自驱力还不够。创客所有制的驱动力值得每个人思考，并不断挑战自我，战胜自我。

传统企业是有围墙的花园，每一个环节是受控的、可控的，就像园丁可以根据自己的意愿修剪苗木。但是海尔要做的物联网模式是生态系统，考验的是生态圈能不能提供好的条件和驱动机制使生态圈中的物种自己生长，既要生生不息，又避免混乱不堪，这是很难的，也是传统经济不会遇到的，这是海尔在新时代给自己提出的新课题。

2. 区分内外：管理2.0、3.0边界的比较

我们通常把泰勒的科学管理（管理1.0）视为一种机械论，但泰勒自己未必认为它是机械论。他理解的系统，实际是自动化系统，即生产流水线。这种系统论与控制论处于同一水平。

管理3.0与自动化的区别在于自组织吗？初看上去是这样。但从第三代系统论角度看，其中存在诸多疑问。其实，自组织只是管理2.0区别于管理1.0（自动化）的所在，却不是管理3.0独有的特征，可以认为是管理2.0与管理3.0共有的特征。同属自组织，管理3.0与管理2.0的区别在于内外边界不同。

---

① 河本英夫：《第三代系统论：自生系统论》，中央编译出版社，2016，第121－122页。

在河本英夫看来，自组织只是第二代系统论的核心。我们可以把管理上的流程再造的系统论，归入自组织范围。但自组织有一个问题，它先验地确定了组织的边界。这个边界就是企业自身。这与张瑞敏关于企业无边界的思想相矛盾。流程必须与并联机理结合起来，才能使组织边界变得灵活起来。

第三代系统论与第二代系统论的一个重要区别是强调企业无边界。对管理3.0来说，企业无边界，也是区别于管理2.0或日式管理的一个主要之处。河本英夫把这样的系统称为自生系统，以区别于自组织系统。他指出："自生系统所讨论的焦点之一是'边界'。是指'自我的边界在哪里'这一问题中的边界。"① 他举的例子是：口腔中杂居的60亿个细菌，是在自我的内部还是外部？这就很接近海尔模式的生态组织思想了。相对而言，管理2.0的流程再造，还是企业以企业这个自我为中心构造系统结构的方法，没有把用户、创客和其他利益攸关方，当作管理"边界"之内的对象。海尔模式如果有一个系统论的话，应该是生态系统，而非企业自组织系统，虽然海尔的企业具有自组织的特征，但可以视为与管理2.0共享的交集。企业无边界是指打破企业边界，与企业之外的用户，构成同一个系统，通过并联方式组织起来，形成了价值上的超循环。实际上，这正是人单合一所处的系统框架。张瑞敏曾引述德鲁克关于"企业在20年内将消亡，企业会消亡，但组织仍然存在"的思想。企业消亡是指"企业等于系统"这种边界被突破，这种状态不再是系统存在的主流形态，这个"组织"就是指网络生态组织这种将企业与利益相关者在资源使用基础上结为一个利益共同体这种系统状态。

相比之下，管理2.0的自组织的核心特点是有边界，而且这个边界是以企业自身为边界，而这个边界的界定，在组织生命周期内，除了初始设定外，始终独立于人单之中的单。河本英夫对管理2.0的自组织系统的边界这样描述："使生成过程变成其本身的开始条件的系统"②。这是从管理3.0倒着看管理2.0的定义。对企业管理来说，这个定义是在说，管理2.0的企业只有在最初成立的时候（开始条件）由用户需求决定企业是做什么的。这个时候，用户需

① 河本英夫：《第三代系统论：自生系统论》，中央编译出版社，2016，序言4。

② 同①，第63页。

求与企业禀赋是人单合一的（否则企业一开始就生存不下去）。但随着企业的发展，当用户需求发生变化时，企业只根据“开始条件”决定自己是做什么的，而隐含的系统论又没有要求根据用户需求随时改变企业的边界。原来人单合一的企业，变成人单分离的企业，企业的边界只是人的边界，而与单的边界脱勾。从管理3.0倒着定义管理2.0，可以看出，在管理3.0看来，生成过程（即人单关系），在定义企业内涵进而定义企业外延（即边界）时，要贯穿生命周期始终，而不能只是固定在“开始条件”上。如表2－2所示。

表2－2　管理学组织外延（边界）的系统论基础比较

		管理1.0	管理2.0	管理3.0
范式	单的前提假设	用户简单性	用户复杂性	用户复杂性
	人的前提假设	企业简单性（无员工潜力发挥）	企业简单性（无员工潜力发挥）	企业复杂性（员工潜力发挥）
	管理框架	职能	流程（内部关系）	功能（职能＋内外并联关系并联）
效率		专业化效率	需求的多样化效率 供给的专业化效率	多样化效率
边界		有边界（以企业为边界）	有边界（以企业为边界）	无边界（以网络为边界）
谁决定边界		由人（企业）定义边界	由人（企业）界定边界	由人单关系界定边界
边界的产权基础		以拥有权为边界	以拥有权为边界	以使用权为边界
边界内合作形式		同一老板内的合作	同一群老板内的合作	不同老板之间的合作（虚拟企业、虚拟企业联盟，网络组织）
边界内构成		企业	企业	用户＋企业＋合作方

进一步理解管理3.0与管理2.0在边界上的区别，还涉及另一个方面，即创造用户。对管理3.0来说，不仅是用户需求决定组织边界，而且员工的创造也决定组织边界。从根本上说，这是人单合一关系的一体两面。管理3.0系统论强调的生成过程对应管理上的人单关系，是人单互动本身，在整个组织的生命周期中，不断地再定义组织的边界。“将有机体视为一个系统时，在

这个系统中不断持续着连续的生成过程。”“当系统能够依靠自己产生自身的边界时，系统会向新的阶段迈进。”① 这个时候，组织已把用户当作内环境，统一在人单关系中了。我们可以认为人单关系在此相当于边界内的“环境—系统”关系。企业不仅要像管理2.0那样，考虑外部环境（只是不决定企业内因的外因），而且要把持续变化的单，当作系统的一个内因，促成系统内部的“内环境+内环境”的小循环。

3. 以用户为中心及物联网导向自生成

自生系统是一个在自我生产中不断再生自我的系统。海尔讲从自以为是，变为自以为非。企业的自我不是由“人”来自我中心地定义的，而是由单来定义的。因此，这种由单来定义的自我，对那个自我中心的自我来说，是一种自我否定。当然，这只是从一个方面来说，实际上，还有另一个方面，自以为非代表着人的自我创新，包括创造用户，发现和创造用户本来没有明确意识到的需求，并从中创造价值。从这个意义上说，自生成是人与单合一的结果。

自生系统这一重要特点，与海尔的管理3.0相通。自生系统比自组织系统多出的自我生成、自我涌现、自我修复的功能，在管理中是如何实现的呢？从海尔实践来看，把“以用户为中心”发展为一个用户（单）定义“人”的系统，让物联网扮演关键作用，是一种有效的系统建构方法。

用单来定义人，是指资源配置不是按照人的禀赋来排列组合，而是按照用户需求随时聚散，在企业内外整合。这样就可以起到自涌现与自修复的功能。当原有人的系统不适应后，单自身进行资源流程重组，不仅对企业内部资源重组，而且可以把企业之外的资源带进来，通过接口并联入组织，从生态上整合。这就好比汽车零件出了故障，汽车自身不能修复，但汽车里的人可以招来外部维修人员，在维修项目上结成临时的资源整合单位。

海尔非常强调物联网，技术是一个方面，更主要的是把物联网作为用户定义系统的一个功能模块。物联网在这里所起的作用，是用户需求的情境。如果只是从原子论的角度看，了解个性化需求的方法是直接询问用户本人的

① 河本英夫：《第三代系统论：自生系统论》，中央编译出版社，2016，第64页。

需求是什么，但这样做的效果往往并不好。如果用关系论的方法，则是把用户这个节点放在其使用环境中，看用户与环境中的什么发生关系，把这种关系通过传感手段加以数字化，由此建立起来一个个针对唯一用户的上下文关系数据网，锁定这个用户是什么样的人。物联网，在这里就充当了个性化需求的上下文作用。例如，将海尔的各种家电联成一个物联网，由手机遥控，通过记录各个电视机、电冰箱、洗衣机等开关时间与使用规律，就可以为用户提供终身服务。

明白了这个道理，其他企业不一定非用物联网，可以举一反三，得其神髓。比如，小黄车也可以用来置换海尔的物联网功能。因为小黄车开锁时锁定的手机号，代表着一个个性化的用户，这个用户与其他用户不同之处，可以通过把他或她骑行共享单车走过的路线，连接的消费点构成一幅上下文情境图，分析出用户的个性偏好。再如，用智能马桶，通过分析排泄物，可以得出用户身体状况的变化，从而整合为医疗、食疗、保健、健康、运动等综合解决方案。这些都是自生系统的特点，它可以在企业之外，建立一套用户自生成信息指挥企业的系统。但这与用户自给自足还是有所不同，自生系统的单位是网络。结合海尔的自激励机制可以看出管理 3.0 与管理 2.0、各种日式管理完全不同甚至相反的特征，就在于它体现了第三代管理的发源于用户端的企业自我驱动、自我激励、自我涌现、自我生成的生态机制。

为什么物联网可以承担自生成的使命？认识这个问题，我们需要深入理解数字革命。对管理 3.0 来说，需求是一个网络，而不是一个点。区别在于，点是自我决定的，需求显得像是由个人头脑中捉摸不定的想法决定的。而网络中的点是由与这个点相连的边锁定的。当把需求理解为一个网络时，就可以绕开一个一个的点，从锁定这些节点的边入手，来客观描述这个点与其他点的不同。物联网就构成锁定用户需求的边的信息物理体系。数字革命发展到物联网阶段，用户的生活环境和消费场景变得数字化①，通过传感器，赋予

① 对海尔来说，将以往的制造产品加以组合，就自然构成了一个用户生活环境，将其智能化，就是一个物联网体系。但这个体系不是一个技术体系，而是技术体系支撑下的单的自生成体系，是人的指挥体系。对这一体系进行管理，就构成了管理的需求工程体系。

需求发生的环境以智能显示、标识需求的功能。这些数据一旦被聚焦在需求分析的名下进行整合，就可以用极低的成本，挖掘出用户需求的个性化信息。这种信息是顾客价值、用户价值之上的终身用户价值。因为与社会调查只能调查得知共性需求，但难以分析个性化需求相反，通过物联网整合的系统，则可以自动生成个性化需求的区块链式的图谱，为进一步开发这样的高价值需求，提供数字商业基础设施的保障。

在海尔的商业生态系统中，触点是指节点，同样是分布式的节点，但有温度。有温度是指关系上有质的区别。质是由边决定的。没有温度的边，是正则网络的等边网络，有温度的边是指度分布不同的网络。对温度的感知，可以弥合网络的结构洞。在结构洞的意义上，生态网是零距离的。

再一个生态特质是生态收入的即时价值。海尔物联网生态圈能够实现用户即时需求瞬间变成满足个性化最佳体验的即时价值，作为硬件的电器变成网器连接用户，给用户提供的不再仅仅是产品价值，而是通过网器传递的服务方案，服务方案带来的价值是生态收入，硬件的价格是有限的、固定的，但生态收入是源源不断的。

这是指网络的第三层含义，即由点与边构成的上下文语境，这是与同质网络（海尔把一般互联网当作与市场等同的网络，即正则网络）不同的。上下文语境的物质基础设施由“网器连接用户”实现，构成一个环绕用户周围的语境环境；此时服务不同于产品，要把用户的需求理解为是一个个节点按照用户目的连接起来形成的功能流，而服务方案就是这种用户意愿的商业实现形式，这就是意愿经济。

4. 区分2.0自组织与3.0自组织

管理2.0与管理3.0都有自组织、有机论的特征，二者却有本质不同。一个重要区别就在于是否具有自生成（涌现）特征。管理3.0的核心是自生成，自下而上涌现生成秩序；而管理2.0的有机性，是自上而下的流程再造的结果。

我们以汽车系统为例，说明这种区别。汽车是上万个部件按照一定的流程，有机结合而成的自组织系统。说它是自组织，是因为不需要外来干预，就可以自我实现功能。但这个自组织系统与人这个自组织系统相比，差别在于它不是自生系统。这表现在，汽车的某个部件坏了，汽车本身并不会自我生成零件，并自我修复，必须由修理厂提供这类功能服务。而人却有免疫功能，可以自我生成修复。

此外，这个系统的“目的”不是环境定义的，而是自我设定的。例如，轿车与越野车的底盘不同，轿车可以增加四轮驱动，但不能根据路况自我调整底盘。而人则可以逢山开路，遇水架桥，随机根据路况调整自己的行为模式。修理厂、路况在此比喻的是单，即变化着的需求系统。

管理2.0的企业好比汽车，它的功能是出厂时初始设定好的。每个企业在成立之初，与其需求环境往往是匹配好的。之后就自成系统地自我发展。但一旦原来赖以生存、成功的环境条件发生变化，系统往往不能根据环境变化（人不能根据单的变化），及时调整自己的禀赋，因此带来失败的结果。管理2.0的流程再造虽然可以实现系统自身的优化，但这个优化的参照物不是单，而是人（组织）本身。管理3.0则要求系统具有一种基业长青的素质，可以根据环境（单）的变化，让自身自涌现、自生成适应环境、驾驭环境的禀赋体系。禀赋就相当于汽车零件，一旦坏了（不适应了），可以及时更替甚至生成新的。

由对边界问题的思考，引入了区分管理2.0模式与管理3.0模式的系统论基础理论。河本英夫认为，自组织理论对应的是谢林的有机论自然哲学。在历史上，有机论曾与集权内在联系在一起。当时，德国为了实现统一，需要集中权力，德国历史学派用有机论来论证集权的必要性，认为国家是一个有机整体，不能一盘散沙，整体利益大于个体利益，要听元首一个人的，就好像人体要听从大脑的统一指挥一样。流程再造与此原理相通。但有机论并不必然支持集权论，事实上，人体就不是一个集权系统，而是一个分布式的自组织系统。德国历史学派有机论的弱点在于片面强调了复杂性系统的整体有机性，而忽略了有机性的自下而上分布式地涌现秩序的特征。与德国历史学派有机论对立的，是奥地利学派的自发生成自由秩序的观念，后者走向另一个极端，强调有机论必须是分权的。

管理3.0的有机论，强调自下而上涌现生成并联，与自上而下流程梳理的统一。其中，在自下而上涌现生成上，与管理2.0明显相反。

德国历史学派有机论的优点与存在的局限，与管理2.0的优点与局限是对应的，而有别于管理3.0模式。管理3.0模式不仅要回答系统的不断产出（自组织这种不断产出的闭环），而且要回答系统本身的产出（如系统本身有无维持自身不断演进的自我激励机制）。对海尔模式来说，它要求系统自驱动，这与自组织不是一回事。自组织只是自驱动的组织，但自组织的系统不一定可以自驱动。举例来说，传统企业是靠企业家驱动的，企业家本人是自我激励的，“不用扬鞭自奋蹄”，在企业家的服务意识中，也可以体现用户需求在驱动其创造价值。但对一个生态组织来说，创客由谁来驱动呢？总不能靠企业家从外部来驱动，而是必须有一种内在机制，让用户能像激励企业家那样，驱动每一个创客自主地发挥。张瑞敏说：“如果一个人被动地接受这种规章制度，这在企业中就很难有创造力。所以我们自主管理，总有一些创造性的精神奖励等，就是希望大家能把创造性发挥出来。”这样的问题就不是流程再造可以解决的，也不在管理2.0的范围之内。一个流程设定好以后，大可以自组织地运行下去，但用户需求一旦大变或员工想创新时，自组织如果像上好发条的机器一样按部就班运行，也可能成为妨碍创新的东西。

再一个问题：海尔模式的系统论基础是有机论吗？看上去是，但实际有讲究。要问是哪种有机论，用河本英夫的理论标准一衡量，谢林的有机论实指系统不断循环回归自我。但海尔模式强调双赢，如果只是重复昨天的自我，不就成了熊彼特讽刺的物质的循环流转了吗？就把人之为人的特征丢了。那样的话，企业要创造价值这一点，难以在开放系统的水平和条件下充分体现。所以，还不能把海尔模式的系统论基础简单归结为一般的有机论，虽然海尔的实践确实体现了有机论中的某些优点，但有机论不是管理3.0赖以区别于管理2.0的地方。有机本身并没有说明是适应（包括CAS）还是创造，而海尔模式显然要求定位于创造，始终坚持共创共赢的创造价值和传递价值体系，这超越了一般有机论。

按照福柯的观点，现代性组织的自组织会再生产与强化固定的权力中心与权力结构。而管理3.0则强调“自我催化”，即生成过程的产物也会变成产出自我过程的催化剂。例如，如果自我的边界是网络（而非企业）是“自以为非”，而非“自以为是”，则结构洞将不再限于网络的固定中心，而像海尔那样，分散到创客节点上。每一位创客新建立的用户互动关系，都会形成新的自我催化。这就不再是一种简单的自组织现象了，而是自组织基础上的自演化。对于创客创造价值来说，这是一个潜能上升的过程。

5. 区分自上而下与自下而上

最关键的区别在于，自组织要求层级，而管理 3.0 打破了层级。在这个特征上，管理 3.0 与管理 2.0 是正好相反的。河本英夫认为，“形成阶层是自组织系统的关键机制”①。从自上而下与自下而上这个角度区分管理 2.0 与管理 3.0，涉及第二代系统论与第三代系统论的又一个根本分歧。

以日式管理为代表的管理 2.0，在自上而下管理这一点上，与管理 1.0 没有区别，领导是自上而下领导，计划是自上而下计划，组织是自上而下组织，控制是自上而下控制。其中，以稻盛和夫为代表的阿米巴模式虽然强调授权，但强调的是自上而下授权，与海尔相反。“下”只是代“上”实使职权。在海尔模式中，自下而上计划、组织、领导、控制，一个鲜明特点是合法性来源直接来源于客户。员工的合法性不是来自老板，老板和员工要同时得到用户的授权，员工如果不是先于老板，至少也是与老板同时接受用户对权力的合法性的审议。在海尔对三洋电器的改造中明显表现出与日式管理截然相反的特征。对海尔来说，“下”有两个含义，一是指分布式的用户，是外部的“下”；二是指分布式的员工，是内部的“下”。而“上”是指平台与战略经营体，体现的是系统的秩序。整个系统是自下而上涌现生成秩序。这个秩序不是老板决定，而是系统自外而内、自下而上自生成的。这正是自生系统的特点。

2.2.2.2 管理 3.0 与系统论 3.0

海尔模式体现出的核心竞争力，在于多样化效率与效能的提升。多样化效率与效能在经济学上称为范围经济，是对智慧、灵敏等信息能力的描述，即复杂性程度越高，相对效率和效能越高，包括产出越高（价值越高），成本相对越低。复杂性本身是要耗费成本的，这里说的相对越低，是相对于其他竞争对手或合作伙伴而言的，即当别人处理同样复杂程度的单时需要一定量的成本，而海尔总能低于这个成本；或者在同样成本条件下，别人只能创造

---

① 河本英夫：《第三代系统论：自生系统论》，中央编译出版社，2016，第 79 页。

较低的多样化价值，而海尔可以创造更高的多样化价值。当然，海尔的多样化效率与效能准确的含义，是平衡成本与产出后总的效率。

海尔模式作为复杂性系统管理模式，其复杂性效率与效能的管理框架不同于管理1.0与管理2.0。这种不同，主要体现在系统论一级的不同上。管理1.0是简单性系统管理体系，人与单两个方面都具有简单性系统典型特征；管理2.0是简单性系统与复杂性系统的混合管理体系，人是简单性系统，单是复杂性系统；管理3.0是完全的复杂性系统管理体系，人与单都具有复杂性系统典型特征。

这三种系统论在方法上的异同何在？这是我们讨论系统论时要解决的问题。解决这个问题，有助于改进学习海尔模式的思想方法，克服学习中的思维障碍。许多人反映，海尔模式像大白话一样通俗，就是听不懂。原因就是说的人与听的人不是持同一套系统论逻辑。持简单性系统思维的人，只能听懂管理1.0。而要具有简单性系统与复杂性系统混合的思维框架，才能听懂管理2.0。这在公共管理中特别明显，一个国家可能从上到下大多数人都理解不了行政体制改革中的流程再造是什么意思，只能讲职能大家才能听得懂，因此要讲职能优化。这不是说流程再造在语言上有什么深奥难懂之处，而是因为流程范式超越了职能对应的原子论，以职能为核心的思维理解不了流程对应的关系范式。同样，人们仅有关于“人”的关系范式的理解，没有关于“单”的关系范式的理解，听不懂管理3.0也就是必然的。因为全面的复杂性系统理论有一个互联网时代之前的人很难感受的范式要点，就是把用户理解为一种关系模式，从不同于粒式思维的波粒二象性来理解用户，理解其量子性（不确定性）。把用户理解为一种动态变化的网络，一种需要用物联网作为情境来把握的网络现象。因此，这里讨论系统论的范式结构就显得非常有针对性了，它要补上只理解管理1.0、管理2.0的人们头脑中的盲区，即要把人与单同时当作网络来理解时，特别是把用户当作网络来理解时，所需要的关系模式的集合是什么，需要从哪些方面考虑问题，才能还原出张瑞敏头脑中那套逻辑，甚至达到无师自通。

张瑞敏并不是逻辑学家，但我们可以从他的成体系的思想中提炼出一套不同于管理1.0、管理2.0的系统论体系，以便全面、准确地把握海尔模式的要旨。

2.2.3　第三代管理的管理学研究

2.2.3.1　第三代管理思想

中国管理学家中的极少数，同样在进行与管理实践前沿保持同步的管理学系统探索。彭新武是其中有代表性的一位。彭新武研究管理哲学与复杂性科学的结合，他的《进化管理学：复杂、动态环境下的管理思维与方法》按闵家胤的评价，"属于第三代管理思想"。彭新武研究的重心，是将管理学重建在新范式基础之上，"从机械论向有机论发生转换"。与拉兹洛父子的《管理的新思维：第三代管理思想》一样，用进化管理学来概括管理3.0的方向。进化只是复杂性的一个子特征，如果说网络更侧重复杂性的空间特性，进化则更侧重复杂性的时间特性，但本质上没有区别。因此，我们把进化管理也当作复杂性范式管理看待。

进化管理学"将复杂性思维一以贯之地用于对管理活动全过程的分析"，试图打破传统管理学的职能分析法，将传统管理学的主题，如营销、战略、竞争优势、组织结构、组织设计、组织行为、企业绩效、企业的社会责任、组织与环境、危机管理、变革管理、创新管理、知识管理和不确定性管理等，按新的逻辑组成一个系统，"从而将以往对简单性、实体、稳定性和确定性的追求让位于对复杂性、关系、混沌和不确定变化的研究"①。

2.2.3.2　后现代管理学

"后现代"这个词听上去很奇怪。但在管理上，其实指向的是复杂性的"单"，即以用户体验为中心。用户体验是高度不确定性的、动态化的、碎片化的、网络化的，因此是后现代的。后现代管理就是强调用户体验第一，强调不确定性、动态性、碎片化、网络化的优先性的管理学。德鲁克在《未来的里程碑：关于新的后现代世界的报告》一书中提出了后现代管理的四个里程碑：信息时代、创新、更加庞大的组织以及教育大爆炸的时代。

后现代这个词，在实质内容上，与网络时代在"时代"上是等价的。因为前现代对应的是农业生产方式，其"时代"指的是农业时代；现代对应的是工

---

①　彭新武：《进化管理学：复杂、动态环境下的管理思维与方法》，中国社会科学出版社，2005，第9页 。

业生产方式，其“时代”指的是工业时代；后现代当然就只能是指信息生产方式，其所指代的自然是信息时代（信息与网络在此可以互相替代）。

按这个断代，管理 1.0、2.0 都是现代管理学，而管理 3.0 则是后现代管理学（传统中国式管理，则属于前现代管理学）。但是，在管理学中要不要以后现代命名是可以讨论的，因为在哲学中，后现代另有所指（如解构与建构之分）。用后现代为管理断代，可能被误会为解构观点，过于强调批判，而忽略继承。而特别声明建设性后现代管理学，又不如管理 3.0 简洁。不过，这只是形式问题，我们先看实质问题。

后现代管理是德鲁克提出的概念。德鲁克在 1959 年出版的《已经发生的未来》一书中，将机械世界观向生物学（有机论）世界观的转变、创新、知识社会的出现，以及管理中精神价值的回归等，视为转向后现代世界的重要标志①。

对于把后现代管理学当作专有名词提出作为体系框架来说，张羿是代表人物。从 2004 年出版《后现代企业与管理革命》到 2017 年出版《管理救赎：后现代管理缔造》，他主要围绕后现代范式建立其管理学体系。

现代管理始终从工具的角度去审视人，而不是把人当作人去还原真实的人性。张羿认为，要彻底超越现代管理就需要管理范式的变革。从范式的高度进行颠覆性创新，是当今公司与管理变革的必由之路，也是未来公司和未来管理的核心所在。从人是目出发，他提出，要避免神化人工智能，并避免人类被人工智能所奴役。一切科技的发展，都是为人性自由服务的，人工智能也不例外。

根据后现代管理学，后现代公司的九大范式转型表现在：治理结构协同化、商业模式生态化、企业战略创造化、组织模式平台化、营销模式交互化、领导模式赋能化、创新模式系统化、企业文化战略化和管理哲学超越化。

张羿对互联网时代的企业未来做出前沿的判断，认为未来公司将打破企业与市场、企业与社会的边界，成为超级生态共同体。典型的超生命组织由“平台 + 小微 + 个体 + 机构”组成，是全球化的开放式生态平台组织，同时具备完善的协同机制。由于打破了企业与市场的边界，超生命组织也颠覆了科斯对企业的经典定义。在未来的公司中，人人都是领导者。

---

① 德鲁克：《已经发生的未来》，东方出版社，2009，第 6 页。

将张羿的研究放在更广泛的后现代文献的背景下看，应注意以下知识点。

1. 作为范式转变先声的批判理论

后现代主义思潮，代表着人文主义对科学主义的反抗。这种反抗，在管理学中表现在“批判理论”中。

按照管理学界通行的说法，后现代管理学理论（Postmodern Theory of Management）与管理学批判理论（Critical Theory of Management）都属于管理学建构主义（Management Constructivism）的具体表现形式。按这种分类，Jay Forrester、德鲁克、明茨伯格等可以被归入管理学批判理论之列①。被归入后现代管理的大家，还包括汤姆·彼得斯、查尔斯·汉迪、彼得·圣吉、野中郁次郎等②。张瑞敏管理思想与德鲁克思想之间存在明显的渊源关系，因此也可以被归入后现代管理思想之列。

管理学批判理论抨击的主要目标并非实证主义的方法论，而是实证主义背后的哲学基础，即在管理学中居于主导地位的哲学正统——笛卡尔关于认识者与认识物完全分离的二元论。管理学批判理论摒弃了管理是一种技术性活动而非政治性活动的观点，认为这种观点掩盖了小团体利益（Clan benefit）在组织及其管理知识建构中的作用③。我们在第二章一开始，就指出了海尔模式理论的批判性，相当于在管理学中，在手段性、工具性的管理“行政”学之上，灌注了体现目的性的管理“政治”学的内容。

美国麻省理工学院管理学教授 Jay Forrester 敏锐地将管理学批判理论概括为一种结构现象学：“‘管理学批判理论是一种现象学，因为它涉及熟练而暂时的社会建构与主体间的谈判。它是结构化的，因为它涉及社会行为主体之间相遇、对话、冲突、倾听或是交战的历史发展阶段……行为主体通过沟通互动把每一天的生活都主观化了。但‘感觉’取决于周围的关系或环境，即取决于行为主体工作和生活的客观结构。”④

人们认为，管理学批判理论的一个重要意义就在于它否定了一切把技术需

---

① 罗珉、甘元霞：《管理学批判理论述评》，《外国经济与管理》2013 年 1 月。

② 彭新武：《西方管理思想史》，机械工业出版社，2018，第 298 页。

③ 同①。

④ 同①。

要看作管理理论与实践基础的观点①。这种观点在信息化应用实践中广泛存在。

如果把管理1.0、2.0视为现代管理框架，网络管理框架在总体分类上属于后现代管理框架，批判理论则可以被视为这种框架背后的管理哲学。

2. 管理现代性与后现代性比较

后现代管理有几个关键特点，不同于传统的“现代”管理学。

第一，后现代管理从聚焦于价值（作为手段的中间价值），转向聚焦于意义（作为目的的最终价值），包括最终用户的意义与员工的意义。

从后现代管理角度看，现代管理学的根本弱点在于意义虚无②，股东价值将价值（工具理性价值）置于管理学中的中心，而忽略了意义（如企业家精神、创新及关于美好生活的心理需求）。彭新武在《西方管理思想史》中，专门用了一节“管理学意义世界的荒芜”来分析这个问题③，正确地指出了以下几点：一是“经济人”假设导致人的异化；二是理性假设导致目标异化与倒置，这是指管理目标与人是目的相异化；三是主导性逻辑在于“将对人的行为的研究还原为对物的研究”④。其结果在于，员工“在组织中没有个人成长机会，组织也丧失了创造性和智慧之源”⑤，这正是海尔管理中通过范式转变要针对解决的问题。

第二，后现代管理将管理聚焦于生产方式，而不仅是生产关系。有什么样的生产方式，就有什么样的管理方式。管理1.0、2.0都是工业生产方式下的管理方式，而管理3.0是信息生产方式下的管理方式。认识不到这一点，就会把海尔模式与丰田模式等日式管理在断代上归入同一时代，无法认清管理3.0划时代、跨范式的意义，即重新定义的“时代”含义。

管理方式是比较管理学的研究对象⑥。比较管理学在此要致力于比较工业管理方式与信息管理方式的异同，要把不同管理方式的前提假设表明，而不

---

① 罗珉、甘元霞：《管理学批判理论述评》，《外国经济与管理》2013年1月。

② 胡国栋、孙立群：《管理学的意义虚无、境界考察及价值反思》，《云南财经大学学报》2014年第5期。

③ 彭新武：《西方管理思想史》，机械工业出版社，2018，第305页。

④ 同③，第307页。

⑤ 同③，第307页。

⑥ 黄群慧、张艳丽：《比较管理学学科理论体系构思》，《社会科学》1993年第2期。

能像管理1.0、2.0那样，把自己所处的工业化时代，当作所有管理永恒不变的时代条件。对管理3.0来说，最大的变化就是相对于原子论范式的关系范式（量子范式）的提出。这是由互联网带来的先进生产力，对资源使用性质向网络分享和非排他性使用方向变化决定的。

在这一点上，后现代管理理论与哲学后现代理论有很大区别。哲学后现代理论是人文理论，对科学持排斥态度，导致其理论中不谈生产力（包括技术，把工业化技术和生产力当作全部技术与生产力加以排斥，而很少谈信息技术），也不谈生产方式（因此区别不出是在谈小农经济，还是信息经济）。而后现代管理理论，像德鲁克这样的大家，对信息技术和知识的作用是给予充分肯定的，而且对21世纪的生产方式不同于工业化之处有较清楚的认识。虽然二者的哲学范式是一致的，但哲学后现代理论往往对技术、经济都持一种拒绝式的批判态度，批判工业化时观点犀利，而论及建设信息化则不知其然。相反，后现代管理学家的观点则具有较强的建设性，往往能顺应技术和经济的变革方向引领变革。

3. 管理后现代思想框架的比较

彭新武在《西方管理思想史》中对西方后现代管理思想进行了系统的梳理。

彭新武的后现代管理思想研究，除了对范式变革的梳理外，对后现代管理学本身的西方学者变革主张也进行了系统介绍。

彭新武指出，“显然，从世界观和方法论的层面看，如果说现代管理是一以机械论为其建构原则的物理学范式的话，后现代管理则为管理研究贡献了一种有机论的生物学范式，因而在很大程度上代表着管理学的未来方向”①。

彭新武重点介绍了大卫·傅杰与罗伯特·丹内利对现代性与后现代性管理的比较，指出范式转变带来的以下具体变化②。

在计划方面，现代管理范式强调短期盈利目标，视员工为成本并通过规模生产和垂直计划维持一种稳定的秩序；而后现代管理范式则追求长期利润目标，视员工为关键资源，通过弹性生产和横向计划来满足内外部顾客动态的需求，如表2－3所示。

---

①　彭新武：《西方管理思想史》，机械工业出版社，2018，第322页。

②　同①，第321－323页。

表2－3　管理学计划理论的现代范式与后现代范式比较

现代范式	后现代范式
短期盈利目标	长期利润目标
规模生产	弹性生产
员工是成本	员工是投资
垂直计划	横向计划
自上而下的内部核心	以内外部顾客为核心
秩序导向	计划导致混乱与迷惑

在组织领域，现代管理范式强调部门分割和推崇等级，权力具有同质性，处于组织顶端的群体拥有资源配置的话语权，通过专业化、形式化、秩序化、碎片化及劳动分工来追求组织运转的高效率；而后现代管理范式则致力于发展组织内外的灵活网络与边界渗透，推崇扁平化结构和权力多样性，并且认为传统的专业化、形式化、秩序化、碎片化及劳动分工等基本组织原则在新的环境下会导致组织的低效率，如表2－4所示。

表2－4　管理学组织理论的现代范式与后现代范式比较

现代范式	后现代范式
以职位确定人员并将工作去技术化	实行工作小组并丰富员工技术
劳资冲突	劳资合作
部门分割	灵活网络与边界渗透
推崇等级化结构	推崇扁平化结构
权力同质性	权力多样性
顶端拥有话语权，对多样性持忍受态度	存在多种话语，视多样性为财富
专业化、形式化、秩序化、碎片化及劳动，分工带来高效率	专业化、形式化、秩序化、碎片化及劳动分工只能降低效率

在领导方面，现代管理范式以雇主为中心，通过直接命令的方式来实施领导；后现代管理范式则以员工为中心，强调管理去中心化（减少层级，增加幅度），顾及女性与少数民族群体的职业展望，并通过愿景来实施领导，如表2－5所示。

表 2 –5　　　　管理学领导理论的现代范式与后现代范式比较

现代范式	后现代范式
X 理论或 Y 理论	S 理论（仆从型领导）
层级与规则的集中化	管理去中心化（减少层级，增加幅度）
以雇主为中心	以员工为中心
白种男人的职业展望	女性与少数民族的职业展望
直接命令员工做什么	通过愿景来领导

在控制领域，现代管理范式对员工通过众多细致的监督程序、技术与规则等进行信息规避和集中化控制，而后现代管理范苏则强调去中心化控制、全员参与质量控制和互相监督，通过信息公开和培训员工来实施自我控制等，如表 2 –6 所示。

表 2 –6　　　　管理学控制理论的现代范式与后现代范式比较

现代范式	后现代范式
集中化控制	去中心化控制
终端控制	全员参与质量控制
微观监视	双重监督
众多监督程序、技术与规则	抛弃程序
培训高层管理人员	培训员工
结果导向	过程导向
信息规避	信息公开
威吓式控制	自我控制

彭新武的后现代管理思想研究，对西方理论介绍得比较详细，遗憾的是对中国后现代管理思想和著作评述不多。以下做一些补充介绍。

首先，中国后现代管理学拥有后现代经济学作为理论根据，这点与西方不同。

管理学是以经济学为基础的，二者相当于应用理论与基础理论的关系。后现代经济学发源于中国（2009 年），西方至今没有后现代经济学。一位西方学者还自豪地宣称，在所有社会科学中，经济学是唯一还没有被后现代

“强暴”的学科。

中国创立的后现代经济学（代表作是《后现代经济：网络时代的个性化和多元化》一书），从价值、交换、货币、组织、资本、制度、福利七个方面系统地比较了后现代哲学思想、后现代经济实践、后现代理论中的经济思想与经济学中的后现代思想四者之间的关系。这些研究对海尔模式背后的管理学主张，提供了经济学理论根据。

其中对海尔管理学思想有直接支持作用的观点包括以下七个方面。

一是价值论区分了价值与意义，前者对应工具理性层面的管理目标，后者对应双赢层面的人的目的。

二是交换论区分了交换与交流，直接对应海尔模式对交易（无温度）与交互（有温度）的区分。其中，对语境的强调支持着海尔物联网的用户网络背后的逻辑。

三是货币论区分了货币中介与语言中介，为以信息为基础的服务升级提供了理论基础。

四是组织论强调以用户为中心、组织的生命化，指出“职能本身的意义，往往不取决于它本身，而取决于由流程联系的关系网络”①，支持了将人单关系内化于职能设计功能结构的想法和自组织实践中；强调企业无边界，组织“将被临时的契约所取代”（由利奥塔提出，为刘鹤所肯定）②；为无边界组织和“按单聚散”提供了理论基础。

五是资本论提出的成瘾性资本理论，为张瑞敏用户乘数理论提供了理论支持，提出“消费的资本化……增进以人的目的为本的终极价值”③。

六是制度论提出，“工业化把‘不变’制度化，后现代把‘变’制度化——后现代要把‘变的本身不变’这一点制度化”④，可以为海尔“以变制变”提供理论根据。

---

① 姜奇平：《后现代经济：网络时代的个性化和多元化》，中信出版社，2009，第161页。

② 同①，第159－160页。

③ 同①，第196页。

④ 同①，第219页。

七是福利论提出选择自由理论和个性化消费理论，为管理3.0创造用户和创造用户价值，提供了理论支持。

《后现代经济：网络时代的个性化和多元化》中直接谈管理的部分，主要涉及后现代组织①。

“后现代组织”这个概念，在管理学和管理经济学中，已经被明确提出②。例如，David M. Boje、Robert P. Gephart、Tojo J. Thatchenkery 在《后现代管理和组织理论》一书中说：“我们的后现代组织的隐喻是扁平。”表2-7是他们对现代组织与后现代组织特征的区分。

表2-7　　现代组织与后现代组织的特征

现代组织	后现代组织
一人、一工作，控制技术	工作团队、多样化技术工人
面对面的劳动管理	协作式劳动管理
部门分离	弹性工作网络渗透边界
位置越高越好	扁平更好
同种同质意味实力	多样化意味实力
上级命令或不能容忍差异	多样性是一种资产
效率随劳动专业化、形式化、常规化、分离、分部而增加	效率随劳动专业化、形式化、常规化、分离、分部而递减

同样进行过类似的现代组织与后现代组织特征区分的，还有斯图尔特·R. 克里格，他在《后现代管理》中强调后现代组织的特征是：柔性，以劳动力核心能力的管理为中心，以个性化消费为前提，通过微电子设备做出可能选择，工作是非差别性、无界线、多技术的，雇佣关系更复杂，表现出碎片化的形式，如转包合同、网络。理查德·L. 达夫特在《组织理论与设计》中，也对现代组织与后现代组织的特征进行了多方面的对比。

其次，中国形成了成体系的后现代管理学，这一点也与西方不同。

---

① 姜奇平：《后现代经济：网络时代的个性化和多元化》，中信出版社，2009，第163、164页。

② 刘晓善：《后现代组织成本管理研究》，经济科学出版社，2008。

典型如张羿的《后现代企业管理革命》《管理救赎：后现代管理缔造》。其实，彭新武本人是认识张羿的，曾将《后现代企业管理革命》推荐给自己的研究生，并称《管理救赎：后现代管理缔造》"堪称近二三十年来全球管理创新的集大成之作，张羿著作的跨学科性和思想的深刻性与德鲁克十分相似"。但由于彭新武的研究主要聚焦于西方管理学思想，对张羿的成体系的后现代管理思想没有进一步研究。

张羿后现代管理思想的主旨，与批判理论在核心上是相同的，都强调人的解放。张羿强调管理开始于人的塑造①，与张瑞敏的思想是高度一致的。他指出，"管理的目标是人的解放"②，认为"管理的本质是人性的解放，但不是简单的以人为本，而是以创造价值为本"③。这都与海尔模式的神髓相通。当然与海尔的管理3.0相比。在某些细节上也略有差异。例如，对稻盛和夫的评价就完全相反。

张羿后现代管理思想内容比较丰富，与同类研究相比，特点是他所说的后现代，与后现代哲学家所说的后现代差异极大（他也基本不引述后现代哲学家的概念），较多引述的是自称后现代的管理学家言论，运用归纳方法较多。从表2-8、表2-9、表2-10分别可以看出张羿对管理学现代与后现代模式的对比的典型认识。

表2-8　　现代企业战略与后现代企业战略对比④

现代企业战略	后现代企业战略
战略与商业模式分离	战略与商业模式同质与交叉
机械型战略	生命型战略
单一型战略	杂糅式战略
竞争型战略	竞合型战略
静态型战略	动态+连接型战略

① 张羿：《管理救赎：后现代管理缔造》，中国财富出版社，2017，第50页。
② 同①，第51页。
③ 同①，第52页。
④ 同①，第157页。

续　表

现代企业战略	后现代企业战略
纵向一体化	生态一体化
封闭式战略	开放式战略
战略渐变性	战略突变性
定位理论	生态理论

表 2－9　现代管理企业组织模式与后现代管理企业组织模式对比①

现代管理企业组织模式	后现代管理企业组织模式
科层制	生态网络式
单中心	双中心—多中心
边界渗透性低	边界渗透性高
企业与市场边界清晰	企业与市场边界被打破
公司＋雇员	平台＋小微＋个体＋机构
员工职能化	员工创客化
组织股东化	组织社会化
组织控制	自我管理＋组织协同

表 2－10　现代管理领导模式与后现代管理领导模式对比②

现代管理领导模式	后现代管理领导模式
任命（或选举）产生	自然产生
控制	赋能
集权	分权
巩固	创新
统筹	设计
指挥	引导

① 张羿：《管理救赎：后现代管理缔造》，中国财富出版社，2017，第 188 页。

② 同①，第 282 页。

管理框架有别于管理学框架。张羿的后现代管理体系，其理论框架是要素框架，由 11 个静态要素和 8 个动态要素所构成。11 个静态要素分别为：价值系统、商业定位、用户或客户、产品模式、成本结构、盈利模式、资本模式、渠道模式、核心资源、合作模式、运营系统。8 个动态管理要素分别为：治理、战略、组织、营销、创新、领导、文化、哲学。我们采用的理论框架则是功能框架（详见下章），可以认为二者是管理学框架与管理框架的不同，各有侧重。

管理 3.0 与后现代管理，在范式上同属一类。但与西方后现代管理思想，特别是其中受解构的后现代主义哲学影响较深的部分相比，也有许多不同。最大的不同是，解构的后现代主义对工业化是彻底否定的，而管理 3.0 对工业化的态度是扬弃，也就是一半肯定，一半否定。海尔模式，特别是早期制造业的科学管理、20 世纪 80 年代末发展起来的六西格玛（Six Sigma）管理、转型中流程再造阶段的管理，吸取了许多工业化管理的理性因素。互联网时代管理的控制部分，比一般西方科学管理更加严格，又融入了复杂性管理的技术经济特征，这些方面都有自己独到之处。这种特征，在海尔对大规模定制的定义中，比较明显地表现出来。

2.2.3.3 复杂性管理学

直接引入复杂性范式构建管理学体系，是互联网时代管理变革的正面突破口。早在 20 世纪 90 年代，成思危等学者就开始在中国管理学界倡导管理复杂性研究。早期研究往往把复杂性当作一种负面因素，研究管理如何限制、降低复杂性带来的成本或如何降低复杂性本身，而没有认识到智慧具有复杂性越高，越简易、成本越低这一特点。直到 21 世纪初，刘洪提出的组织复杂性管理的相反主张，为复杂性管理理论的发展带来转机。互联网的兴起，技术网络分析与社会网络分析渗入管理学，进一步使复杂性管理柳暗花明，并引发互联网时代管理变革的基础理论全线突破。

管理中的复杂性越增加，成本越高，还是越低？相反的回答代表了相反的范式。细究问题的经济学实质，在于争论范围经济还是不经济。互联网发展本质上是一种范围经济现象，它有力地支持了管理复杂性增加而成本降低的观点。管理复杂性增加在此不是指更加复杂机械化，而是指更加灵活生命化。由此，网络科学与生命科学合流，推动管理从机械世界最终走入生命世界。生命正是越复杂成本相对越低的典范，它成为互联网时代管理变革要走向的最终方向。

2.2.3.4　组织复杂性管理

我们一再强调，网络管理的核心不在互联网技术，而在于把复杂性范式带入管理领域。更准确地说，是把复杂性经济（而不是不经济）的观念引入管理理念。从网络管理角度看，整个工业化的管理，都可以概括在"复杂性不经济"这一命题判断中，即专业化经济，但多样性不经济；系统越复杂，管理越迟钝。能不能有相反的管理效率呢？比如环境越多变，企业越灵活；单变得越快，人越能驾驭变化。这才是互联网时代管理变革要解决的具有方向转折意义的实质问题。

刘洪的《组织复杂性管理：适应复杂性，创立竞争新优势》比较彻底地提出了这一问题。他指出，"管理者们不知道是根据环境复杂性来提高组织的复杂性，还是通过降低组织复杂性来对付环境的复杂性"。"按照经典的管理理论，将简单性作为对付复杂性的措施"；而复杂性管理的真问题在于"如何通过复杂性提高来获取竞争优势"①。一旦做到复杂性越高而成本越低（即与差异化战略、成本领先战略都相反的低成本差异化战略）②，复杂性（或系统的生命活化）就会成为竞争优势。这就捅破了管理3.0最关键的那层窗户纸，从而在基础理论层面指出了丰田模式为什么可能被中式管理取代的"既中国，更世界"的普适原因。其根本的普适性在于，将中国的"易"径直理解为低成本差异化（对应Simplexity，即让复杂性变得简易）。

刘洪的《组织复杂性管理：适应复杂性，创立竞争新优势》从复杂适应组织、组织复杂性适应能力、企业的复杂适应性、组织变革的复杂适应系统、复杂环境下的自组织团队建设、多智能体组织、组织沟通与学习的复杂性等方面对复杂性管理进行了系统研究，讨论了复杂适应组织行为的管理和组织

---

① 刘洪：《组织复杂性管理：适应复杂性，创立竞争新优势》，商务印书馆，2011，第1页。

② 严格定义，范围经济是随着多样性增加，由于固定成本均摊，而造成平均成本递减、范围报酬递增的现象。范围经济对应的管理现象就是复杂性管理。

复杂性的控制与利用。复杂性管理除了有复杂性适应的一面外，还有复杂性创造的一面。前者表现为适应用户，后者表现为创造用户。海尔的“双赢”就兼顾了两个方面，而不仅仅是适应用户，还要在竞争高单中创造用户价值。刘洪虽然认识到“创新是一种主动的适应和变革过程”①，但与在美国已发展较为成熟的复杂适应系统（CAS）理论相比，复杂创造系统的理论建设还有许多工作要做。在中国互联网商业实践中，创造用户价值一直是一个鲜明特色，阿里巴巴、腾讯的大量业务，都是从实体经济没有的需求中创造出来的。如何将创新与这种复杂性创造结合起来寻找其中规律，仍是互联网时代管理变革的下一个课题。

2.2.3.5 社会网络分析与管理

如果说复杂性管理有着范围经济的经济学原理基础和复杂适应系统等科学基础的支撑，已发展成形，第三代管理要真正实现自成一体，还需要得到来自网络科学方法和实践的充分支持以实现落地。在海尔网络化理论和实践成功基础上，2017 年网络管理在科学方法上得到了社会网络分析的支持，成为最新的前沿动态。

2017 年罗家德《复杂：信息时代的连接、机会与布局》一书的出版，填补了网络管理的一项空白。继网络科学之外，网络社会科学方法也开始被引入管理中来。一般复杂性科学只是指出了复杂性系统的一般特征，如自下而上涌现、扁平化结构，而对于自下而上、扁平化如何在管理中实现，语焉不详。海尔模式几乎成了孤证，复杂性系统是否能成为管理的普遍基础，人们仍然大有疑问。

但进入 21 世纪，迅猛发展的社会网络分析（Social Network Analysis，简称 SNA），开始揭开复杂性经济的微观黑箱。研究表明，网络之所以具有复杂性经济的特征（或生命体的活体特征），与其特殊结构有内在联系。这种结构不是一般的复杂，而是庞朴②所说的“错综”复杂，即拓扑结构的复杂。网

① 刘洪：《组织复杂性管理：适应复杂性，创立竞争新优势》，商务印书馆，2011，第 75 页。

② 庞朴，中国当代历史学家、文化史家、哲学史家。

络拓扑结构使生命体在面对复杂性时具有与机械体相反的成本特性（相反在“迟钝—灵活”光谱上），原因在于其邻接特性。邻接在管理概念中，对应的就是“关系与圈子”。邻接背后的原则是“最短路径优先”（Shortest Path First，简称 SPF），相当于中式管理中的熟人优先，这彻底颠覆了西方中心论管理学的常识，但又是构成互联网竞争优势的不争的科学基础。为什么会是这样？

罗家德从“微信成功的逻辑”入手，研究的第一部分就把“关系与圈子”当作“信息社会的底层结构”。研究的第二部分把“网络科学”作为“互联网时代的底层逻辑”，分析了为什么以关系和圈子为表象的邻接结构，从代表落后，在先进生产力作用下，变为代表先进的逻辑。研究的第三部分把“自组织”作为“复杂思维下的新治理模式”，深入探讨了网络管理中企业自组织的新理念。

社会网络分析的加入，使复杂性理论与网络科学融为一体，使关系分析发展为复杂关系分析，对以原子论为基础的传统管理方法，提供了可行的替代方法。

中国互联网企业表面上是由于运用了高科技而取得成功，实际上由于采取了与工业化相反的管理方法，即与规模经济原理（越复杂成本越高）相反的范围经济（越复杂成本越低）的生产方式，才在大变革的乱局中如鱼得水。而那些仅在技术上采用网络方法，而在管理上排斥网络方法的企业，早在大浪淘沙中被实践淘汰。

许多人把互联网时代的管理变革简单理解为将新技术应用于管理，忽略了互联网背后的网络科学才是其原理所在，而网络科学不过是复杂性科学的另一种说法。因此，推进互联网时代的管理变革，需要将网络科学引入网络人文来发展管理学。

展望未来，以中国互联网的强势发展、中国企业的持续成功，以海尔、腾讯等一批世界一流企业的先进管理经验为基础，第三代管理在中国有望获得飞跃性的发展，为结束中国改革开放 40 多年经济成功却没有世界级管理经验的局面做出贡献。

第三章 管理变革的中国贡献

海尔模式无疑是中国管理经验，这同丰田模式是日本管理经验一样。但中国管理经验与中国式管理是什么关系，这事关两件事，一是中国的管理经验是否具有普适性，像日本管理经验那样，可以为各国借鉴；二是普适的经验到底要不要剥离纯属本地特色的中国式管理。

本项研究的对象既是海尔模式，又是中国经验。张瑞敏出于谦虚，不同意海尔经验这个提法。但正如丰田经验一样，海尔模式具有中国经济成功的一种特质。本书希望将海尔模式的普适性作为研究重点。这里的普适性一方面是指海尔模式既是中国的，又是世界的，可以为美国、日本等国企业所用；另一方面，与一般研究不同，还强调海尔模式是中国经验的代表，也就是说，所有中国企业管理中都有海尔的影子。

海尔模式中有中国特色，对所有中国人来说是只可意会不可言传的“基因”。正是这种不同于各国的“基因”，使中国企业在过去40年的表现与众不同。这不是说外国人不能接受，而是说中国人接受这种管理模式，可以通过文化，无师自通；别国企业接受它却只能通过学习，先纠正与之相反的概念，然后再往血液中融入。例如，“易”具有“不易”“变易”“简易”这三重性。西方容易接受的基业长青只是前两“易”，“简易”是中国独有的。“易”是指举重若轻地实现基业长青，之所以可以举重若轻地实现基业长青，就与文化有关了。人人都是CEO，这与中国传统的“凡圣平等”观念，以及民间文化中“上有政策，下有对策”中的“下有对策”，具有相通处。将“下有对策”当作人生主张，与王阳明说的“满大街都是圣人”，一旦统一到致良知上，就具有了普适性。圣人不是十全十美的，而是具有灵活运用规则的能力，能像孔子那样，“见白菜说白菜，见土豆说土豆”，但说的都不离开“仁”。

但这个“仁”又不是抽象的，而是具体的。

但“下有对策”这种草根决策，既不是美国人能自发做到的，也不是日本人能自发做到的。它要求将规则根据具体条件加以变通，又不离开规则的本义。

张瑞敏曾专门讨论过中国式管理的问题。在演讲“中国式管理的三个终极难题”中举过一个例子：“我们在美国南卡罗来纳州设立了一个工厂，我们的人过去告诉美国生产线的工人应该怎么去操作，但是过了几天，按照美国的条件可以再改动一下，美国工人就不干了。他说我们前两天告诉他那样干，今天又告诉他这样干，到底哪个是对的。所以不能随便改。”① 可见美国人也不像中国人想象中那样灵活。这里就反映出中美文化差异。在中国人看来，规则是死的，人是活的。适合青岛人的规则，到了南卡罗来纳州，就要结合当地人实际，改得既不离开原则，又让当地人感到舒服。而美国人则认为，规则是放之四海的，在青岛制定的规则，在南卡罗来纳州也必须适用，不能改来改去。

灵活，过去一直被当作中国人的缺点，但如果与上有政策在方向上一致，与致良知内在统一，不就成了德鲁克推崇的自我管理了吗？而中国几乎所有企业，不管是成功的企业还是不成功的企业，在这方面都是相通的。它是中国特有的自主性，强调理性与感性、规则与变通的有机结合，与西方说的理性的、强调规则的主体性，不是一种文化。笔者认为这是对海尔模式的各种总结中普遍忽略的东西。中国经验有别于美国经验、日本经验的特质所在，就在于“三易”中的第三“易”。我们借海尔模式，把这种既属于中国又属于世界的东西，第一次总结出来。海尔模式的普适性，首先表现在对中国的普适性上。一些国人在笔者面前贬低海尔模式时，笔者就在想：如果海尔模式体现的就是你我每个中国人不自觉体现出的那种共通基因，你还反对吗？你反对你自己吗？总结海尔模式的普适性，要把海尔模式与海尔的成功剥离出来。将来哪一天，即使海尔经营失败了，也不会掩盖“三易”的存在价值。反映自主性基因的中国式管理是普适的，与具体的企业成败无关，具有某种不可证伪性。

当然，不是一切中国式管理，不是所有学者主张的中国式管理，都是我

---

① 文正欣：《张瑞敏谈战略与管理》，海天出版社，2011，第46页。

们所认同的。比如，家族式管理在一定范围内也是中国式的，但不是我们所肯定的和认同的。自主性如果离开致良知，成为不讲原则的灵活，也不是我们倡导的。我们对源自封建社会、小农经济的中国式管理，持批判态度。我们想探索的中国式管理，主要是面向信息时代的中国式管理。其中最大区别在于，互联网强调的关系，不是农业社会的“熟人”关系，而是网络社会中“陌生的熟人”这种关系。

另外，我们认同的中国式管理，不同于认为在中国存在即合理。管理3.0在自己的旗帜上鲜明地写着反对官僚主义。这对中国官本位文化，是一种根本上的冲击。从反对官本位这一点来说，它是反传统（包括中国传统）的，代表的是中国的未来，而非过去。

3.1 根植于实践的贡献

把互联网时代的管理变革归结为以中国的海尔模式为代表的管理3.0，从实践方面有客观的理由。管理变革不能仅仅是书斋变革，必须由世界一流企业实践背书。没有通用电气等一流企业管理实践，就谈不上美式管理；没有丰田等一流企业管理实践，就谈不上日式管理。对管理3.0来说，尽管它的哲学在德鲁克的经验之论、拉兹洛父子的《管理的新思维：第三代管理思想》、Jurgen Appelo的《管理3.0：培养和提升敏捷领导力》和丹娜·左哈尔的《量子领导者：商业思维和实践的革命》中已经形成，但这些理论还只是“概念跑车”，还没有落地，还没有变成规模至少在1万人以上的企业中可操作的实际管理模式。

管理3.0真正有代表性的实践不是出自美国、日本和欧洲国家，而全部出在中国，有海尔、腾讯这样的世界一流企业的管理实践作为背书。从这个意义上说，对互联网时代管理变革贡献最大的，不是管理学家，而是企业家。

这里必须提到腾讯创始人马化腾的灰度管理理论。灰度的说法最初来自华为，任正非写过《管理的灰度》，腾讯把灰度管理发展为一个体系。马化腾说：“我把14年来腾讯的内在转变和经验得失总结为创造生物型组织的‘灰度法则’，这个法则具体包括七个维度，分别是需求度、速度、灵活度、冗余度、开放协作度、创新度、进化度。”① 可以看出，这七个维度都紧扣在复杂性这一与网络匹配的管理范式内核上。管理3.0的成分相对较纯，已经基本没有管理2.0（丰田经验）的影子，说明马化腾已形成了关于互联网时代管理变革的理论自觉。腾讯的管理理论和实践向世人证明，管理3.0对于矫治工业病，实现不确定市场环境和需求多变条件下企业的持续稳定高速进化发展，是有效和可行的。这对还沉浸于专门总结确定和不变条件下企业稳定发展规律的管理教科书的人来说，构成了极大的冲击。

真正构建完善了管理3.0理论体系和实践体系的企业家是张瑞敏。海尔模式目前已经成为世界级的管理经验，并且以其鲜明的管理3.0风格，成为继美式管理、日式管理之后，下一代管理模式的引领者。

3.2　利用中国文化助力管理变革

我们建议企业在学习海尔模式时，要借助优秀的中国传统管理文化，以化解学习中的阻力。海尔的复杂性管理主要体现的是互联网时代的管理范式特点，但由于中国传统文化天然具有复杂性传统（强调灵活应变），中国企业的员工在文化层面，最容易接受海尔模式，也就是员工会无师自通地理解以变制变的道理。

尽管许多专家不认同中国式管理，但张瑞敏本人在被问及对中国式管理的看法时，是持肯定态度的。我们建议企业从文化入手学习海尔模式，在此基础上学习互联网时代先进管理经验，这是一条有中国特色的管理捷径。

我们在中国式管理的背景下总结海尔模式，需要提炼出海尔模式中与其他中国经验共同的体现传统中国特色的地方，同时提炼出与互联网时代的精神相通之处，既有中国的独特性，又具有世界范围的代表性。

互联网时代我国企业管理变革与互联网时代一般企业变革相比较，一个突出不同在于中国国情的不同。

第一个不同在于中国是在工业化和信息化两化融合下谈管理变革，变革

① 摘自马化腾的讲话“灰度法则：创造生物型组织的七个维度”。

的对象不同。一般企业谈管理变革，变革的是不适应信息化时代的工业化的传统管理；中国企业的管理变革，不仅要扬弃工业化传统管理的弊端，还要扬弃农业化传统的落后成分的影响。

在这种条件下总结互联网时代的管理经验，既要考虑许多企业面对复杂市场激烈竞争要变革工业化管理中的机械性，又要考虑相当多企业还没有打好工业化时代的管理基础，需要补科学管理的课。

因此，适合我国企业的互联网时代管理变革，具有跨越式发展、跨越式变革的特点，旨在同时完成工业化和信息化，至少进入工业化与信息化两化融合的阶段，这带来管理创新上的特殊要求和特殊问题，例如要处理好职能与流程的关系、专业化与协调的关系、规模化与定制的关系、提高效率与提高效能①（做活）的关系等。

第二个不同在于中国经历了40余年经济高速发展和一批世界级企业的成功，变革的资源和资本不同。40余年世界级的成功，不能认为只是普世管理经验的一个简单复制和模仿的过程，背后是否存在不同于美国成功、德国成功、日本成功的中国特质，到了需要总结的时候。中国的管理实践是成功的、有可取之处的，但管理理论和管理经验没有把它总结出来，既不利于自我的管理意识的自觉，也不利于对世界管理理论的丰富和创新。发现中国特质本身，就是一种管理创新。它有利于中国企业提高发扬长处、独立发展的自信和自觉。

当然，不是一切中国国情都可以作为中国式管理的内核，遵循“现实即合理”式的逻辑。比如，中国国情中有官本位传统，但不应成为中国式管理的内核，相反，海尔模式是一个反对官僚主义的模式。家族式管理也有中国特色，但为海尔模式所不屑。中国式管理还有“合理的将是现实的”这种面向未来的意思。

特别值得总结的是中国独特的文化传统在成功中所起的作用。长期以来，管理界从西方中心论出发，往往把中国文化中的管理因素当作落后的东西，

① 本项研究将效能定义为效率相对于复杂性的变化率，越简单效率越高为“做大”，越复杂效率越高为“做活”（又称“做优”）。管理变革推动企业从做大做强，转向做强做优。

当作应当摒弃的东西看待。但从历史发展看，中国文化中许多有益成分，经过否定之否定，在工业化发展到互联网时代之后，又在重新恢复活力。例如，随时调整的计划方式、无为而治的执行过程、社会网络的沟通方式等，与互联网时代的管理模式形成否定之否定意义上的相互肯定关系。扬弃传统中不适合时代的因素，发扬其中相对于各国更具竞争优势的因素，打造不同于美国经验、日本经验的中国经验，既有理论意义也有实践意义。

3.2.1 以灵活的组织应对复杂的环境

复杂性是互联网时代与中国式管理的交集。一方面，复杂性是时代特色所在，今天用来描述互联网的分布式、交互连接、自组织等所有特征，其实都可用复杂性一言蔽之；另一方面，复杂性又是中国特色所在，中国人讲究灵活变通（所谓“易”），灵活性即组织复杂性，是不同于美国人、日本人的管理基因。互联网时代的中国式管理，正好把传统的复杂性与未来的复杂性巧妙嫁接在一起，形成“做活”这一既世界又民族的管理新范式。

中国管理正处在继往开来的十字路口。前40余年的成功，不完全是模仿的结果，只不过我们对灵活性这一引致成功的民族基因，没上升到丰田经验同样高度的认识；未来40余年的成功，中国管理需要与时俱进，总结提升自己，要用互联网时代的复杂性，改良农业时代形成的复杂性，形成“以灵活对复杂”为核心的中国管理经验。

灵活说的是组织，多变说的是环境，它们都是指复杂性。灵活性就是从组织角度看的复杂性。灵活性对中国人来说，是与生俱来的特性，中国人自己不觉得什么，但与美国人、德国人、日本人一比较，会发现并非所有民族都具有根儿上的（即范式一级的）灵活性。

张瑞敏在《中国式管理的三个终极难题》中举了一个例子，很有代表性：“我们的人过去告诉美国生产线的工人应该怎么去操作，但是过了几天，按照美国的条件可以再改动一下，美国工人就不干了。他说我们前两天告诉他那样干，今天又告诉他这样干，到底哪个是对的。所以不能随便改。”① 相信每

① 文正欣：《张瑞敏谈战略与管理》，海天出版社，2011，第46页。

个中国人都会对这个场景心领神会。中国人实际想的是，组织行为及规则要根据环境条件的变化而有所不同。而美国工人觉得规则具有普遍性，一旦确定就不能变，而且放之四海不必考虑国情。这是工业化形成的典型的普遍主义的简单性思维①。中国成功的根本经验在于突破了这种理性教条主义（包括苏式教条主义和美式教条主义）。中国称之为实事求是，在管理上就是根据环境的“事”（实际条件），求得组织的“是”（权变规则）。“实事求是”可以被理解为一套在组织与环境之间寻求权变的元规则。

不是说美国人、德国人、日本人没有灵活性，他们也讲权变、条件、情境等，但这些只处在他们管理体系的较低层级上。中国人则把灵活性当作最高一级管理范畴。它就是《周易》中说的那个“易”，处在太极的最顶端。将不变本身制度化，是西方科学管理的根本路线；将变本身不变这一点制度化，是中国人做事的根本路线。在思想方法上，强调具体问题具体分析，又称猫论。这是中国人基因和骨髓里的东西，不需要任何人教，无师自通。谁把它拎起来，谁就可以把整个中国拎起来。谁在管理上把它拎起来，谁就可以把中国成功经验拎起来。

灵活性的好处是随机应变。中国改革开放40余年是随机应变的40余年，就是不管世上怎么变，中国都“下有对策”。具体到企业管理这个微观上，灵活性就是市场怎么变，企业就跟着怎么变。海尔把它简称为“人单合一”。

信息时代的最大特点就是环境变得越来越快，市场变得越来越快。本地有灵活性传统的民族就占便宜。乱中取胜不是乱来，而胜在灵活性，就是组织变化速度超过环境变化速度（即组织复杂性超过环境复杂性）。中国40余年的成功无非就是因为自己变得比环境变得更快，因此比别人更适应变化，典型如加入WTO（世界贸易组织）成为赢家。

当前中国管理创新与管理变革除了追赶的任务之外，还有超越的使命。中国企业不可能仅仅靠追西方从农业社会进入工业社会这一段达到先进，照搬国外的管理经验不能解决中国企业管理的全部问题，还需要在赶超的过程

① 张旭东：《全球化时代的文化认同：西方普遍主义话语的历史批判》，北京大学出版社，2006年。

中面向未来，在发挥自身优势进行创新上有所作为。我们要研究中国农业文明形成的管理传统中，有没有本来比工业化管理落后，但在互联网带动下，可以反超工业化管理（管理1.0、管理2.0）的跨越成分。答案全集中在复杂性（在古代汉语中就是“易”）这一点上。复杂性与中国传统的联系是内在的，意思是说，不像其他特性只是经验归纳出的，而可以具有逻辑演绎的基础。中国传统文化基础上的管理，是在自然经济中形成的，具有天然的自然复杂性范式。它与西方科学管理具有否定性的关系，否定的点在范式的基本假定上。工业化形成的科学管理，以理性对自然性“去魅”，将自然复杂性转化为理性简单性，其科学性表现在化简的功夫之上，简化为概念、规律、普遍性，进而转化为管理上的正式制度。而自然经济中的复杂性表现为概念与形象不分、规律与条件不分、普遍性与特殊性不分、正式制度与潜规则不分，归结到根本上是物性与心性不分。西方工业化不讲心性，心性是“去魅”的排斥对象。心性就是复杂性，“去魅”就是去复杂性。中国的心学传统即复杂性传统[①]，包含涌现生成（生生不息）、变化（易）、活性节点之间的对等连接（血缘联系）、情本体等复杂系统的典型特征。

复杂性能够作为管理变革的范式基础，也有内在性。这种内在性表现在农业社会、工业社会和信息社会，存在肯定、否定、否定之否定的辩证发展关系。农业传统中的自然复杂性被工业社会的理性简单性否定，是一种历史进步；工业社会的机械简单性被信息社会的信息复杂性否定，也是一种历史进步。而后一个否定，是在螺旋式上升的更高阶段，肯定传统中的积极因素。这使中国传统在现代化中不仅有应该被科学管理否定的一面，还有被复杂性管理否定的一面，二者的关系是辩证的。

中国管理中许多原来显得落后的复杂性成分，经过改造都可用于克服工业病。比如，德国工业化管理强调计划，中国管理却总强调计划赶不上变化，讲随条件变化，“用不确定的挑战代替明确、长期的目标或图景”，与涌现生成、动态适应暗合；美国工业化管理强调原子契约，中国管理却讲关系网络，

① 心学是复杂性之学，而非精神之学。典型如气论，讲的就是心（复杂性）在自然中的位置。气讲的是在物质的机械性之外，存在非机械性的、复杂的一面。

有利于小世界网络的沟通和自组织协调；日本工业化管理讲自上而下的年功制，导致企业的末梢对外界缺乏感应，中国管理却讲每个节点上的随机应变，暗合了无组织的组织力量和学习创新。

3.2.2 对中国传统管理文化进行批判改造

管理要前后连贯地产生灵活性这一与官僚主义非常系统地相反的效果，要靠有效的组织复杂性，即必须复杂经济，而非复杂不经济。一般工业管理也可以做到复杂，做不到的是复杂经济（复杂的产出大于投入）。典型如日本丰田制，它可以做到复杂，却难以做到使复杂变得经济。光是一个年功制，就彻底堵死了它实现复杂经济的路，它的复杂是不经济的。

复杂要想经济，关键是从“做大做强”转向“做活”。因为只有活的东西，才能越复杂还越经济（典型如人体对能量的转化）。做大做强虽好，最怕的就是环境复杂多变，一复杂多变它就不经济了，或者准确说是不可持续地经济了。

当然，中国企业不同于发达国家的企业，其管理创新和管理变革具有一个独特的背景，这就是工业化与信息化两化融合。在管理顶层上，两化融合要求我们处理好简单性范式与复杂性范式的辩证关系。对管理变革涉及的基本范式来说，工业化是从复杂性向简单性的转化，信息化是从简单化向复杂化的转化，两化融合可理解为简单性与复杂性两种相互矛盾的范式的融合。同样是面对复杂性环境的挑战，发达国家的企业已完成工业化科学管理的功课，接下来主要是克服科学管理的弊端（工业病），集中精力于从简单性管理向复杂性管理的转变这个单一方向上；而中国企业要做的功课更多，在面对家族式管理的自然落后的一面时，需要做的是降低组织的复杂性，提高专业化的效率；如果问题是专业化过头了，达到机械僵化程度，需要做的是提高组织的复杂性，提高灵活化的效能。因此不能笼统说组织更简单好，还是更复杂好，而是要寻求最优复杂性。要在有序与无序之间寻找管理的平衡，在正式制度与非正式制度之间寻找管理的平衡。减少不带来价值的复杂性，增进创造价值的复杂性，将复杂性引向学习能力更高的人。

中国式管理的复杂性基因中，有大量需要摒弃的糟粕。农业社会传统中的复杂性，具有实用主义、相对主义的一面，往往排斥理性、普遍性、规则和逻辑。对工业化基础不牢的中国来说，吸收民族文化中的复杂性传统，必须建立在工业化管理基础之上，不能排斥简单性管理（又称科学管理）的合理性。工业化底蕴充分的德国人学周易，脑子可以变灵活。但中国人脑子已经过于灵活，就不能在进一步信息灵敏化的过程中忽视甚至丢掉德国人那样的严谨。海尔出在青岛，青岛历史上受德国文化包括管理文化影响较深，所以同山东其他地方不同，出现了大量现代化企业，海尔是在优秀现代化文化基础上，进一步向更现代的灵活化方向转型而取得成功的，不能简单认为它是在中国传统农业文化基础上长出来的。复杂性组织不是不讲规则、不遵守正式制度，也不是一味去中心化、混沌化，而是要把握好度。

3.3　“因为中国而更加世界”的普适价值

3.3.1　“中国一定是做了非常对的事”

张五常在《中国的经济制度》中说：

> 我可以在一个星期内写一本厚厚的批评中国的书。然而，在有那么多的不利的困境下，中国的高速增长持续了那么久，历史上从来没有出现过。中国一定是做了非常对的事才产生了我们见到的经济奇迹。那是什么呢？这才是真正的问题。

这件非常对的事，一定具有以下特征：一是具有普适性，否则，谈不上对，别人学去也没有意义；二是对中国人来说非常简单，简单到对中国人来说人人都会，根本没意识到它是一件非常对的事，这可以解释为什么中国人不去把它总结出来，因为人人都觉得不值一提；三是对外国人来说很难。人人都掌握，从来没人意识到它的存在（就好像不加提示，人人感觉不到万有引力的存在一样）。这可以解释为什么这件非常对的事对外国人是个谜，还要专门来发现、研究。

这件非常对的事，与中国文化经典《易》有关，就是“三易”。翻译成海尔模式语言，就是以变制变。

2017 年 9 月 25 日，张瑞敏精确概括的管理“三易”（不易、变易、简易），代表了中国经验中因为中国而更加世界的管理普适价值，代表了管理3.0中最体现灵魂的东西。“三易”中的第一个是不易，对应管理，就是企业核心价值观不变；第二个是变易，对应管理，指以人的变化适应与驾驭单的变化；第三个是简易，对应管理，指使以变制变本身变得简易。

从实质——核心价值观（不易）层面上来说，张瑞敏与笔者谈到中国经验的时候，提出了一个出乎笔者意料的卓越见解。他说：“（海尔作为中国经验的普适性）核心是人的价值第一，把它们（日式管理、美式管理）全冲开了。GE是股东第一，员工很难找到自己的用户是谁；日本企业做得也很死。海尔将人的价值第一放在前面，强调每个人独立的价值。大企业哪有平等？德国也一样，只是线性管理，很规范，但缺乏创造变化。辉腾的失败就是例子。”意思是，西方管理关于人的价值，表面上讲平等，但CEO和员工是不平等的。讲的人的价值，只是CEO的价值，不是员工的价值（也不是用户的价值）。而海尔说的人的价值，包括了用户、员工这些“草根”的价值，因此在管理的普适价值上，冲破了西方的基准线，比西方管理对人的价值更加重视。张瑞敏讲，“海尔的企业文化，最核心的部分体现为对两部分人的尊重——对员工的尊重，对顾客的尊重”。这与西方讲人的价值“重精英轻草根”形成对照。

关于这一点，笔者深有同感。笔者对张瑞敏讲，美国的大众创新观（如埃德蒙·费尔普斯的《大繁荣：大众创新如何带来国家繁荣》）是小乘，只能渡少数人，因为把风投作为成就的条件之一，这样一来，小管家就成不了企业家（因为不可能得到风投）；而海尔是大乘，可以渡所有人，让所有人成为企业家。张瑞敏赞同我说的大乘的观点，还说“海尔的小管家也是企业家”。人的价值第一，富于中国特色。同是强调人本、民本，与西方强调个人主义价值不同，中国传统文化有强调“草根”价值的一面，如“圣凡平等”说。张瑞敏说“大企业哪有平等”中的“平等”，不是自由、平等、博爱那个平等，而是“圣凡平等”那个平等。

“三易”中的不易、变易加起来，仍然还在西方理念可解释的范围，因为对应的是标准的基业长青定义（企业核心价值观不变，其他一切都要围绕这个不变的价值观而变化，包括禀赋）。但第三易即简易，则是中国文化中独有的东西（也许犹太文化是个例外）。

“三易”中第三易如果用可数学化的思维来理解，其实对应的就是“范围经济”这个概念，说的是（可选择的）范围越大，越经济。当然，“三易”不仅适用于经济，也适用于社会、文化等各方面。社会、文化的范围经济说的是越自由，反而越简易。

以变制变的第一层意思是以变应变。可以说，灵活应变是所有中国人的特质，中华文明历经5000多年而没有像其他古代文明那样灭绝，与能够灵活适应各种大大小小的变化有关。改革开放40多年来，中国人在灵活应对市场经济、WTO、互联网等的一次次巨变中逢凶化吉，与中国人“善变”也有内在关系。古巴比伦、玛雅等文明之所以难以延续，无一例外都是由于它们不像中国那样“善变”。

以变应变是所有中国企业的“经验”（准确说是特质），从这个意义上说，所有中国经验都具有以变制变这个内核，这不是海尔专有的。区别恐怕在于，许多企业没有有意识地把以变制变提炼出来，作为有别于德国企业、美国企业和日本企业的民族特质所在，而只是把以变制变作为一种潜意识、文化层面的东西，当作一种说不上来是好是坏的本能。

以变制变中的“制”，则反映了中国文化特征的另一面，不同于西方复杂适应（CAS）的一面，这就是积极有为地创造（复杂创造）的另一面，如“生生之德”，“天行健，君子以自强不息”等。海尔的双赢也在强调一种积极的变化，“变中求胜”，积极创造用户与创客两方面的价值。

左哈尔也感到的中国成功中那个关键因素：“中国人能找到成百上千种方法去做成一件事。”①

3.3.2　海尔模式的中国文化特质

3.3.2.1　“圣凡平等”论

“圣凡平等”论，是海尔“人的价值第一”的思想基础。它最先由孟子提出。《孟子·告子下》载：

曹交问曰：“人皆可以为尧舜，有诸?”孟子曰：“然。”

① 丹娜·左哈尔：《量子领导者：商业思维和实践的革命》，机械工业出版社，2016，第130页。

《孟子·告子上》载：

> 非独贤者有是心也，人皆有之，贤者能勿丧耳。

可以说，孟子的性善论的核心观点就是“人皆可以为尧舜”。

佛教强调众生平等：“众生不异佛，佛即是众生。”六祖慧能大师使禅宗“人人皆有佛性”的观点深入人心，成为中国文化中的一种相当普遍的意识。也就是说，人人都是CEO，对于中国人来说，是一种自然而然的想法。笔者曾对张瑞敏说，海尔的人人都是CEO近于大乘佛教。张瑞敏也同意笔者说的大乘与小乘的区分。

“圣凡平等”论从民族文化潜意识，上升为一种意识形态，主要是在宋代。

先是陆九渊的弟子杨简把理学家的“成圣工夫论”提升为“成圣本体论”。他说，“意虑不作，澄然虚明，如日月之光，无思无为而万物毕照，此永也。……孔子曰：心之精神是谓圣。人皆有是心，皆具此圣，而百姓日用而不知也”。转换成海尔的思想，就是每一位员工身上都有CEO的“良知”，但自己并不知道。管理的作用，就是像德鲁克说的那样，发掘出人的这种潜力。

接着是朱熹。朱熹到泉州发出了“此地古称佛国，满街都是圣人”的赞叹。至今这一对联匾牌，还保存在泉州开元寺山门前。朱熹所说的“满街”，指的是泉州，而圣人说的是佛家，与儒家无关。

最后集大成者是王阳明，将“满街都是圣人”变为以致良知为核心的哲学思想。王阳明在坚持“心即理”说的基础上，又进一步提出了“心之良知之谓圣”说，完成了“圣凡平等”说。

据《传习录》下卷记载：

> 先生锻炼人处，一言之下，感人最深。一日，王汝止出游归，先生问曰：“游何见?”对曰：“见满街人都是圣人。”先生曰：“你看满街人都是圣人，满街人到看你是圣人在。”又一日，董萝石出游而归，见先生曰：“今日见一异事。”先生曰：“何异?”对曰：“见满街人都是圣人。”先生曰：“此亦常事耳，何足为异?”

海尔模式比丰田模式、通用模式更加闪光的地方在于，丰田、通用只能挖掘出CEO身上的企业家潜质（对京瓷来说，甚至包括圣贤潜质），属于小乘功夫，圣人只有一个两个，不可能满街都是圣人；而海尔可以把普通员工身上的企业家潜质发挥出来，是谓大乘功夫，自然圣人可以满街、满公司、满生态圈皆是。

人人都是CEO，具有一种中国经验的价值。它具有前面说的那几个特点：对中国人来说，人人心知肚明，不以为然，不知是经验；外国人却人人不知不明，也不知是经验。它是在中国成功中起核心与关键作用的核心价值观因素，而且具有“人的价值第一”的普适性。

3.3.2.2　三易说

以变制变是海尔模式的方法论，代表着海尔模式的中国经验特质所在。如果说人单合一双赢的道理，美国人、日本人都听得懂，但以变制变的人单合一双赢，则需要配合中国思维来理解。

对西方人来说，基业长青不可能是简易的，一定是艰难的。越基业长青，就越艰难（付出的代价与成本越高）。按这个逻辑，中华民族文化存续5000余年，是不合逻辑的；中国当代连续40余年的成功，也是不合逻辑的（如中国没有以海外殖民与发动战争为代价进行积累）。

但事实上，不用说海尔，几乎每一个中国人包括世界上的华人，都有一种不同的思维，他们自己可能不以为这种想法特殊，但我们在比较中发现，它是中国管理思想中独有的东西，比如“谈笑间，樯橹灰飞烟灭”“治大国，若烹小鲜”等。倘若以笛卡尔理性尺度衡量，这些不符合投入产出对称的均衡规律，都是在说，高度复杂的事情（如以不易驾驭变易），可以轻轻松松完成（简易），且难度越高，实现起来越简易。对管理来说，可与“樯橹灰飞烟灭”“治大国”并称的大事是基业长青。中国人相当于认为，基业长青应该在谈笑间，如烹小鲜般简易地实现。中国人个体可能失败，但作为一个群体，在当今40余年内，正在实现基业长青。

“简易”的原因在于，中国文化中有一种“上有政策，下有对策”“将在外，君命有所不受”的底层决策、人人作主的习惯，一旦上下一致，会极大节省管理成本（当然，下有对策也经常被用在与上边不一致的情况下，而加大管理成本，海尔的管理功夫不过是在上下一致上）。这是各国都没有的。中国历史上长期是一个集中权力的国度，但老百姓对“上边”只是外在服从，心里并不买账，有句话叫“天高皇帝远”，遇到具体事，第一反应就是将“天”和“皇帝”扔一边去，自作主张，好像人人都是 CEO 一样。而不像经过启蒙运动和工业化改造的人，将普遍的理性（在上者的普遍意志）以规则为中介内在于个人判断和行为中去。

包括实事求是这种实学传统，重在以当下此在的具体来判断抽象真理，包括“君子笃于亲”这种由近及远的思维方式，都与人人都是 CEO，在“简易”这个基因上，具有深层的一致性。

不仅海尔的经验中有这种基因，在所有中国企业中，不管成功与否，都多多少少有这种影子。这是中国人 5000 余年来从来不需要学习的东西。从这个意义上说，人人都是 CEO，是一种标准的中国意识。海尔模式出在中国，不是偶然的。

此外，因为它符合网络时代的变化趋势，而成为一种可以为世界普遍接受的东西。

“三易”虽然是中国的，但也是一种普适价值，作为普适价值，它对应德国人提出的“Simplexity”（让复杂性变得简易）。就像手机，其计算复杂性不亚于登月工程，但操作不用说明书，一切傻瓜化。这是以网络为代表的通用目的技术（General Purpose Technology，GPT）特有的一种普适属性，不是只对中国适用，对全世界也是适用的。一旦从技术特性变成一种时代精神，即做各行各业的事情都可以采用的方式，它就成了新时代的普适价值。

只是对于中国以外的企业来说，接受“三易”，要学习，要转变原有的文化观念（变通能力不足，本能地以为处理变易一定十分不简易，例如需要加大培训）。转起来难度最大的，可能是日本企业。因为日本幕府文化演变为今天的管理 2.0 思想，是从根本上排斥“下有对策”的。日本企业不可能像中国企业那样，对“三易”生而知之，必须从理智上去掉幕府文化带来的年功制的影响，才能转到中国成功的轨道上来。

而中国人与中国企业不需要学习灵活，我们要做的，只是把“上有政策，下有对策”，理顺为一个心眼，不要变成下边要心眼糊弄上级，不要变得灵活过头，以致伤害原则与规则。张瑞敏在《中国式管理的三个终极性难题》中提到如何将“上有政策，下有对策”转化为正能量，把中国式管理的优点发挥出来的问题，他说："中国的员工很聪明，不管你下达什么政策都有办法对付你，很快就修正了。但是有一条，只要是花公家的钱办公家的事，肯定是第一效率低，第二浪费大。如果花自己的钱办自己的事，第一效率高，第二省钱。这样就很简单了，你拿的资产都是公司的了，现在我划到你名下，变成你的。把这个资产给你，让你来运作。你运作增值的话就得好处，亏损的话就没有工资了，就不会把很多难题推到我这里来了。"也就是说，把上与下的利益理成同一个方向，问题就解决了。对海尔来说，这一条首先是通过理顺组织与个人的战略损益表实现的，战略损益表的本质在于让战略与战术同方向，让"下有对策"正好吻合"上有政策"。让组织的损与个人的损、组织的益与个人的益，在每一个人、每一分钱上完全同方向。这样员工看着自己的薪酬数字增减，就自动把下有对策完全与上有政策同步了。在这上面，中国人与外国人比，省了一个培训（学灵活），多了一个上下一致（与原则相一致）。可以说，张瑞敏号准了中国的国民性。

中国人与外国人学习海尔模式，必须反着来。一方面，灵活应变，不通过培训，把自己身上已有的成为圣贤的潜力调动出来；另一方面，与外国人不同，要拉住缰绳，不能让"下有对策"变成脱缰野马，要学习海尔如何海纳百川，吸取包括德国文化在内的现代理性文化和坚持 OEC（Overall Every Control and Clear）科学管理，加强战略管控。在此基础上，再谈变通，灵活性与原则性就统一了。

张瑞敏对中国经验的贡献在于，"圣凡平等"论是一种中国人的文化自觉，但没有被运用到管理上，结果每个企业内在的"海尔基因"，都被用到耍小聪明，对付"上面"与规则去了。是张瑞敏把它嫁接到了管理主干之上，提炼出管理学"人的价值第一"这一命题。"三易"说也是一种中国人的文化自觉，但经常被用在算卦、耍小聪明等负能量上，是张瑞敏通过战略损益表，把它转化为一种管理正能量。

同时，张瑞敏将"圣凡平等"论与"三易"说结合起来，形成通过以变制变，实现"人人都是 CEO"这样一种超越国界、符合时代的管理普适价值。更难能可贵的是，海尔形成管理的中国经验，不是坐而论道，而是海尔这个世界级大企业长期在世界冠军水准上实践总结出来的，先后三次登上哈佛案例殿堂，在先后收购美国管理的标志性企业与日本管理的有代表性企业的基础之上，通过高水平的理论竞争与实践竞争，奠定了人类第三代管理的基本体系。这些条件，华为、阿里巴巴、腾讯等企业都不完全具备。在海尔身上，又可以看到千千万万中国企业的影子。这种模式的普适性、有效性，实际应该与海尔集团的业绩挂勾来理解。海尔集团将来有它生命周期的终点，但“人的价值第一”的思想，会深深印在管理学的历史中。

3.3.3 海尔模式与中国经验的关系

这里的中国经验是指管理的中国经验。中国改革开放40多年，是否形成了一个系统完整的中国经验，众说不一。反对提中国经验的意见，主要是认为这种提法不谦虚，甚至可能把一些代表中国落后的方面，包装成“中国特色”，误导世界。这种认识有其道理，不过不可一概而论。如果把中国经验范围缩小到管理范围，类似丰田经验的中国经验，是现实存在的，海尔模式、华为模式等，都可以说是这样的管理经验。不总结这样的经验，不是谦虚，而是对国际社会不尽社会责任。

海尔模式与管理的中国经验的关系是个案与一般的关系。海尔模式属于中国经验，中国经验不限于海尔模式。这就好比丰田模式属于日本经验，而日本经验还有索尼模式等其他模式。

具体到海尔模式本身，人单合一是中国经验中普适的东西；双赢则只对接受熊彼特、德鲁克理论前提的中外企业是普适的，对打价格战的企业不具普适性，说明海尔模式在管理的中国经验中偏结构升级，与华为是一类（只是二者研发策略相反）；以变制变，则是海尔模式中代表中国基因与互联网基因的部分。

以变制变、海尔模式与中国经验的关系比人单合一双赢复杂。

第一，要剔除传统中国文化中的落后成分。说以变制变是特质，而不直接说是经验，是因为特质偏于中性，经验指好的。以变制变作为中国式管理或中国文化的特点，具有前现代性。以现时代为尺度看，既有优点，也有缺点。中国人灵活是优点，凡是需要灵活的事，都比别人干得好，如打乒乓球。但过于灵活，有时也可以认为是缺点。发明个WTO，叫中国人灵活绕过去了，不管是好还是不好。

灵活肯定有不好的方面，比如中国强调人治，强调变通，不强调法制，往往不守规则。从理论上说，都是因为前现代文化比现代性文化，在现代化水平层次上低了一层。低的那个地方，就在于缺了启蒙运动以来理性的系统洗礼（不包括表层模仿），这是造成以人治为特点过于灵活，不像德国人、美国人、日本人那样守规则的内在原因。是缺点就不好谈经验了。如果仅在前现代这个低层次理解以变制变，抽离理性这个内容，它确实谈不上是经验，或者说，只是“经验”而已。

第二，之所以把海尔的以变制变当作经验（规律）来总结，是因为海尔模式不是一个前现代的模式，也就是说，海尔和张瑞敏虽然是在中国传统文化环境中成长起来的，但海尔模式不是一个纯粹的传统中国式管理，与市面上说的“中国式管理”（往往把家族管理等中国封建式管理说成是中国式管理）完全不同。意思是，它不是一个前现代模式。

海尔在范式的根上，还有另外两种文化的特质，一是现代性的特质，一是后现代性的特质。现代性的核心就是理性，海尔管理是相当理性的，这种理性很有德国文化的影子。以 OEC 管理体系来说，严谨程度不亚于德国人，甚至超过一般美国企业、日本企业。张瑞敏早期砸了 76 台冰箱，就是在学习日本的全面质量管理。笔者曾当面问过张瑞敏，是不是青岛受德国文化不同程度的影响。张瑞敏给出的是肯定的答复，还举了许多例子。许多中国企业都认为日清日结特别好，真的一学，就受不了了。因为它们的以变应变是前现代式的，灵活过头，严谨不足，让它们日清日结，像德国企业那样一板一眼做事，完全受不了。海尔模式中的以变制变，在骨子里已经注入了坚持原则、坚持规则、反对人治的现代管理科学因素。海尔管理没有任何家族式管理的影子。

第三，只有现代性中的理性，也是不够的。理性过头也会带来不亚于人治的灾难。理性过头的症状与人治（灵活过头）的症状相反，带来的是官僚主义、僵化、保守等工业病。在范式高度治疗工业病的药，是后现代性（又称信息化，互联网是后现代性的技术表象）。后现代性的精神实质，在于强调理性要回到感性的真实世界中来，重新变得灵活，更接地气、人气。从理论上，现代性范式转换成后现代性范式，就表现为自然科学和社会科学，一个一个从简单性系统理论，转变为复杂性系统理论。海尔模式的以变制变，实质就在实践层面，呼应管理学范式转变后，向复杂性系统理论转变的潮流。互联网今天掀起现实世界的滔天巨浪，从大历史角度审视，它不过是复杂性这三个字的一个小跟班，打杂的。互联网的出发点是复杂性，归宿点也是复杂性。对管理来说，最大变化就是，把理性人变为创新、创造之人，把管理的使命从理性地制造价值，变为塑造有意义的人（创造价值的人）。

这时，管理重新回到人，不是回到前现代过于灵活的人治，它并不因回到以人为本而抛弃理性，而是吸收了理性的优点后，用人性的复杂性（如具有创新性特点）来约束理性的过于古板。这时，以变制变就具有了高于传统中国文化，也高于工业现代化的含义，与互联网为代表的时代潮流一致起来。强调的重点是，人既要讲原则（坚持企业核心价值观“不易”），又要善于变通（以适应或驾驭内外各种“变易”），这时再加上人治中的灵活性优点（使各行各业变得“简易”），以变制变的现代化水平，就从低级的前现代性，升级为高了两级的后现代性。

张瑞敏一直强调，海尔模式是一种范式革命，一般人总不能理解。通过对以变制变的解释，我们可以清晰地看到，它是连续的两场范式革命：先用现代性的理性范式，革了人治范式的命；接着，又用创新范式，革了理性范式的命。经过这场革命，人类将把前现代的优点、现代的优点，用以变制变这个形式，扬弃在新的、比工业人更高的现代化水平。

需要说明的是，海尔模式综合融会了中国传统管理，现代德国、美国、日本管理，以及互联网管理，是集大成者。本研究由于篇幅所限，对海尔模式中继承现代德国、美国、日本管理的部分，基本不着笔墨。这一部分也没有超过管理1.0、管理2.0教材的内容，学习起来，非常容易找到同类教材，因此不作为重点。重点是那些与日式、美式管理不同的地方，这是即使是专业研究者也众说纷纭的地方。

张瑞敏自己在比较中西文化时客观地指出：“中西文化各有所长，我们非常注意把中西文化结合起来，从中汲取最有价值的营养。中国文化好的一点是它会将某件事看作一个整体的系统，不会只见树木不见森林，这点可以从传统中医和西医的差别看出来。西医非常量化，而中医是把人看成一个系统。西方文化希望量化所有的东西，而我们做管理的时候也采纳了一些西方管理理念。”① 这说明张瑞敏已有意识地把中国的有机系统论与西方的理性进行融合，取长补短。

3.3.4　海尔模式普适性的经济学根据

海尔模式的普适性，不是经验层面上的，其中包含内在的精密逻辑。对海尔模式普适性的数学论证，旨在将海尔模式中的内在逻辑主线，从潜意识中的模式转化为显性化模式。

以变制变与人的价值第一，是形式与内容的关系，是外王与内圣的关系。人的价值第一，相当于内圣，它决定以变制变所内在体现的价值观。在以变制变中，用户所构成的单的变化中，潜在包含用户价值实现，即用户对美好生活的向往所能创造的人的高端价值；而创客与生态合作者所构成的人的变化中，潜在包含生态价值实现，包含通过创新创造，每个小人物也可以最大限度发挥人的潜能。以变制变相当于外王，它决定人的价值第一这种内在价值观，如何通过最先进的方式体现出来。人的价值第一，意味着在人与单两个方面，都要挖掘高于理性价值这种确定性价值之上的高端价值的潜力。对于单来说，这种价值存在于千变万化的不确定性之中，只能依靠专门化解应变、制变的不确定性的系统，才能牢牢把握其中机遇；对于人来说，高端价值也存在于千变万化的不确定性之中，要调动每个员工的创新潜力，必须依靠有利于创造性发挥的量子领导力，改变以不变应万变的官僚主义的方式，才能激发人的潜能。通过以变制变，实现人的价值第一，是海尔模式的内圣外王之道。

寻找中国经验的过程，是一个寻根过程，也是一个与当今世界对接的过程。以往，总结中国的独特性用的概念让西方人琢磨不透，不知所云，例如气、经络。中国人觉得，这么简单的事情，中国三岁小孩都明白，怎么给外

---

①　佚名：《英国最大媒体 BBC——张瑞敏创造出富含远见的管理哲学体系》，《海尔人报》2013 年 10 月 30 日。

国人讲不明白？其实，沟通障碍不在语言层面，而主要是因为范式不同。对海尔模式的总结，也遇到这样的问题。

上面说过，“三易”中，前两易（不易与变易）是用西方现有范式就可以理解的，但恰恰是最独特的第三个易（简易），也是最反映中国文化可意会不可言传味道的地方，是不容易用一般概念让西方人听得明白的。第三个易，表面上像气、经络这些东西一样，是一种“非正式”概念，是一种经验，甚至潜意识层面的“说不清”的东西。但实际上，背后藏有不同的严密的逻辑范式。讲明白的过程，实际是要将导致中国成功的潜意识因素，加以明确的意识化。

直截了当地说，那种渗透进中国文化，但没有充分被中国人当作企业管理经验总结出来的东西，在学理上叫范围经济。

对海尔来说，范围经济意味着用户需求千变万化，而由于人人都是 CEO，因此可以从容应对；西方人由于没认识到人人可以为 CEO，所以做起来才困难。

对阿里巴巴来说，范围经济意味着，“因为信任，所以简单”“天下没有难做的生意”。对腾讯来说，范围经济意味着，远亲不如近邻，有朋友圈在，一切都不难……这正是所有日式经验（如丰田经验）的盲区，也是中国成功与日本成功完全相反的所在。

原来以为，至少美国人因为讲实用主义，因此是有灵活变化这种人人作主基因的，不过从海尔收购通用电气后的改造过程可以感受到并不是这样。这件事确实是只有中国人在潜意识中具有，能在不加以培训、学习的条件下，无师自通做得非常正确，而日本人、美国人，特别是英国人、德国人都需要矫正潜意识中的某种东西（与人人作主理念相反的东西）后，才能掌握。

对于第三个易来说，范围经济这个概念是意识层面的东西，属于“正式”概念，是可以用通用的数学概念表达，并且让各文化背景的人准确无误理解的东西。本节试图把中国人心中有，而外国人心中无的那件“非常对的事”，明确用数学语言精确地“说”出来。

作为普适价值，我们可以用数学来概括其中的实质，并且把它背后隐藏的范式，与西方现代性范式——这种范式经过启蒙运动与文艺复兴后，几乎已渗透成为美国人、欧洲人的潜意识——进行比较，比较出数学上的那个相反之点来。

范围经济就是越多样化，越经济（越复杂，反而越简易），即相当于“治大国，如烹小鲜”。阿里巴巴的成功，就是范围经济的成功，海尔的成功，同样也是范围经济的成功。“三易”就是范围经济的通俗说法。那么，其在学术上、数学上的精确含义是什么呢？这是美国人在总结海尔模式中没有提炼出来，而中国人自己最有心得的地方。

对范围经济，中美由于种种差异的存在，采用了不同的定义方法。二者不同定义方法在学术上的差别与比较，详见《网络经济：内生结构的复杂性经济学分析》最后一章分析。这里只正面介绍我们的数学定义。

设定品种（N）为多样性的抽象计量单位。作为以变制变中“变”的计量单位。比如，用户需求越千变万化，在学术上对应其需要的产品和服务种类越多；创客供给越千变万化，即创新、创造能力越强，在学术上对应其可以符合成本效率原则提供的产品和服务种类越多。具体到海尔来说，它拥有12800多种产品，以多样化效率（张瑞敏称之为“打移动靶”）见长。从理论上说，品种只是在数学上代指以变制变的“变”。单一品种就是没有变化，小批量多品种就是“万变”。

与数量（Q）一样是带有1、2、3……等差刻度的数轴，数轴上的每一取值是同质的，仅代表产品差异化程度在量上的区别，而忽略这些差异化的产品之间在质上的区别（即假设它们具有相同的需求曲线和成本曲线）。

品种虽然在内容上反映的是异质性价值，但数学形式上遵守的是同质性的要求。做出这种设定是为了理论上的抽象。设定抽象品种的理论意图，在于部分修改了经济学的同质性假定，一方面，将价值论意义上的异质性，以差异化的实证形式容纳进经济数学；另一方面，又假定这些反映异质性的品种彼此之间是“同质”的（即占有相同市场份额）。

抽象品种在经验中可以对应多种反映质的差异性的具体“品种”，如果质的差异性通过产品多样性来量化，可以以产品品种数量（在实际研究中包括中间产品品种数量、品牌数、商标数等）直接合成为品种指数；同样，如果质的差异性需要通过信息来量化（如反映熵的变化）、通过质量来量化（如反映质量阶梯的变化)、通过创新来量化(如反映新的质取代旧的质)、通过垄断来量化(如反映市场因质而产生的区隔),可以分别用各自反映差异化程度的单位值,去量纲化后,进行间接指数合成。品种在宏观上对应的是 GDP 中体现质的水平的 NOE 量值,幸福度(反映生活的质)、质量水平、服务化程度(反映差异化程度)、信息化水平等均与之有关。

经济学家为什么没有认识到这一规律呢?因为,西方经济学以不变(同质性)为基本假设,效率都是指专业化效率,根本不会考虑质的变化本身,还有效率问题。而以变制变说的“变”,都是质的多样性与差异化。海尔之所以能率先摸出这方面的规律,是因为它一起步,就在摸索多元化战略。没有互联网时,海尔把握的是高成本差异化规律;有了互联网,海尔终于跃升领悟到低成本差异化规律,从而抓住了互联网的总规律。范围经济,这是互联网巨头阿里巴巴悟到的规律,而谷歌、腾讯至今还没有把实践中抓住的这一规律上升为理论。

以变制变涉及的,是在经济学和管理学中从来没有出现过的另一种效率,即多样化效率。多样化效率从需求角度看,是个性化效率问题;从供给角度看,是创新效率问题,即双赢所特有的效率。范围经济的成本机理研究的是,设产出不变,同样多的产出(对多样化效用偏好的满足或同样的创新程度下)是否可能存在更低的成本这种效率现象,或者越多样化,成本越低这种效能关系。范围经济的存在,说明管理学范式转变的背后,同时在发生经济学范式的转变。

看似抽象,其实在日常生活中,越多样化,成本相对越低这种现象,随处可见。例如,所有智慧现象背后,全有这样的规律性特征存在。所有这类现象,都有一个共同点,它们都是与工业化范式方向相反的现象。未来人工智能、大数据的发展,统统都是在沿着这个相反的方向,解决以变制变问题,即让各行各业以“过度复杂而失控”为病症的“工业病”得以好转,转向越复杂越轻松这种智慧经济、智慧社会特有的现象,而这个过程同时就是人的内在差异化潜力(如创新、创造)得以释放的过程。

第二部分　管理学：框架转变

这一部分的主题词是功能。

核心议题是从海尔模式中提炼出具有普适性的互联网管理理论。具体来说，为了聚焦互联网独有的管理问题，试图改变管理学的传统理论框架，从职能框架（管理学的原子论框架，从网络观点看只能聚焦于节点）变为功能框架（原子论与关系论框架的结合，从节点扩展到边而构成完整网络的结构论框架）。这构成未来互联网管理学的标准框架。

这甚至可能不是海尔人的观角，而是从庐山之外看庐山的主观解释，是互联网人戴上互联网思维的“有色眼镜”后，从海尔模式中看到的东西。

如果说，海尔模式是一个西瓜（比喻客观现象），海尔对自身经验总结所采取的分解脉络，相当于西瓜自然开裂。每个解读对西瓜的切分，都是从海尔的历史中自然而然形成的。作为客观描述，这当然没有问题。但海尔模式“很通俗，却很难学懂”这种来自学习者的普遍反映说明，这种分法本身对于没有同样经历的企业来说，学习起来非常困难，因为经验色彩太强，而理论规范不足。抛开顿悟不说，大家心目中对管理这个西瓜如何切分，有来自一般管理学的理论分法，这种方法是适合渐悟的。是不是这种有管理学诞生以来，就一直沿用的西瓜切法（例如把西瓜不分对象统统切成计划、领导、组织、控制四块的方法），从本质与实质上与海尔模式有抵触呢？笔者认为不是。因为海尔模式的创新在范式创新，计划、领导、组织、控制四分法只是形式。海尔模式再特殊，也不会特殊到其管理学不再是一般普适的管理学，不再遵循学科规范。笔者也确实理解，按传统管理学的四分法，很难对准海尔模式的焦距。但笔者认为，问题不是出在四分法本身——因为把西瓜切成四块、六块，还是自然开裂，并不影响西瓜本身，例如不会把西瓜变成南瓜——而是出在四分法背后的范式系统要改变，要从原子论改造为量子论。

互联网人与海尔人有一个天然共识，这就是对量子力学背后代表的逻辑——波粒二象性——的肯定。从这个意义上说，互联网管理学与海尔管理学，都必然属于量子管理学，区别于传统管理学之处都在于，认为传统管理理念都是从原子论出发（“粒”的视角）对管理的认识，而新的管理学则要补充一个“波”的视角，使之变得更全面①。

本书的独特认识（或解释的主观性）在于，把人单关系本身理解为一种方法论。人单合一不仅是管理与管理学的内容，而且是管理学的方法本身。人单合一是一种有别于原子论的方法，它是一种关系论。西方管理一般没有这种关系论（“波”论）的方法论。

对于波，互联网人与海尔人的理解略有差异，互联网人要从东方的关系以及高科技的生态互联中，提炼出关系论的新理念；而海尔人主要是从不确定性这个角度来理解波。当然，从量子力学本身来看，波既指关系，又指不确定性，二者不是相互矛盾，而是一回事，只是认识与表述对象的方式不同（关系侧重空间与结构，不确定性侧重时间与动态）。在这里，本书有一个独特的主观解释视角（也许与海尔人相同，也许不同），将“人单合一”视为一种范式层面上的“关系”，将其作为结构的要素嵌入管理框架内部。

有这些主观阐释与没有这层主观阐释，可以聚焦看清的事实的不同在于，加入关系论视角后，管理学中的一切都不再是个人努力的结果，而是个人与其“邻居”（如用户、客户）共同努力的结果。这正是互联网思维看待生态世界最与众不同的那一点。海尔提出的三生体系（生态圈、生态收入、生态品牌体系）贯穿始终的，都是对个体与邻居共同努力、共同收获的意识。当然，“换算”成不确定性的视角，结论差不多是一样的，只不过是认为，由关系（波）对个体（粒）起干扰作用而形成的是一种动态不确定性。企业不能以自我为中心看待世界，必须自以为非②，以用户为是。

以互联网思维看，海尔模式背后是一场管理变革，是从管理 1.0、管理

① 认为粒的视角不全面，针对的是它不能具有对生态现象的强解释力（如对共赢的解释）。而互联网下一步的方向正向生态化方向发展。

② 自以为非的“自”，从关系论看，就是粒式的存在。从关系论看，粒变得不确定时，波反而是确定的。这只是从波的角度看粒，与从粒的角度看波的区别。

2.0 向管理 3.0 的彻底转变。这是管理的代际革命。一般人无论是否有管理学理论知识，头脑中一般隐含的范式与框架，都是管理 1.0 的，少数达到管理 2.0，其所持的隐含逻辑，与管理 3.0 有天壤之别，因此对海尔模式，虽然从语言上了解，但在没有理顺原有逻辑的情况下，并不能从根上弄通。

这与总结海尔模式所用的语言——总结模式与总结框架——有关。现在总结海尔模式用的总结模式与总结框架，是在对海尔历史的经验归纳上形成的。海尔的经历是独一无二的，按历史来归纳框架，必然会造成个别企业经历的独一无二性与抽象出的逻辑普适性之间的矛盾。当别的企业与海尔历史不同时，就很难借鉴海尔模式。不是海尔模式不普适，海尔模式在逻辑上当然是普适的，但问题可能出在框架过于经验化上。

有感于此，本书研究海尔模式与一般总结反其道而行之，不是按从海尔自身经历归纳的框架，而是用标准管理学的框架和语言来表述海尔模式。本研究不是以海尔为中心总结海尔模式，而是以海尔模式的学习者为中心总结海尔模式。为此，本书采用与写海尔史有别的方式总结海尔模式，不是把海尔模式写成海尔这家公司发展的管理流水账，也不满足于将海尔的管理史或张瑞敏的讲话进行主题分类归纳，形成海尔模式的理论框架，而是用一种与海尔历史无关的框架，如罗宾斯《管理学（第 13 版）》的框架（管理 1.0、管理 2.0 的框架），作为标准学习者现有的理解基础，以及与管理 3.0 对比的对标参照物，进行管理要点的逐点比较。读者看本书第五、六、七、八章，光看目录和小标题，几乎是在读罗宾斯《管理学（第 13 版）》，这是笔者故意为之，目的是帮助读者通过与管理 3.0 要点的逐项比较，发现两种知识体系的差异所在。从一般人习以为常的范式和框架入手，先顺着人们头脑中与海尔模式不同的习惯的框架结构，然后按这种结构逐点与海尔模式相比较。顺藤摸瓜地梳理海尔模式因范式不同而形成的不同于罗宾斯的真正属于管理 3.0 的逻辑框架与知识体系，逐步把人们引入海尔模式的管理 3.0 的语境中。本书第五、六、七、八章相当于一个工具手册，可以凭着它，按“房间号”，了解海尔的管理在改造传统管理学大厦的哪层、哪个部门、哪个房间。

这客观上要求，将传统管理学的 1.0、管理 2.0 的“梅花桩”与海尔模式背后管理 3.0 的“梅花桩”进行一一比对。特别是以现有管理学标准教材的各个关键点确定“梅花桩”的阵位顺序，而不是按海尔的自然发生史来确定阵位顺序。

海尔模式不是按“计划、领导、组织、控制”标准四件套来构建的，总结海尔模式的书，也从来不按这个框架来梳理海尔的管理。但本研究最大的一个观感上的不同是，将管理 3.0 套进“计划、领导、组织、控制”这个框架来总结，又要保存海尔模式不走样，因此只能是在“计划、领导、组织、控制”框架下，改造这个框架的实质内容本身，把它从原子论的框架，改造为量子管理学的框架，即“节点 + 关系”类型的网络管理学框架。以管理学界通用概念来表述海尔模式，目的是使海尔模式的普适性得到受传统“计划、领导、组织、控制”套路熏陶出的管理学者的对位理解，帮助他们从实质上，而非形式上接受管理转型。

与传统管理学对标，还有一个考虑，是面向管理学者，帮助专家理解海尔的范式转变与海尔模式的普适性。面向管理学者与面向管理有一个不同，管理学有自己约定俗成的体系，如标题上总是“计划、领导、组织、控制”标准四件套，现有总结海尔模式的书，全是按海尔的实务体系划分结构（如标题上都是小微企业、预实零差、创客薪酬、消除距离、平台化、生态圈等），这对于管理者学习管理实务十分有利，对我们这些熟悉互联网的研究者来说，看着也十分顺眼，但对于那些有话语权解释管理范式与管理普适性，但对互联网不了解的学者来说，有客观困难，就是久久进入不了海尔的术语体系构成的特殊语境，好像听不懂胶东方言一样。好比他们原来进入的管理学大楼是筒子间结构，现在海尔盖的管理学大楼是个单元楼结构，眼花缭乱，哪个概念与哪个概念是对应关系都分不清楚，更不用说一一辨析出各个新旧概念之间的范式区别。我们现在将就这些老一代管理学者，把新酒倒进管理学的旧瓶中，相当于在把海尔特色的术语“翻译”给专家听，告诉他们，新旧不同的术语，对应的是哪件相同的事，但内容完全相反，把范式变化带来的管理思想的颠覆在哪里指给他们看，并且向他们解释，这种系统转变是因为立论的什么前提假设和条件发生了变化，导致原来具有普适性的旧道理不再普遍有效，而张瑞敏讲的那些新道理具有普适性。

本书还有一个附加的功能，它可以当罗宾斯《管理学（第 13 版）》的一个中美对照读本，读者可以从本书第五、六、七、八章中逐节对照罗宾斯这本当今世界最前沿、最流行的管理学权威教材，在关键章、关键节、关键点上与中国“世界冠军”的实战相比，到底不同在哪里（过时在哪里）；可以看出，以海尔这个“时代的企业”为基准（Benchmark），《管理学（第 13 版）》所谈的每个问题在“时代”上落后在哪里，原因何在。了解了这些，也就理解了中国的成功经验，就可以在本书各章各节成百上千的知识点上，比较出在美国一次次认为中国崩溃，结果事实上中国一次次总是成功的地方，美国权威到底出现了什么思维盲区，导致误判。读者可以从反面体会到，世上没有无缘无故的成功，中国经济成功 40 余年，绝非偶然，绝非没有规律可循，只不过是西方管理学完全以自我为中心，屏蔽了通向理解“中国一定是做了非常对的事”（张五常语）的那条正路，而走上思维弯路。读这本书，有利于读者理解，为什么不是美国通用电气收购中国海尔，而是中国海尔收购美国通用电气；同是德鲁克思想的传人，为什么是张瑞敏在引领 21 世纪的管理潮流，而不是韦尔奇。回到常识，正视现实。

这是一种以海尔模式学习者为中心的海尔模式总结法，不是让学习者围着海尔的历史转，而是让海尔顺着学习者习惯的逻辑转，而且保留由学习者根据自身实际对海尔模式进行再阐释的权利，旨在调动、唤醒每一位学习者（特别是中国人）身上那个潜在的海尔基因（如三易基因①）。

我们在每一步新旧比较中，首先要做一项工作，就是对管理学的原子论范式进行关系论范式的矫正。这个关系论范式，就是人单合一关系。2005 年 9 月 20 日，张瑞敏首次提出人单合一模式，这是适应互联网时代发展的商业模式，也可以称得上是全世界首个全面应对数字新经济的管理解决方案。

本研究第一次把人单合一关系当作管理方法论（而不只是管理方法），用这种关系论来补原子论的缺失，形成既有原子（粒），也有关系（波）的量子管理学框架。经过这种分析，海尔模式与人们传统管理思维的真正不同，从形式上直观地浮现出来。经过如此分析，大家会看到，海尔模式与一般管

① 指所有中国人共通的《易》之基因：不易、变易、简易的三位一体。张瑞敏在 2017 年 9 月 25 日详解了海尔的三易基因。

理的不同，不在于计划、领导、组织、控制这些字眼上的变化，即使使用原有的管理术语，仍然可以完整、准确地表述出海尔模式的意思。因为海尔模式的精髓在范式转变，而不仅在一招一式。打个比方，少林武术与武当武术是不同模式，各有一套总结方法，但这种不同是模式不同，而不在刀本身、枪本身等，我们这里做的，相当于按照刀枪剑戟来分类，分别说明两种模式的不同。

这样做的好处，是把本该通过悟（顿悟）来把握的海尔模式，尝试用学（渐悟）的方式来把握。这对笔者来说，是一个挑战。道明明不可道，但还是要把它道出来。有可能一说就是错，但总比不说要好。因为多数人是不可能通过顿悟来悟道的。当然，以自己的学习体会，海尔模式从本质上是需要顿悟的。因为它是一场范式革命。只有当对海尔模式的范式的理解，达到概念之下的感觉层时——相当于对深层文化有感觉，表现为真心接受——才能仅凭直觉而不借助概念和知识体系，就无师自通。这表现为信则灵，不信则不灵。而对中国以外的外国管理学者（包括已完全西化的中国人）而言，没有中国人、犹太人那种特殊文化基因，恐怕只能通过知识体系，由感觉到理性，再到直觉，慢慢培养对于海尔模式乃至整个中国成功经验的悟了。

管理变革是一个破旧立新的过程。海尔模式是对传统管理的颠覆性创新，许多人在学习中有一个巨大困惑，知道了海尔的“立新”，但与“破旧”对不上，因为以海尔模式表述的管理 3.0，完全打乱了传统管理学的逻辑顺序，海尔的新概念与管理的旧概念对不上位。知道了新做法的要点，但脑子中反应不过来应改正旧体系中的哪一点，以至局部应用还可以，但整体上仍不得要领，无法将管理 3.0 完整移植到原有旧体系的改造中。

为了帮助人们理解管理 3.0，我们不按海尔表述自身理念的惯常逻辑顺序，而以罗宾斯《管理学（第 13 版）》为管理学逻辑顺序的蓝本，几乎逐板块、逐章、逐标题地对比海尔模式与传统管理的不同，目的是以读者为中心，按读者习惯的管理学框架，进行管理学的新旧比对。这样做，可能会打断海尔模式在叙述上的连贯性，但优点是由全球普适性的通用框架培训出来的管理者，可以对位明确立新对应的破旧点在哪里，明确新的体系与旧的体系的整体“换算”关系。在术语上我们也将海尔独创的一些术语与管理学长期熟用的术语进行对位转换。

需要注意的是，许多用语虽然是一模一样的，但有一点是根本上不同的，而且这种不同是有规律的。这就是，我们把所有传统管理学的概念，从职能概念，统统替换成了功能概念。例如，计划、领导、组织、控制，在罗宾斯和其他管理学中，都是指职能，而本书一律指功能。职能与功能转换的公式是：功能（结构）＝职能（原子）＋关系（人单关系）。其中，职能相当于网络中的节点，人单关系相当于网络中的边（连接），二者的结合就是网络。在管理学中，这种方法被称为量子管理学①。本书是第一本用这种结构写出的网络管理学书籍。

功能相对于目的而言，职能相对于手段而言。从功能角度归纳管理逻辑，是目标管理的要求。以职能视角看待管理，旨在将管理从一种手段性行为上升为目的性的行为。它内在要求看待人的视角，从把人当作手段，转向把人当作目的。

目标管理是德鲁克1954年在其著作《管理的实践》中最先提出的，其后他又提出“目标管理和自我控制”的主张。德鲁克认为，并不是有了工作才有目标，而是相反，有了目标才能确定每个人的工作。因此，“企业的使命和任务，必须转化为目标”。作为管理框架的目标管理，与作为管理本身的目标管理不同。对海尔来说，以用户为目的，则用户在确定目标中具有内在作用。这是与一般目标管理不同的地方。目标管理本身并没有要求一定要规则化、程序化地由用户来确定企业目标，企业目标的管理是有章可循的，但企业目标的形成这件事，往往处于企业家个人这个黑箱之中，是一种直觉的、不可管理的对象。

作为管理框架的功能视角，另一个不同于目标管理的地方在于，它不是一个“控制”（职能）范围内的概念，而是全方位地体现在计划、领导、组织、控制的各个管理环节中。从功能框架来看，计划、领导、组织、控制都

① 量子管理学中的量子，是指波粒二象性，源自量子物理学概念。对位到管理中，粒相当于职能，波相当于人单关系。可见，与标准管理学相比，量子管理学系统地增加了以人单合一关系为表象的关系实在论这一东方维度，属于东西方融合的管理体系。

只不过是连接目的与行为的不同环节和过程，根据目的，达到效果，是共通的要求。计划、领导、组织、控制都内在具有由目的自我控制这样的特征。

在此基础上，作为框架的功能与目标管理具有以下相同特点。

第一，重视人的因素。

目标管理是一种参与的、民主的、自我控制的管理制度。功能框架更强调人单合一这样一个自我生成目标的过程。这一过程具有自身合法性的自审议功能。

管理3.0在体系上，比传统管理有规律地、系统地多出了一部分，就是企业“立法”体系。以往的管理学相当于只有行政系统、司法系统（绩效控制系统），而没有立法系统。

而海尔模式与其他管理模式的一大不同在于，它相当于在企业中设立了一个具有与国会、议院功能相同的架构，这个架构高于董事会和老板，负责将选民（用户）的投票，机制化地转化为企业的合法性资源，以保证行政、司法的合法性。

海尔模式将人单合一中的单，当作需求的“立法”部门加以系统化、制度化，这是人类管理学的一大创新。与之相比，现有管理学相当于主张暴力行政、暴力执法，谁有资本，谁就拥有了决定企业决策正确与否的暴力（经济强制力），如果不合法（不符合“单”），只有破产这一总清算，而不能把这一过程当作细水长流的日常管理过程。

海尔模式相当于主张一种经济上的“人”权，“人”只有符合“单”，才具有企业合法性；“人”的合法性最终来自“单”，而不是来自老板。而且这个“单”不是黑箱，是像立法部门一样，有章可循，是可管理、可操作的。好的管理制度，具有一种功能，可以把不合法的“暴君”（老板）改造为符合“单”的要求的人。

第二，建立目标锁链与目标体系。

目标管理通过专门设计的过程，将组织的整体目标逐级分解，转换为各单位、各员工的分目标。从组织目标到经营单位目标，再到部门目标，最后到个人目标。在目标分解过程中，权、责、利三者已经明确，而且相互对称。只有每个人完成了自己的分目标，整个企业的总目标才有完成的希望。

从职能上看，这些都是企业中“行政”“司法”的功能，是在“立法”部门形成正确（具有合法性）决议后自上而下贯彻的。而对功能框架来说，增加了一个“立法”部门，自下而上地形成用户的意志，它构成企业合法性（关于“人”是否符合“单”的判断）的来源。在这一功能框架中，权、责、利都是经营的视角，经营的视角是使用的视角，是单与人之间的互动之流，认为价值存在于使用之中。

第三，重视成果。

目标管理以制订目标为起点，以目标完成情况的考核为终结。至于完成目标的具体过程、途径和方法，上级并不过多干预，而是把管理的重心放在控制目标实现的能力上。功能框架不认为人单合一只是确定目标、方向，而是一个人单双方自始至终相互契合的过程。

这三个方面都与传统管理学侧重职能的重心有所不同。管理职能框架，主要是一种聚焦于手段（实现目的的手段）的框架。它假定了目的天然正确，对其合法性不进行审议，对目的的变化与调整不闻不问，对是否达到目标也不进行控制（天然认为手段正确，结果一定如愿）。在职能框架下管理，一个弊端是产生官僚主义。官僚主义往往注重手段超过目标，为了手段而忘记甚至牺牲目标都成为可能。官僚主义服务的目标是形式上的，这是它不注重效果的原因。

从方法看，功能与职能一字之差，代表管理学范式与框架的根本不同。职能是节点视角，功能则是关系和结构视角。功能代表结构，结构包括职能与关系这种“波粒二象性”，关系在这里，也可以理解为是人与单的同步变动性（位置在不确定性中保持动态同步）；而职能只相当于结构中的粒（原子、节点），因此是不完全结构。功能框架则是职能框架的推广形式，它在职能基础上，将人单关系融入管理学框架。

本研究在管理学上的一个突破，是将管理学框架从管理职能框架系统地修正为管理功能框架。不把这个框架校正过来，就无法从深层理解与接受人单合一。

同样是计划、领导、组织、控制，它们在管理 1.0 中是职能和部门，但在管理 3.0 中不是部门，而是结构的功能，代表着连接人与单之间的自规则、自领导、自组织、自控制。

相对于德鲁克说的目标管理和自我控制来说，海尔模式的发展在于加上了自我领导和自我组织。它们都是“个人尊严和机会平等”的内在组成部分。

功能与结构是内在统一的。在结构主义内部，也有功能论与结构论之争，后者更强调规则，前者更强调行为。对管理功能结构框架来说，以往的职能论更多强调规则，而人单关系更强调行为，结构论旨在将二者统一起来。

为此，功能框架下管理学要增设的主题一般要包括几点。

一是对目的生成的认识与把握。暗中移除了企业预设目标的不合理假定，将用户作为目的确立系统引入管理。这就好比将立法机构，引入只有行政功能的系统，相当于企业的“选举”系统（只不过选的不是领导，而是使命本身）。

二是对关系的认识与把握。将人单关系作为一种关系论，整体嵌入管理体系，使之从原子结构，转化为网络结构（“原子+关系”结构）。

三是将管理操作的重心从价值转向使用。包括权、责、利关系，包括效果达成等。功能论对效果的强调，与职能论对效果的强调，侧重点不同。前者是“政治”性的，要体现对最终用户负责的价值观，计算战略损益；后者是“行政”性的，只对程序设定负责。国际金融危机中，金融家相当于一把火烧了全国的房子，他们认为放火本身虽然效果不好，但努力放火本身，自己付出了辛勤劳动，应获奖励去海滨度假。这就是对什么是效果的理解有目的与手段之分。

第四章 比较管理学框架：从职能到功能

功能框架是相对于职能框架而言的。海尔模式的管理学范式变革，导致管理学的框架性改变。最核心的一点是从职能框架变为功能框架。

职能框架相当于管理学的原子论框架，与职能框架比，功能框架多出了关系框架，是“原子+关系”框架。最核心的关系就是人单关系。功能是指在人单关系中职能的运作。在没有关系论框架结构时，职能是以人单之中的人为中心的；有了关系论结构后，功能是以人与单之间的关系为中心运转的。功能是从组织角度的说法，如果从人的角度说，则是能力。因此，功能框架也是能力框架。管理学功能框架要聚焦的问题是如何释放出组织创造用户与员工价值的潜在能力。

对于功能框架来说，原有的职能，相当于全功能的特例即原子功能，管理1.0相当于原子论的功能论，在管理哲学中对应还原论（管理的简单性系统）；原有的流程，相当于原子论内部的关系，管理2.0相当于要素关系论①，仍然是管理的简单性系统（较为复杂的简单性系统）；管理3.0则是网络功能论，即“节点（职能）+关系（人单关系②）”的复合系统，是管理的复杂性系统。复杂性系统是指具有化解复杂性能力的系统，它是具有“三易”特征的系统，即具有复杂性，但可以使复杂性变得简易的系统。具有复杂性，但复杂性（成本）不经济的系统，仍归于简单性系统，典型如管理2.0，其人单关系中，用户系统具有复杂性，但企业系统不具有化解复杂性能力。

应当指出，管理1.0、管理2.0与管理3.0之间在范式上具有本质区别，

① 按结构论的定义，可还原的节点为要素，不可还原的节点称为环节。

② 含“人”（企业）内部的流程关系与并联关系。

但它们之间不一定是对立关系，也有从结构功能不完全发展到完全这种逐级完善的关系。例如管理 1.0 长于提高专业化效率，管理 3.0 长于提高多样化效率，管理 3.0 并不是不要专业化效率，它可以在提高专业化效率（如规模化效率）的基础上，提高多样化效率（如定制效率），海尔的大规模定制标准，就是规模经济且范围经济的代表。海尔模式达到了管理 3.0 的高度，但在制造、质量等环节的管理上，在流程再造等方面，也有高水平的管理 1.0、管理 2.0 的基础管理在发挥作用。我们重点从管理 3.0 角度总结海尔管理，主要是突出其与众不同之处。

管理是针对手段（即实现目的的手段）的，通过管控手段以达到目的（组织的目的）；管理针对的是组织（交往，即人与人的关系，具体来说包括用户与企业、企业内个体与组织、个体与个体、企业与企业之间的关系）。计划（决策、战略）、领导（激励、沟通）、组织（人力资源）、控制（会计与运营），分别处理组织内部手段与目的之间的不同关系。计划从长远与当下角度处理目的与手段的矛盾，处理的是作为目的的人（人的全局与长远的目标）与作为手段的人（当下与此在的选择）之间的关系；组织从局部与整体关系处理目的与手段的关系，即处理的是作为目的的人（代表整体的组织）与作为手段的人（代表局部的个体）之间的关系；领导处理的是作为目的的人与作为手段的人之间的关系；控制从目标与结果关系的角度处理目的与手段的关系。

4.1 管理学框架的理论解释

管理学一般设置了计划、领导、组织和控制四个基本组成部分，但很少解释为什么这样做，给人印象这是约定俗成的。除了这四部分外，有一定随意性，则不同的管理教科书，经常有不同的划分方法，有五部分的、六部分的，甚至更多。而且同样的内容，如决策，有的作为计划的子集，有的作为领导的子集，都各自能讲出一番道理。这说明一个问题，管理学迄今仍没有形成一个公认的顶层逻辑，可以把各个局部有机统一起来，并串联为一个整体。好比说，把西瓜切成四块，至少是因为这四块构成了全体，在四块之外没有没被纳入进来的其他部分，这四块彼此也不交叉重复。管理学的框架划分目前还达不到这种水平。

对海尔模式的总结来说，自然带来一个疑问。企业并不是按照“计划、领导、组织、控制”这四个模块依次展开的管理，而是按照历史上自然出现和要解决的问题，提出的解决方案。凭什么非要把自然形成的管理经验，纳入这种理论之中（尤其当这种理论划分并没有显示出某种非这样不可的理由）呢？

为此，我们还要先做一项补充性的工作，帮助管理学梳理其框架中各子集之间的逻辑，力图从整体上来把握各个局部及相互关系。

系统论的创始人贝塔朗菲把亚里士多德看成是系统思想的始祖，并指出：“亚里士多德的论点‘整体大于它的各个部分的总和’是基本的系统问题的一种表述，至今仍然正确。”

有学者认为①，这种系统思想是贯穿亚里士多德自然哲学的一条红线，特别是其“四因说”的真正灵魂。这种观点是对亚里士多德的四因说及自然哲学的新透视，可能导致一种与传统观点大异其趣的“格式塔变换”。我们试图用“四因说”来解释管理学“计划、领导、组织、控制”四大组成部分结合在一起的原理。这种解释属于一种主观的解释，它不是海尔模式必然要求的。也就是说，不按这四个部分来建构海尔的管理学，也是没有问题的。只是我们希望用“四因说”作为贯穿管理四部分的内在逻辑，使海尔模式的总结达到周延而又不重复的水平。

把亚里士多德的四因说归入自然哲学，这是值得商榷的，因为这是在以现代人的观点看古人。实际上，自然哲学与社会哲学在亚里士多德那里，分得还不是很清楚。“四因说”更像是系统论，既适合自然，也适合社会。不过这不重要，重要的是，从系统论角度看待“四因说”，倒是可以作为海尔模式带来的管理学结构的整体“变换”的内在线索。实际上，我们有更多的发现：海尔的管理学（如果有的话），与罗宾斯等人的管理学，正好可以按系统论的“四因”为单位，进行整体转换，也就是说，可以有规律地在新管理学与旧管

---

① 叶侨健：《系统哲学探源——亚里士多德“四因说”新透视》，《中山大学学报（社会科学版）》1995 年第 4 期。

理学之间，进行对位“翻译”和比较。

从功能上说，采用“四因说”可以把管理学解释为一个每个局部都映射整体的全息结构。

4.1.1 管理学框架的“四因说”解释

亚里士多德哲学的核心，是围绕潜能与现实的关系而展开的①。它可以为海尔管理学提供一种最深层的解释框架。海尔模式的思想可以追溯到德鲁克的潜能说：“管理者要做的是激发和释放人本身固有的潜能，创造价值，为他人谋福祉。这就是管理的本质”。管理，就是要把潜能变为现实。潜能是在某种动因激发下为发展提供的无限可能性，而现实是对潜能的“成全”，运用手段（如资源）将目的实现圆满。“四因”是连接潜能与现实的四个逻辑环节。

亚里士的德的“四因说”相当于老子的道论。黄义英认为，老子和亚里士多德在活动年代、思想流传的形式上相似，道的规定性和“四因说”的规定性相当。张瑞敏经常用道家语录解释管理理念（如“太上，不知有之”等）。道论在某些方面又与“四因说”有重大区别。在对道的规定性的表达方式上则和《金刚经》相似，体现了东方人共同的思维特征②。我们结合起来讨论。

亚里士多德对他以前的古希腊哲学中关于本原的思想做了总结，提出了他的“四因说”：①质料因是材料、原料，是“事物所由产生的并在事物内始终存在着的那东西”。亚里士多德用雕塑家计划塑造其雕像所使用的无形式的青铜来阐明质料因，对应管理中的资源。②形式因是指当事物完全实现其目的时，在事物身上所体现出来的模式或结构，形式因对管理来说就是组织。③动力因是带来积极性的作用力，是“变化或静止的最初源泉”。动力将产生的事物作为其结果，正是通过动力因，事物得以产生。对管理来说，动力因就是激励机制。④目的因是引导过程的目标或目的，是制作事物的目的，对管理来说就是目标。

---

① 李涛：《亚里士多德的潜能与成全学说》，中国社会科学出版社，2017，第1页。

② 黄义英：《老子的道论和亚里士多德的“四因说”》，《广西师范学院学报（哲学社会科学版）》2000年第21期。

《老子》对于道的最全面的阐述在第二十一章。“道之为物，惟恍惟惚：惚兮恍兮，其中有象；恍兮惚兮，其中有物；窈兮冥兮，其中有精；其精甚真，其中有信。”这是老子的“四因说”。黄义英给出了以下的解释（关于管理的部分是我们补充的）。

1. 质料因

“其中有物”的“物”便是质料因。《老子》第二十五章说：“有物混成，先天地生。寂兮寥兮，独立而不改，周行而不殆，可以为天下母。吾不知其名，强字之曰‘道’”。这一段便是对道作为万物之质料的最好的说明。道“独立而不改，周行而不殆”对应“在事物内始终存在着”，道“可以为天下母”对应“事物所由产生”，老子对于道的这一阐述和亚里士多德关于质料因的规定是完全一致的。

而在另外的地方，老子将作为质料的道表述为“朴”“一”“有”“气”等。《老子》第二十八章，“朴散则为器”，《说文》讲：“朴，木素也。”朴就是尚未雕琢成器的木料，在哲学的意义上便是质料。第三十九章，“天得一以清，地得一以宁，神得一以灵，谷得一以盈，万物得一以生，侯王得一以为天下正”。第四十章，“天下万物生于有”等。

2. 形式因

“其中有象”的“象”，便是形式因。《老子》第四十一章，“大方无隅；大器晚成；大音希声；大象无形；道隐无名。”“大象”就是区别于一切具体形式的形式。这个区别于一切具体形式的形式，本身没有形式。第十四章，“是谓无状之状，无物之象。”虽然它本身没有形式，但一切具体的形式却因它而来，这就是“惚兮恍兮，其中有象”的意思。

既然“大象无形，道隐无名”，所以当道作为形式因时，老子也将之表述为“无”。只有有了“无”，万物才有了本质或形式。

值得注意的是，海尔模式是由一个个“无”构成的，管理无领导，企业无边界等。这个“无”，应理解为形式因。“大象无形”，针对的是大。对管理学来说，在小的领导与组织之上，有一个大的领导、大的组织，“无”是相对于这个大而言（大的领导无领导，大的企业无边界），那个小的形式是“无”的。而对这个大来说，这个“无”却是存在的。这个大就是网络，对网络来说，它的领导形式不拘于小的企业，人人可以为领导，用户也可以为领导。因此，无领导不是没有领导，而是领导太多了，天下都是领导。对组织来说，企业是小，网络是大。对小来说，边界是无，但对大来说，却是存在的。网络以使用为边界，但这用（使用）不拘于有（Ownership）这个形，所以看似无形。不用，才是真的小组织（产权组织）意义上的无形。

3. 动力因

“其中有精”的“精”，就是动力因。“精”不是精气，而是能生、能动的因素。对于万物的质料和形状，可以通过感觉来把握，而对于万物“变化或静止的最初源泉”（动力因），是不能通过感觉把握的。《老子》第五十五章：“未知牝牡之合而朘作，精之至也。”“精”作为“朘作”这种变化的源泉，也就是“朘作”这一现象的动力上的原因。

人单合一，就相当于“牝牡之合”，其精华就在于有用户付酬作为动力因。以往，管理理论认为生产的动力是老板赋予的，但海尔模式告诉人们，动力因来自人单的相互作用，内在于对方（接受产品和服务之人）。

4. 目的因

一方面，道是目的因，是万物的开始，又是万物的终结，《老子》第十六章：“致虚极，守静笃。万物并作，吾以观复。”“夫物芸芸，各复归其根。”第三十二章：“譬道之在天下，犹川谷之于江海。”第三十四章：“万物归焉而不为主。”另一方面，道是真、善、美。第三十八章：“故失道而后德，失德而后仁，失仁而后义，失义而后礼。夫礼者，忠信之薄，而乱之首。”

老子说：“其精甚真，其中有信。”《说文》：信，“诚也”，也就是真。“信”字在书中共出现了十五次。《老子》第三十八章：“故失道而后德，失德而后仁，失仁而后义，失义而后礼。夫礼者，忠信之薄，而乱之首。前识者，道之华，而愚之始也。是以大丈夫处其厚，不居其薄；处其实，不居其华。故去彼取此。”仁、义、礼是失道，忠信是得道即道之“实”。“实”就是真。

在这里，我们与黄义英的理解稍有不同。黄义英认为“道是目的因”。我们则认为，道是“四因”的全体，目的因只是道的一个局部。这个局部，其实就是黄义英已点出的“其精甚真，其中有信”。其中有信，才是目的因。对目的因的解释，我们也认同黄义英说的“是万物的开始，又是万物的终结”，只是补充一点，目的因说的始终，与道的始终，有一个区别。对目的因来说，始终就是出发点与归宿点。也就是说，目的因区别于道的全体，在于它有一个参照点。而道不需要参照点。例如，不能说道从哪里开始，从哪里结束。对海尔模式来说，创造价值就是管理的始终，是目的因所在。如果按黄义英的说法分类，管理的控制论就成了道论。显然不是这样。管理学并不是控制论，控制只是管理学的四分之一。它保障的是道之“真”。用海尔的话说，就是预实零差。背后更深一层的真（诚）是指零差后实现的那个东西，也就是价值创造（并从中推论出，以人为本，实指以用户为资本，以员工为资本），这才是真正的目的。绝大多数企业在核心价值观上，还没有认识到这才是“真”（因此“有信”）的目的，而把领导者主观的目的，如赚钱、做慈善等，当作企业的目的。比如，几乎没有一个企业家认识到，企业的使命在于创造企业家，而这个企业家不是指他自己。

对目的因进行管理，意图在于保证所有管理行为不偏离于目标（组织的“目的”）。但控制本身并不能因此而凌驾于计划、领导、组织之上。它们是平行关系，就好像“四因”没有哪个“因”高，哪个“因”低，都只不过是道的四分之一而已。目的因是内在于其他“三因”的，例如，没有质料的合目的性，也就无所谓目的；没有形式确定目标的本质，目的将是无形的；没有动力，目的将失去方向，等等。当专门说目的因时，只是指针对目的本身的保真这一点。所以老子说“有信”。

合在一起看，其中有物（质料因），其中有象（形式因），其中有精（动力因），其中有信（目的因），就是老子对应亚里士多德的“四因”。也是构成张瑞敏没有明言出来的管理之道的系统基本构成。这“四因”，是人的价值第一所隐含的从潜能到现实的四个转换步骤。

从第三代系统论角度看，“四因说”涉及的是自生成意义上的自主管理。海尔管理学的特点是自主管理，我们把自主管理概括为公平自治、目标管理、自我组织、自我控制。这四个方面对应的就是“四因”。与德鲁克的目标管理、自我控制相比，张瑞敏系统发展出了公平自治、自我组织①，发展了德鲁

① 如果把德鲁克的“个人尊严和机会平等”算上，公平自治也可说有德鲁克的影子。

克思想。我们在管理原则总结时，将按这个逻辑来总结。

4.1.2 海尔管理学解释框架的结构

张瑞敏不仅是管理大师，而且是管理哲学思想家。如何将张瑞敏的管理哲学纳入专业哲学框架理解，需要一定专门背景。我们有一个发现，用亚里士多德“四因说”框架调整聚焦点看海尔模式时，会骤然变得清晰。

万物有质料因、形式因、动力因、目的因，管理也不例外。

所有的管理学教科书，都有一个天然弱点，上来就是计划、组织、领导、控制，但不说明这四大部分作为一个整体是从哪里来的，它们构成的整体是否周延，而整体的各个局部之间是否存在重复。我们认为，在计划、组织、领导、控制这四个分支之上，管理学“忘”了搭建一个顶层框架来处理它们之间的逻辑关系。这样一个顶层架构，实际可以借鉴亚里士多德的“四因说”来构建。

其中，计划是对质料因进行管理，组织是管理形式因，领导是管理动力因，控制是对目的因进行管理。在这些功能内部，又有一个小的质料因、形式因、动力因、目的因的全息分形闭环系统。全息分形是说，在计划、领导、组织、控制每个上层结构内部，又各自有一个计划、领导、组织、控制内部结构，上下好像分形关系一样。管理学是由这双层闭环系统构建的学科。这种结构在其他学科中极为罕见，只有黑格尔大逻辑和小逻辑采用过。

用这样一个基于“四因说”的双层闭环系统，可以很好地解释海尔模式管理闭环。

在计划功能中，大质料因功能中的小质料因机制是预案机制，要为预算的实现准备好资源，包括内部与外部资源，兵马未动，粮草先行；大质料因功能中的小形式因机制是整个三预体系所形成的形式化的制度；大质料因功能中的小动力因机制是预酬机制，要为实现预算与预案，提供作为积极性的动力来源的薪酬资源；大质料因功能中的小目的因机制是预算，要为整个资源计划确定目标，而且是符合全局目的因的高目标，以达到算赢（通过筹划，实现双赢）。

在领导功能中，支持服务是大动力因功能中的小质料因，解决人要创造价值，到哪里去获得负熵作为“燃料”的问题；人人都是 CEO 的领导模式是大动力因功能中的形式因机制；激励是大的动力因功能中的小动力因机制，包括创客所有制，解决实现目标的动力问题；沟通是大的动力因功能中的小目的因机制，任务在于管理目标形成（达成）与共识凝聚。

在组织功能中，大形式因功能中的小质料因机制是接口机制（企业无边界），为组织提供负熵；大形式因功能中的小形式因机制是倒三角结构（倒金字塔结构）；大形式因功能中的小动力因机制是自主经营体机制（产权机制），解决自组织的动力问题；大形式因功能中的小目的因机制是人力资源管理，要把创客这一目的因从员工身上唤醒。

在控制功能中，大目的因功能中的小质料因机制是日清表，保证组织行为与资源调度不偏离目标；大目的因功能中的小形式因机制是整个 OEC 体系，通过将控制形式化以保证整体目标不致偏离；大目的因功能中的小动力因机制是人单酬表，保证动力机制不偏离组织目标；大目的因功能中的小目的因机制是战略损益表，保证行动不偏离大目的因（目标控制），如图 4－1 所示。

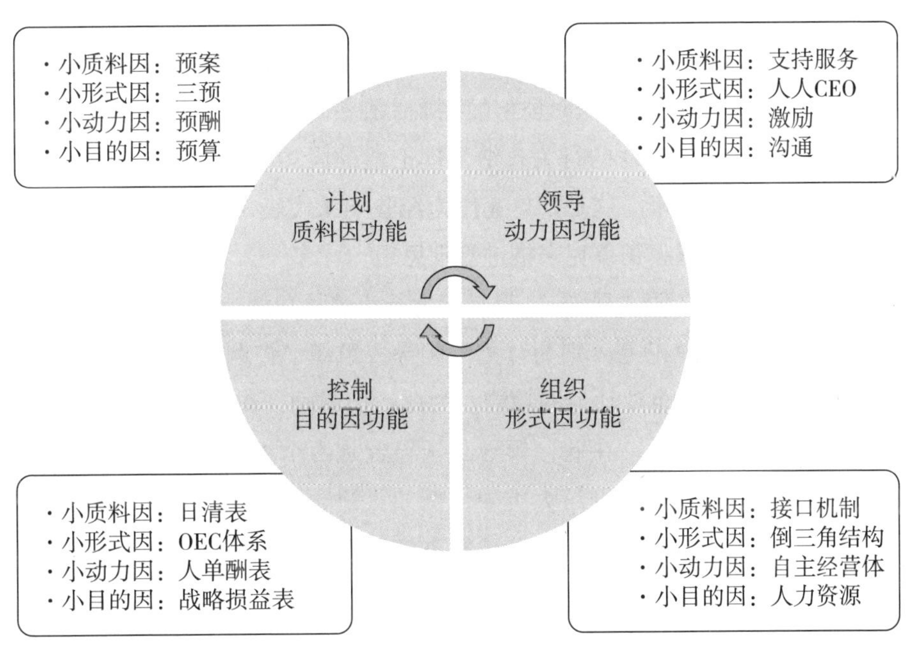

图 4－1 海尔管理结构

按这个分类，人们可以第一次把海尔模式的总结从归纳方法，转变为演绎方法。也就是从一笔一笔经常画重叠，个别地方又不周延（从而遗漏）的素描，变成可以从一个环节推导出另一个环节，环环相扣，既不重复，而又周延的逻辑体系，并且可以直接与罗宾斯《管理学》为代表的传统管理学逐个环节比较异同。

用“四因说”解析管理学内在逻辑，比现有管理学“前项—中项—后项”的管理嵌套结构，逻辑更加严密。好处是不再相互重复，而各归其位。比如，“决策”这个子模块，如果没有“四因”的顶层原则作为派发的依据，凭经验，会觉得划入领导也可以，因为在一个企业中，决策的实际是领导。但在“四因说”中，领导主要定位于解决动力问题，而决策并不属于动力问题。在“四因说”中，决策属于计划的子集，是因为它属于事先对于资源的筹划。对海尔来说，三预机制包含的正是这样的预“算”；而且，如果把决策归为领导的子集，对海尔来说，自下而上的决策就无所归属了。这里的决策，说的是系统的一种功能，而不只是个人行为，它不光可以体现在企业领导身上，也可以让人人都承担。

管理学中存在一个框架“潜规则”，这个规则是行为遵从职能，指的是把职能当作大类，把行为当作大类下的子集。举个例子，领导可以是职能，也可以是行为。前者是从抽象和理性角度概括领导内涵，后者是从口语和经验角度归纳领导。把经验性的行为，纳入理论性的同类项下研究，使管理学与管理经验彻底区分开来。这是德鲁克作为经验学派代表人物没有解决的问题，但张瑞敏可以通过超越德鲁克来推进管理思想。

互联网借鉴了这种“规则”，只是变为行为遵从功能。领导行为作为一种经验现象，可以在理论上分别为计划、领导、组织、控制四个方面。领导作为职能，只是指解决企业动力的功能。为此，把激励、沟通归入领导大类中，就是因为都与动力有关。在此，领导与领导者是两个不同概念。领导者行为的其他方面，都按类归入别的大类中，例如，领导者拍板的功能，因为涉及方向选择，放在计划中以选择为内涵的决策子集中；领导者决定战略与文化的功能，放在组织大类中，落实在战略经营体的功能中；领导者的控制功能，体现在如战略财务中对绩效目标的确定上。

一般在经验总结层面谈领导时，谈的都是领导者的行为，而非领导背后的逻辑。企业往往认为，同一个领导行为，“割裂”成计划、领导、组织、控制，不符合领导行为的原生混合状态。但管理学理论需要抽象，不可能把不同性质的现象搅成一团来研究，因此有必要进行理论细分。这种细分不是实质性的，而是形式性和程序性的。

当然，所有划分都只是相对的。不同划分方法的区别，好比把西瓜切成四块、六块还是八块，并不影响西瓜本身是什么，不管切多少块，切的还是同一个西瓜。管理学的分类也是相对的，都是为了更好地把握研究对象。

需要特别提及一点，“四因”也好，四要素也好，把握和服务的对象都是用户，因此用户是第一位的。2018 年 5 月 22 日张瑞敏与笔者谈话时，特别指出：“管理采用三要素也好，四要素也好，第一条是客户价值主张。”

笔者体会一切管理形式的划分，如果丢了用户，就会捡了芝麻，丢了西瓜。因此，管理四因的划分也是相对的，把所有分开的东西合在一起，如果能与客户价值主张对上，就是好的；对不上，划得再细也没用。

4.2　管理学框架的结构变化

本研究的一个独特观点认为，海尔模式不仅具有范式转变意义，而且具有范式体系转变意义。

范式转变只是核心范式一个点的转变，如从社会人到自主人的转变；范式体系的转变则是包括范式转变在内的整个结构的改变。范式是这个结构的纲，抓纲带目，同时影响到目的结构的改变（包括管理学目录结构的实质改变）。

具体来说，传统管理学的目的结构，缺少两类框架，一类是关系框架，一类是供求框架。相比海尔模式，传统管理学的结构受原子论范式影响，在人与单关系中，只强调管理人，而不强调管理单，而互联网管理学不仅技术要求具有“关系”特点（互联互动），而且要求给人际关系打上关系烙印。传统管理学管理的对象是点式对象，互联网管理学管理的对象是关系对象。受原子论影响，传统管理学以企业自我为中心，自以为是，而把用户需求当作黑箱，把管理当作对确定性的管理，经常颠倒目的与手段的关系。相比经济学，管理学在供给与需求之间，只有管理供给的框架，而没有管理需求的框架。在管理供给的框架中，只有自上而下管理的框架是系统的，而自下而上管理（如“参与”）的框架是不成系统的。互联网管理学，通过对海尔模式的消化，在框架体系上，把它与经济学的“供给—需求”对应框架，突出强调创造性劳动者与创造性的用户双方面的不确定性，作为一种结构，系统地植入管理学框架体系之中。

我们把传统管理学的框架称为职能框架，而把互联网管理学的框架称为功能框架。功能与职能的转换公式是：功能 = 职能（点、粒） + 关系（边、波）。其中的关系，包括关系本身（人单关系）和关系的两端（供给 + 需求）两部分。也就是说，涉及传统“计划—领导—组织—控制”四个职能环节时，都通过一一加入人单关系的考量，并分别从创客、用户两端来展开。

本研究采用的框架是功能对偶框架，特点是将传统管理与网络管理，一一对应在相同的管理要素项目下进行比较。

当前，进行传统管理与网络管理比较的一个时弊，是框架、要素、概念不对称，自说自话，好比同一个武术套路在需要设梅花桩时，有的是五个桩，有的是七个桩，形式上就难以比较。比较管理学分析为了避免在细节上纠缠，而将管理学比较，聚集在实质层面，统一双方的术语体系。相当于在形式上规定只有四个桩，把其他分类合并其中，重点比较“武术”的不同，而不是“桩”的多少。

在具体的计划、领导、组织和控制功能部分，重点比较管理 1.0、管理 2.0 和管理 3.0 提出问题角度的不同、问题的不同，以及解决问题的方法在原理上的不同。

在分析技术上，我们以目前最权威的管理学经典教科书罗宾斯的《管理学（第 13 版）》作为参照系，将职能框架调整为功能框架，按照同样的计划、领导、组织、控制的划分，逐个项目对提出问题的角度进行对比，对问题本身进行对比，对解决问题的思路进行对比，以更好显示按照同样框架，海尔模式与传统模式的异同到底在哪里。

比较管理学的比较项目在此重点分三个切入点，一是在“正确地提出问题”上，比较传统管理与海尔管理的异同；二是在“提出正确的问题”上，比较传统管理与海尔管理的异同；三是在“解决问题的正确思路”上，比较传统管理与海尔管理的异同。

功能框架由职能与关系构成，张瑞敏欣赏的量子管理学，就是一种“粒 + 波”型框架，强调的是单发生不确定变化时，人如何能动态、非线性地响应。量子管理学的量子，指的是波粒二象性。其中，职能对应的是粒，人单动态响应关系对应波。

海尔模式是管理学的范式革命，其范式的变革之处在于，现有管理学的范式是西方中心的，典型的西方范式是原子论范式，与功能框架相比，相当于只有职能，而缺失了关系。而海尔模式的革命性就体现在将关系置于范式的核心。

将西方的原子论与东方的关系论熔为一炉，这种变革不仅具有中国特色、东方特色，而且在网络时代具有同时适用于东西方的普适性。因为，节点与边的组合，这是网络的核心特征。网络的“时代”特征就体现在“节点—边”的组合上，映射为方法论，对解释与运作网络化的管理最具普适性的，只能是功能结构论，功能结构中的职能对应网络的节点，关系对应网络的边。中国由于有关系论的文化基因，在网络时代容易无师自通地补上原子论的“短腿”，而率先摸到网络时代的门径。

关系模式是结构论的关键特色，它的理论基础是东方的关系实在论。如何构建管理学的关系模式描述框架，是方法论要考虑的全新问题。对海尔模式来说，关系模式中的关系，首先就是人单关系。这个关系不是静态关系，而是动态关系；不是线性关系，而是非线性关系，与一般企业说的供求还有所不同。一般企业说的供求，都是从企业内这个视角观察。而人单关系打破了企业边界，将用户管理纳入企业管理，而且打破了企业与企业之间的边界。网络时代的管理学，好像是为海尔量体裁衣定制的，以人单关系为核心关系模式的体系框架。

这里的人单合一关系，是指一种方法。一种有别于原子论的、具有关系论特征的方法。仔细体会张瑞敏对量子管理学的推崇，首先看中的是这种框架所依据的范式，超越了西方中心论的管理范式，具有与原子论相对的波粒二象性的特征。其中的波，就是人单之间的动态、非线性响应关系。海尔管理学的人单合一，要把人单关系一直理解到波这种范式的高度。要从位置与速度的关系来理解人单关系，单不是一成不变的，而是位置在不断变化的；

人因此也不能一成不变，也要如影随形地跟着改变。这时，速度就成了关系。海尔最大的管理优势，就是响应用户需求变化的速度第一。传统西方管理学也谈人单关系，但采用的是原子论的思维，而非量子论的思维。要把这层意思辨析出来，理解到人单关系，是一种关系实在论的主张，由此理解海尔模式的范式革命的意义。反过来想，许多人觉得海尔模式十分通俗，就是搞不懂。看来，主要原因是这些人有意无意地把西方中心论（管理的原子论）作为理解一切管理问题的天然前提，他们不是听不懂海尔在细节上具体做什么，而是理解不了与原子论相反的关系论（如人单合一）到底是什么意思。他们总是把人单关系割裂来理解人单合一，但人单关系一割裂，合一是什么意思就不可解了。这就好比，非要把人体互联网中的关系——经络中的气——割裂为器官，气就不存在了。因为气就是关系与连接本身。理解互联网如果缺乏关系论范式，则互联互通是什么，就会理解得似是而非。

如图 4－2 所示，除了关系模块，海尔的管理 3.0 比一般管理学在框架上还多出两个模块，一是需求模块（用户模块），二是供给模块（创客模块）。用户模块是管理需求论，相当于经济学中的需求部分，这是其他管理学缺失的模块；创客模块是管理供给论，一般管理学主要由供给模块构成，但主要是自上而下的供给管理，而海尔管理 3.0 是自下而上的供给管理，因此又多出了一个创客模块。

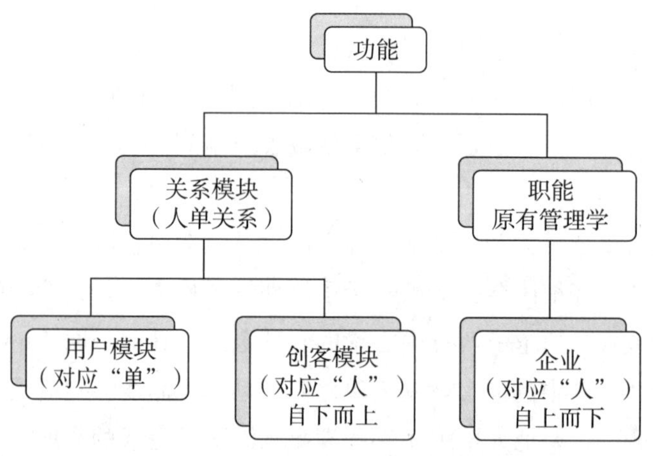

图 4－2　海尔管理 3.0 功能框架多出的模块

4.2.1　管理学框架演化：从职能、流程到功能

功能是职能在关系中实现目标产生的效果。这个关系在管理中是指人单关系，也可以理解为联系目的与手段、目标与工具的关系。犹如粒在波中的实现，是粒转化为的能（质量转化为能量）。如果说职能对应物理中的质量，关系就对应能量。质能是相互转换的，能就是质的波，如光子（零质量的波）。粒要转化为能，要有一个激发，粒子对撞机。这个能，是内在于质料中的。计划的作用就是激发质料的能。

爱因斯坦的相对论质能转换公式 $E=mc^2$。光速的平方，可以置换为梅特卡夫法则中节点的平方，如果按闵可夫斯基时空理解，应是节点平方加边的平方。近似理解，则与关系的边数有关。边的总数只是近于平方，实际准确的数字是 $n(n-1)$。对张瑞敏来说，这个平方就是指交互，既指人与单之间的交互，也指人与人之间的交互（称为社交）。

4.2.2　管理学功能框架与职能、流程框架比较

经济学以均衡为框架，均衡由需求曲线、供给曲线交叉形成。

管理以人单合一为框架，但长期以来，只有供给理论，没有需求理论。由需求理论产生自下而上的管理，上代表集中，下代表分散。倒金字塔实际是离散结构。

管理1.0的人单关系的效率本质是以专业化应对专业化（以不变应不变）；管理2.0的本质是以专业化应对多样化（以不变应万变）；管理3.0的本质是以多样化应对多样化（以变应变）。

有管理学家认为，“管理的基本职能（计划、领导、组织和控制）不会发生改变，真正变化的是管理方式和手段”。我们将其修正为功能不变，而不是职能不变。

比较管理学采用功能框架，进行对偶比较，以功能为比较单位，分别比较新旧范式、原则、内涵、过程、实现途径及理论的不同。

传统管理学采用的功能框架中，功能直接等于职能，进而等于部门。这是原子论的划分方法。20世纪60年代后的管理，早已不再以职能为中

心，网络管理学更非以职能为中心，而将职能推广为功能。采用功能框架的区别在于，功能不再等于职能，而体现在流程和网络中，在内涵上体现为关系与结构。二者的不同相当于量子管理学中粒式管理与波式管理的综合。

从范式角度理解的关系是实质性的关系，而非日式管理中的内部流程，包括计划、领导、组织和控制行为中，将人与单连接起来的能力。它处处体现出在人之中，为单内在设想的关系属性。关系在不同功能中，分别体现在自下而上自我规划何以可能、自下而上（自对方到自我的关系中）自我领导何以可能、自下而上自我组织何以可能、自下而上自我控制何以可能这四个基本问题，如表 4－1 所示。

表 4－1　　　　管理学供求范式比较

	技术特征	人（供给）				单（需求）			
	组织	简单性系统		复杂性系统		简单性系统		复杂性系统	
效率方向		专业化	多样化	专业化	多样化				
简单性系统	自上而下	金字塔	大规模			顾客	交易		
		中心化	专业化			同质化	成本领先		
复杂性系统	自下而上			倒金字塔	定制			用户	个性化
				拓扑化	多样化			异质性	差异化

“上”代表集中的极值，最优化；“下”代表分布式节点的集合，情境化（语境、环境相关）。以自上而下，代表简单性系统特征；以自下而上，代表复杂性系统特征。

西方管理学由于缺乏管理需求论，因此是语境（环境）无关的，进而是“单”无关的。在“人”内部定义的“单”，已是顾客，而不再是用户（真正独立意义上的单），因此管理不出体验价值，达不到双赢。“人”系统上的简单性系统恰恰是环境无关的，而生态方法要求系统与环境实质相关。

表 4－2 是管理 1.0、管理 2.0、管理 3.0 的人单范式比较。

表4－2　　　　管理1.0、管理2.0、管理3.0的人单范式比较

特征	断代	管理1.0				管理2.0				管理3.0			
	范式	简单性系统		复杂性系统		简单性系统		复杂性系统		简单性系统		复杂性系统	
	效率	专业化		多样化		专业化		多样化		专业化		多样化	
		单	人	单	人	单	人	单	人	单	人	单	人
自上而下	顾客	●	●				●	●					
自下而上	用户											●	●
												●	●

双赢的正确解释是基于用户的人与单的高增值，从增值中获得利益相关方多赢。

德鲁克强调目标管理与自我控制，其中目标涉及人的完整性，不仅是经理人，而且涉及所有人。自我控制则涉及人的自我实现和自律自治。对于“人”来说，高单是基于复杂性创造（创新）的；对于“单”来说，高单是基于需求多样性的。德鲁克说的个人尊严和机会平等，对于中国文化来说，相当于人人即可为圣贤，因此创新不光是企业家的事，创造性必须属于全员的人。

表4－3是管理1.0、管理2.0、管理3.0的人性假设比较。表4－4是管理1.0、管理2.0、管理3.0的功能范式比较。表4－5是管理1.0、管理2.0、管理3.0功能范式比较中的领导功能比较。

表4－3　　　　管理1.0、管理2.0、管理3.0人性假设比较

特征	断代	管理1.0				管理2.0				管理3.0			
	范式	简单性系统		复杂性系统		简单性系统		复杂性系统		简单性系统		复杂性系统	
	效率	专业化		多样化		专业化		多样化		专业化		多样化	
		单	人	单	人	单	人	单	人	单	人	单	人
自上而下	顾客	●	●				●	●					
	用户												
自下而上	顾客											●	●
	用户											●	●

表4-4　　管理1.0、管理2.0、管理3.0的功能范式比较

特征	断代	管理1.0				管理2.0				管理3.0			
	范式	简单性系统		复杂性系统		简单性系统		复杂性系统		简单性系统		复杂性系统	
		单	人	单	人	单	人	单	人	单	人	单	人
计划	自上而下	●	●				●	●					
	自下而上											●	●
组织	自上而下	●	●				●	●					
	自下而上											●	●
领导	自上而下	●	●				●	●					
	自下而上											●	●
控制	自上而下	●	●				●	●					
	自下而上											●	●

表4-5　管理1.0、管理2.0、管理3.0的功能范式比较分表（一）：领导功能

特征	断代	管理1.0				管理2.0				管理3.0			
	范式	简单性系统		复杂性系统		简单性系统		复杂性系统		简单性系统		复杂性系统	
		单	人	单	人	单	人	单	人	单	人	单	人
领导	自上而下	● 官本位	● 不变				● 精英本位	● 不变应变					
	自下而上											● 分散	● 用户

续　表

特征	断代	管理 1.0				管理 2.0				管理 3.0			
	范式	简单性系统		复杂性系统		简单性系统		复杂性系统		简单性系统		复杂性系统	
		单	人	单	人	单	人	单	人	单	人	单	人
决策	自上而下	● 官本位	● 不变				● 精英本位	● 不变应变					
	自下而上											● 分散	● 人人
激励	自上而下	● 官本位	● 不变				● 精英本位	● 不变应变					
	自下而上											● 分散	● 用户付酬
沟通	自上而下	● 官本位	● 不变				● 精英本位	● 不变应变					
	自下而上											● 分散	● 关差

领导的复杂性范式功能，外部表现为从自上而下到自下而上的转变，从集中到分散的转变。对海尔模式来说，领导涵盖内部创业，如创建小微，使创客成为小微主。从内涵上看，第一，管理 3.0 把用户当作领导的领导，将动力的主体从企业主前移到决定企业主命运的最终用户。第二，当涉及事关企业核心价值的方向选择（决策）时，将决策权赋予一线员工（人人）。第三，把动力的激励源从企业主转向用户，梳理为由用户付酬。第四，在协调动力源方面，将上有政策，下有对策，转变为上下一致于用户（关差）。

表 4－6 是管理 1.0、管理 2.0、管理 3.0 功能范式比较中的计划功能比较。

表 4－6 管理 1.0、管理 2.0、管理 3.0 的功能范式比较分表（二）：计划功能

特征	断代	管理 1.0				管理 2.0				管理 3.0			
	范式	简单性系统		复杂性系统		简单性系统		复杂性系统		简单性系统		复杂性系统	
		单	人	单	人	单	人	单	人	单	人	单	人
计划	自上而下	●不变	●不变				●长期计划	●不变应变					
	自下而上											●用户乘数	●目标管理
战略	自上而下	●不变○	●不变				●长期战略○	●不变应变					
	自下而上											●低成本差异化	●高单
营销	自上而下	●不变产品	●不变				●服务	●不变应变					
	自下而上											●体验	●换道
资源服务	自上而下	●不变	●不变				●面向流程	●不变应变					
	自下而上											●社区	●平台

计划的复杂性范式功能体现在管理的路径选择上，管理 3.0 外部表现为从自上而下到自下而上的转变，从集中到分散的转变。从内涵上看，第一，计划的选择表现为面向双赢的目标管理。双赢要求通过低成本差异化实现。根据海尔的战略损益表，成本领先战略的收入价值已被排除。对其他企业来

说，“○”代表可选的成本领先战略选项。第二，战略的选择要求通过用户体验与创客创造，将用户乘数与高单结合起来，实现低成本差异化基础上的双赢。战略的基础是企业文化（价值观），体现目标管理与自我控制（个人尊严和机会平等）的结合。第三，营销的选择表现为营销不再是单纯的企业对产品和服务用户的单向行为，而包含面向体验的用户关系管理。第四，资源选择的转型表现为通过开放的平台接口，整合物联网生态社区和外部环境资源。

表4-7是管理1.0、管理2.0、管理3.0的功能范式比较中的组织功能比较。

表4-7　管理1.0、管理2.0、管理3.0的功能范式比较分表（三）：组织功能

特征	断代	管理1.0				管理2.0				管理3.0			
	范式	简单性系统		复杂性系统		简单性系统		复杂性系统		简单性系统		复杂性系统	
		单	人	单	人	单	人	单	人	单	人	单	人
治理结构	自上而下	●不变	●企业科层统治				●企业产权治理	●不变应变					
	自下而上											●以变应变	●网络扁平自治
人事	自上而下	●不变	●金字塔				●论资排辈	●不变应变					
	自下而上											●以变应变	●按单聚散
协调	自上而下	●不变	●职能优化				●流程再造	●大单优先					
	自下而上											●流程并联	●平台定制

续 表

特征	断代	管理1.0				管理2.0				管理3.0			
	范式	简单性系统		复杂性系统		简单性系统		复杂性系统		简单性系统		复杂性系统	
		单	人	单	人	单	人	单	人	单	人	单	人
外部	自上而下	●不变	●去外部性				●并购	●不变应变					
	自下而上											●伙伴关系	●社群

组织的复杂性范式功能，表现在结构形式上，管理3.0转型在外部表现为从自上而下到自下而上的转变，从集中到分散的转变。自下而上对于组织来说，代表自组织（含变革管理）与自治；自上而下代表他律。在内涵上具有以下特征，第一，在内部治理结构上，将以拥有权为核心划分边界的企业，转型为以使用权为核心划分边界的网络组织。第二，将科层制、论资排辈的人事结构，转型为扁平化、按单聚散的项目型结构，内部组织含灵活就业、内部创业。第三，将以事业部、流程制协调资源的结构，转型为平台化的、以流程并联方式整合资源的结构。第四，将去外部性的零和博弈结构，调整为发挥网络效应的生态社群与伙伴关系结构，由此形成的外部组织含外包、供应链、价值网络、微商社群等。

表4－8是管理1.0、管理2.0、管理3.0功能范式比较中的控制功能比较。

表4－8 管理1.0、管理2.0、管理3.0的功能范式比较分表（四）：控制功能

特征	断代	管理1.0				管理2.0				管理3.0			
	范式	简单性系统		复杂性系统		简单性系统		复杂性系统		简单性系统		复杂性系统	
		单	人	单	人	单	人	单	人	单	人	单	人
控制	自上而下	●目标不变	●机械控制				●目标即目的	●符合企业目标			●生产控制		

续　表

特征	断代	管理 1.0				管理 2.0				管理 3.0			
	范式	简单性系统		复杂性系统		简单性系统		复杂性系统		简单性系统		复杂性系统	
		单	人	单	人	单	人	单	人	单	人	单	人
控制	自下而上											● 人是目的	● 人是目的
预算	自上而下	● 不变	● 成本控制				● 高成本差异化	● 规模经济					
	自下而上											● 创造价值	● 算赢
财务	自上而下	● 产品交易	● 核算会计				● 产品与服务交易	● 管理会计					
	自下而上											● 体验（NPS）	● 战略会计
关差服务	自上而下	●	●				●	●					
	自下而上											● 预实零差	● 接口

控制的复杂性范式功能，表现在结构形式上，管理 3.0 转型在外部表现为从自上而下到自下而上的转变，从集中到分散的转变。在内涵上具有以下特征，第一，在目标控制上，在科学管理的生产控制基础上，从依赖企业领导确定目标转向以“人是目的”（包括从用户体验与创客创造两方面发挥潜

力）校正目标，成为人的自我控制，将控制转变为潜力释放。第二，从面向物质成本进行预算，转向面向挖掘价值潜力、实现多赢进行预算。第三，从核算会计、管理会计，转向战略会计，以更好实现体验价值与创造价值。第四，资源控制从内部资源控制转向外部资源利用，通过接口服务分摊平台固定成本（平台资源），实现多赢。

4.3 海尔管理学框架的功能特征

4.3.1 人单合一的管理学方法论意义：关系论框架

海尔模式的总结，一般将人单关系作为管理内容总结。本研究把海尔模式推广为互联网管理学，同时关注人单合一作为一种方法论的意义。

人们一般把海尔的人单合一当作管理原则理解，这是没有问题的。但人单合一还是一种方法论，它是管理的世界观与方法论的统一。

理解这一点的线索，是张瑞敏对量子管理学的高度评价。量子管理学把物理学中的波粒二象性引入管理方法论框架。传统的管理方法论是原子论，对应的是二象性中的粒（或网络中的节点）；而管理3.0在吸收西方原子论优点的同时，在东方管理思维基础上，系统引入了关系的方法框架，对应的是二象性中的波（或网络中的连接），从而把管理中的量子性即不确定性纳入管理。

人单合一可以从方法论上理解为关系。从关系论出发，反过来观察原子论下的管理方法，可以发现传统管理的自我中心倾向。这与西方中心论常常以自我为中心（对应哲学上的主体性）存在的问题是一样的。人单合一所指涉的关系，也不同于原子论大范畴下对关系的理解（如哲学上的主体间性），而是异质邻接关系，在异质性、邻接性这两点上，有别于西方的主体间性概念。

对于波粒二象性，可以有侧重空间与侧重时间两种理解，内容应该是一致的。侧重空间的理解，是把波与粒理解为关系与原子。例如组织管理大师玛格丽特·惠特利说：“在量子世界里，关系是决定万事万物的关键要素。”①

① 胡泳：《量子世界中的中国智慧》，《企业研究》2016年第5期。

侧重时间的理解，则更多把粒理解为确定性，把波理解为不确定性。

2018 年 5 月 22 日，笔者向张瑞敏当面请教了关于人单合一的方法论意义的问题。他向笔者讲解了管理的波粒二象性。

张瑞敏说："我觉得量子管理学第一个也是最大的不同，是认为所有的人是动态的，而西方管理学认为人是静态的。西方管理学是牛顿原子论，我们的是量子论。海森堡的不确定性原理，说的是不能同时知道一个粒子的位置和速度（粒子位置具有不确定性）。作为员工，西方管理学把这当作确定的。看学历、情商、能力等，你有这些条件，你就干这个，至于有没有创造力就不管了，（相当于）知道位置，不知速度，结果把人才压住了。我们不是，我们看（员工是不是人才，是看）能不能创造价值。有这个技能，但还要看怎么发挥。第二个不同在于，西方管理学是线性的，我们的是非线性的。你怎么知道一个人今天行，明天还行不行？我们采用的管理办法，明天不行，就下去。行了，再上来。是开放的。左哈尔讲量子自我，她的自我是波。通俗讲，人不是执行者，人是创造者。创造者是波，执行者是粒。"

提出原子论的补充与替代方案，这是管理学方法上的一个重大突破。我们把新形成的方法论体系概括为结构论。结构一词对应的现象就是网络。结构是粒（要素）和波（关系）的统一体，相对于网络是节点与连接的统一体。结构论不同于关系论（典型如中医经络理论），不是用关系替代要素，而是把要素理解为一种不完全的结构，即缺失关系独立性的结构，因此是结构的一种特例（在数学图论上，对应正则网络，即边与边完全同质，因此有边与没有边，对系统没有影响的特殊网络）。结构论不是对原子论的否定（不是在建立起结构后，把结构组成部分的要素去掉），而是扬弃与重建，使结构从不全面（只有粒，没有波）到更加全面（变为同时具备波粒二象性）。

关系范式的嵌入，在实践中是以服务化为背景的。管理 1.0 处于产品制造时代，价值主要体现在产品之中。人单关系主要通过销售体现，许多营销管理（如 4P 组合理论）往往带来明显的短期行为。有些还建立在对顾客信息不对称弱点的利用上，对产品价值的理解还不能深入到为用户创造价值的程度。随着服务业的兴起，在服务化浪潮中，管理的重心开始从营销转向关系。人们开始意识到人单关系是创造与维系价值的关键。将诸多利益相关人按价值关系连接为一体的供应链管理、价值链管理随之兴起。现代营销学之父菲利普·科特勒的全方位营销就是其中代表性的主张。管理3.0对关系的理解进一步突破，不再限于营销，而全面渗入管理的方方面面。在这一背景下，人单合一关系成为从中提炼出的代表性范式。

网络管理在方法论的本质上，内在地必须是人单合一的。在管理的每个功能环节，如计划、领导、组织与控制上，都必须考虑如何内在地将单（代表需求）与人（代表供给）的关系整合在可操作的管理方法之中，而不是仅仅从人（企业）一个角度考虑问题。例如从原子论上理解的老板付薪，将成为从关系论上理解的用户付酬。这就把谁给老板“付酬”的问题，从管理学之外，移进了管理学之内，从不可管理，变为可管理。如果没有方法论顶层上的人单合一理念，人与单的关系就仅仅成了交易关系和CRM这类局部问题，而外在于整体上的激励机制。

理解了结构论与原子论、关系论的关系，回过头再看管理学变革，方向就变得很明显，要从以西方中心论为代表的原子论，转向网络时代的（内生关系论后的）结构论，将原子与关系整合在结构这一框架下。

这里所说的结构是一个系统论概念。系统论的一个核心观点是结构决定功能。结构决定功能，就是说任何事物的功能都是由结构来决定的，有什么样的结构，就有什么样的功能。结构如果发生变化，功能一定会发生变化。引入系统论来克服传统管理的原子论的缺陷，就自然要求将管理学框架从职能论转化为功能论。这就是结构论方法所决定的管理学的改变。

功能可以理解为职能（要素功能）与关系（功能）的结合体。现有的管理学，是以职能作为功能单位。对应的是以职能为中心的组织结构。但职能只是原子，按照原子论框架思维理解功能，必然把职能与部门对应起来，这种方法论与新世纪兴起的网络管理中的关系功能完全脱节。20世纪60年代以来，组织已演进到从以职能为中心，到以流程为中心进行再造的潮流中。流程只是人（企业）内部的关系，而不是人单关系本身。尽管人单关系对人（企业）的内部关系起着一定的决定作用，但这只涉及企业转型，而不是转型企业（把企业转变为网络）。结构论则把计划、领导、组织和控制理解为功能本身，认为它是职能、流程在内生人单关系后形成的新结构功能，它具有原有结构不具备的自组织、自协调等复杂性系统独具的并联功能，表现为自下而上的自规则、自领导、自组织与自控制。管理的主题从为自动化服务，变成了为自治化服务。这就是德鲁克说的目标管理与自我控制（他遗漏了自领导与自组织两项）。海尔模式的管理学方法论意义在于将德鲁克的自治理论发展为全面的、贯穿所有管理功能的体系，对海尔模式而言，功能框架意味着在原有职能模块外，多出关系、用户、创客三个模块。其中的改变在于，从粒转向波（以及波的两端），在用户、创客方面，同时将不确定性系统地纳入管理，进而将用户体验与创客的创新这种最大的不确定性现象正式纳入管理，如图 4－3 所示。

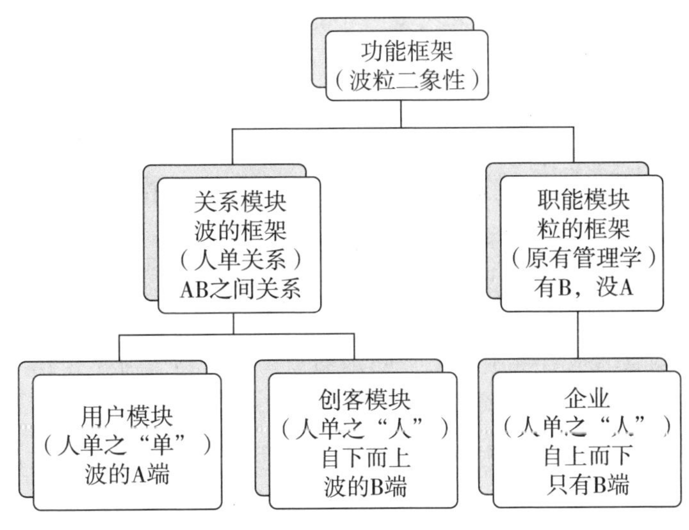

图 4－3　海尔模式框架比较

对计划功能来说，不仅有计划职能，而且要补充计划关系；在关系中，不仅企业端（B 端）需要计划，而且用户端（A 端）也需要计划；在企业端，不仅上层（精英）进行计划，而且下层（员工、创客）也要参与计划。

对领导功能来说，不仅有领导职能，而且要补充领导关系；在关系中，不仅企业端（B 端）需要领导，而且用户端（A 端）也需要领导；在企业端，不仅上层（精英）进行领导，而且下层（员工、创客）也要参与领导。

对组织功能来说，不仅有组织职能，而且要补充组织关系；在关系中，不仅企业端（B 端）需要组织，而且用户端（A 端）也需要组织；在企业端，不仅上层（精英）进行组织，而且下层（员工、创客）也要参与组织。

对控制功能来说，不仅有控制职能，而且要补充控制关系；在关系中，不仅企业端（B端）需要控制，而且用户端（A端）也需要控制；在企业端，不仅上层（精英）进行控制，而且下层（员工、创客）也要参与控制。

许多企业学不来海尔模式，是因为缺关系、用户、创客三个视角。这三个新范式，都不能从职能中推演出来，那些企业仍是以职能为核心思考问题，因此不知海尔在要求什么。

举例来说，许多企业天然认为用户（实际是海尔所说的顾客）是自己找上门来的，没有意识到管理要为他们设一个类似企业的组织，他们待在物联网这个组织中，通过大数据天天要“汇报”自己的需求，要参与制订计划，要奖惩员工，要去当企业老板的老板。他们比企业里的老板和员工都要“忙”，美好生活就是他们的“工作”内容。

4.3.2 以用户为中心的范式与需求工程框架结构

据笔者观察，海尔有一个别的企业没有的体系，隐隐约约存在，或者说正在形成之中。别的企业只是把员工组织起来，纳入管理，而海尔把用户也组织起来了，也纳入管理了。笔者问张瑞敏：可以认为海尔存在一个用户需求管理体系吗？张瑞敏回答说：“是这样。这个体系核心就一个，单边市场变多边市场。原来的领导都觉得我可以控制，管理只是按规定程序走。单边市场才有所谓供需双方。变成多边市场后，领导没法控制了。企业变成网络组织，领导改变了，现在领导没用了，只能听用户的，最终要得到终身用户。企业地位变了，只是节点，不是市场主体了。指挥权、控制权都没有了，都交给用户了。它们（其他企业）没认识到，或难以改变。”

以用户为中心，在管理1.0、管理2.0中，有与管理3.0实质不同的含义，在管理1.0、管理2.0中，都是指以用户确定性的、可标准化的、无个性的需求为中心，而管理3.0说的，则是以用户不确定性的、个性化的需求（即体验）为中心。用一个场景来还原这种区别：对管理1.0来说，产品只要合格，卖出可以概不退换；对管理2.0来说，如果服务符合服务标准，即使用户不满意，企业也可以不承担责任，不用为此付出额外成本；但对管理3.0来说，个别用户的需求与众不同，按一般标准应该满意时，他们仍不能满意，需要特别有针对性的服务，这时企业要承担满足用户体验的责任，由此发生的成本应从战略损益高度，列入正常成本。因为这样的用户一旦被满足，有可能成为高价值的终身用户，并为企业带来良好口碑。

同以用户为中心相对的，是如何对多边化的用户（包括生态链上的合作者）需求进行管理。这时，管理3.0的管理框架中多出一块，把需求当作工程来管理。它不同于CRM这类局部模块，是整体设计。

海尔模式与其他模式的一个重大区别，在于它的管理学结构中，多出了一个对应需求工程的框架。也就是说，在一般管理学中，供给成系统，而需求不成系统（只在领导个人头脑这个黑箱中）；有把握提高供给能力的系统方法、系统框架，而没有把握提高需求响应能力的系统方法、系统框架。而海尔的管理，不仅把人当作一个系统，把单也当作一个系统纳入管理。把握单的管理框架，对应的就是需求工程框架，对应的设施就是物联网（生态网络）。

海尔的这个框架与CRM的功能正好相反，可以称为VRM，即Vendor Relationship Management（卖方关系管理）。它相当于为企业设立的一个“立法”系统，专门管理用户的“选票”（消费意愿），由这个系统判定与指导企业的行为哪些具有合法性，哪些是无用功。在有这个系统之前，在人与单的关系中，企业投资、投入相当于闭着眼睛盲目“投胎”；有了这个系统，企业相当于睁开眼睛准确“投胎”。VRM与BI（Business Intelligence，商业智能）的理念也是相反的。BI是用于武装老板大脑的，相当于给老板配参谋部。但BI存在的问题是，它是根据老板的意愿设立好方向才开始运作的。笔者曾听过一个笑话，一家企业的高管告诉笔者他们的指挥系统是怎么运转的。一把手新来，找他们喝酒，席间忽牛一理念，一拍大腿，定为企业发展方向。一把手醒了以后，想一想没错，就这么定下来。接下来，所有副总表态，反对的都被清洗。这时BI的唯一作用，就是找出各种证据证明一把手的正确，相反的证据一概视而不见。接下来计划部门订计划，人财物部门配资源，上上下下一齐行动，直到把企业这辆车开到沟里。再换一个一把手，接着喝酒……周而复始。而VRM系统是专门用来治这种自以为是的一把手的。它的功能是以用户的是为是，预设一把手的是为非，一把手只有符合了用户意愿，才能被肯定为是。一把手一旦偏离，就要直接调控纠偏一把手，强制一把手自以为非，以用户为中心想问题、做事情。

VRM 这个概念是《意愿经济：大数据重构消费者主权》的作者多克·希尔斯提出的。他认为，网络化的市场“和顾客建立真正的关系，而不仅限于扩大了用户的数量”（海尔做白色家电时，只是扩大了员工的数量）。在这里，数量只相当于节点，网络不是只论节点多少，而要看节点之间的关系怎么样。在定约上强调“你的条约你做主”（It's your law）①。CRM 的思路是供给去找需求，VRM 的思路是需求去找供给（Demand finds supply）

如表 4－9 所示，需求工程与物联网对应到理论上，是同一个概念，都被称为上下文（Context）语境。理论研究发现，个性化需求的一般规律在于，与其在点的水平，对每个节点的需求进行调整，不如借助系统（如大数据和人工智能），通过每个节点的上下文联系，锁定此点与彼点的不同。因为每个节点的个性，就在于它的上下文与另一个节点的上下文不同。需求工程通过上下文语境系统，把用户需求当作一个网络来系统管理；物联网则通过一个实体网络，将用户需求整合在一个上下文系统之中。通过适当的方法，就可以把看似不可能实现的需求标识与把握，用工程化的方式完成，如表 4－9 所示。

表 4－9　　海尔模式与一般模式的工程结构框架比较

		管理 1.0	管理 2.0	管理 3.0
范式	单的前提假设	用户简单性	用户复杂性	用户复杂性
	人的前提假设	企业简单性（无员工潜力发挥）	企业简单性（无员工潜力发挥）	企业复杂性（员工潜力发挥）
	管理框架	职能	流程（内部关系）	功能（职能＋内外并联关系）
效率特征		专业化效率	需求的多样化效率 供给的专业化效率	专业化效率＋供求多样化效率
效率盲区		多样化需求无效率 多样化供给无效率	多样化供给无效率	无

① 多克·希尔斯：《意愿经济：大数据重构消费者主权》，电子工业出版社，2016，第 10 页。

续　表

	管理 1.0	管理 2.0	管理 3.0
由效率提升拓展的空间	因大而美	通过规模经济，把握多样化需求	规模经济且范围经济通过范围经济，把握个性化定制（因小而美）
整体结构	人结构	人结构	人 + 单结构
工程结构	供给工程	供给工程	供给工程 + 需求工程
需求特定	需求确定	需求不确定，但只响应相对确定部分	需求不确定
与用户关系	销售	CRM（企业管理用户）	VRM（用户管理企业）
需求了解途径	老板把握需求（黑箱）	老板把握需求（黑箱）	用工程来把握需求
供给特点	专业化无规模经济（报酬不变或递减）	多样化无效率（通过规模化弥补）	多样化有效率、效能（不依赖规模化）
原理	非个性化（点），所以不需要语境	非个性化（点），所以不需求语境	通过语境（上下文）把握个性化
用户感知系统	经验	老板个人能力、用户调查及部门、客户关系部门	物联网、用户交互

在人单合一关系框架下，搭建单的框架体系，这项工作在海尔还在持续进行当中。鉴于海尔所有的探索与需求工程都是暗合的，我们可以通过需求工程理论，探索一下其中的经典结构。这有利于我们预测海尔还没有发生、将要发生的变革。

需求工程源自软件工程，用于系统地解决软件开发“做正确的事”（不要把需求搞错）的问题，其框架具有一定普适性，可以借用到管理中来。

德国学者 Klaus Pohl 在《需求工程：基础、原理和技术》中，专门用一章“需求管理基础”① 来谈需求工程中的管理问题，其中的需求工程结构框架，值得重视。

① Klaus Pohl：《需求工程：基础、原理和技术》，机械工业出版社，2012，第 367 页。

需求工程结构框架，将需求工程分为三个模块：第一层是需求定义模块，包括目标、场景、面向需求的解决方案三个要素；第二层是核心活动模块，包括协商、抽取、文档化三个要素；第三层是系统上下文模块，包括主体、使用、IT 和开发四个要素，如图 4－4 所示。

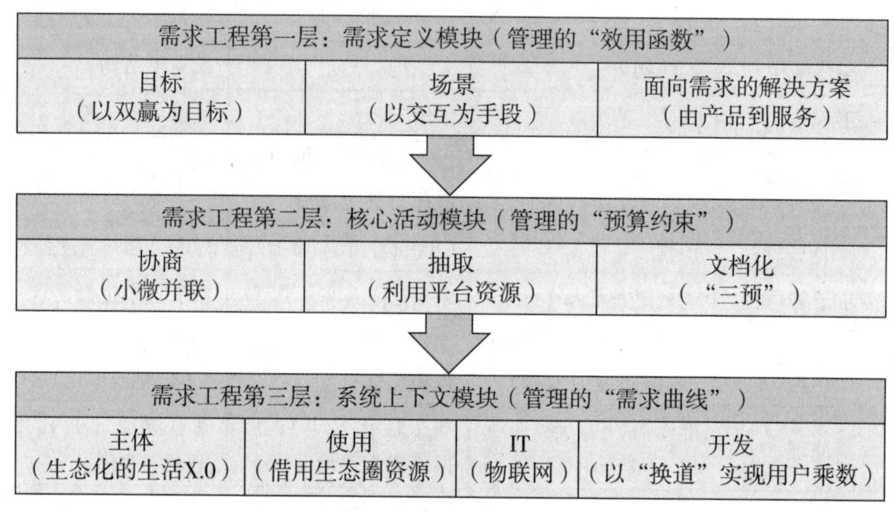

图 4－4　海尔模式隐含的需求工程框架

抛开软件设计的特殊性看这个框架，我们可以看到，这个结构将场景（上下文）当作特别重要的构成。第一层说的场景就相当于需求内部的上下文，对应海尔建立的朋友圈与物联网；第三层说的上下文是生产链上的场景，对应海尔的生态圈建设。

将海尔模式拉远到一定距离外看，拉远到“庐山”之外看，就会看到，在计划、领导、组织、控制各大功能中，都会有一个隐隐约约的需求工程框架嵌入其中，有点像经济学通过效用函数、预算约束和需求曲线，把需求变得体系化。这就把人单合一，从人人都可以谈的口号，变成把“单”做成系统工程这样一件实而又实的事了。

这一制度创新，堪与军队中参谋部这一制度的建立相媲美。当年，毛奇发明德国总参谋部这样一个制度，针对的是当时的军队从上到下都专业化了，只有一个人是“业余”的，这就是统帅。因为当时欧洲各国军队统帅都由君主担任，君主不是凭专业性而上岗的。一个业余统帅带一帮专业手下，这是当时欧洲军事水平低下的主因。君主是无法改变的，于是毛奇变通发明总参谋部，为的就是给这位“业余”的领导配一个专业化的大脑。现有管理学指导下的企业管理中，老板像君主一样，不是想换就换的，他是靠资本上位的，但资本本身并不能保证他的正确。凭直觉判断需求与用工程方式解析需求，在需求千变万化时，效果会天差地别。需求工程，就相当于企业的“参谋部”，专业定位于给企业指明正确方向，“做正确的事”。海尔这样创新，是由张瑞敏自以为非决定的。学习海尔，如果这个学不来，知道多少细节都没用，到头来，老板还是按欧洲君主那样行事，面对千变万化的市场需求，一拍脑门了事，这是管理水平和效果低下的重要原因。

4.3.3　为创客单独设立框架结构

海尔的双赢，一方面是为用户创造价值，一方面是为企业创造价值，其中创造员工价值是一个重要组成部分。创客就是指创造价值的员工，创客可以从创造价值中得到分成的回报，这就突破了雇佣制的局限。创客一旦发展成小微主，与企业的关系就不再是领导与员工关系，而是合伙制下的合作伙伴关系。

在管理架构上，单独为创客设立一个子模块是海尔的创造。人人都是CEO不是一个口号，要落到管理实处，需要在管理学整体框架中对此进行专门设计。

以往的管理学，没有在“企业创造创客”这个题目上做多少文章，比较接近的题目是创新管理。对创新进行管理，主要解决建立创新型组织的问题。其中提及全员参与创新①，这与员工创客化是一致的。创新理论也强调关键个人对于创新的重要作用②。但管理3.0走得更远，实际在提倡全员创业。

创客化的思想体现在整个管理始终。他的理论根据在双赢之中。

---

① 乔·蒂德、约翰·贝赞特：《创新管理：技术变革、市场变革和组织变革的整合（第4版）》，中国人民大学出版社，2012，第90页。

② 同上书，第88页。

在计划功能中，创客化体现在人人都是 CEO 的全员决策机制中，体现在按单聚散这一创新机制的竞高单、举高人的机制中。

在领导功能中，创客化体现为激励机制中，海尔创新出创客所有制，作为创客的内在激励机制。

在组织功能中，创客包括小微，都属于创新型组织。从这个意义上说，创新就是创客与小微的功能。平台的作用是为创新提供组织和资源上的保障。

“企业平台化，员工创客化”可以视为创客框架的组织基础。将企业一分为二，分为平台企业与员工企业，是海尔的创新。

贯通下来发现，在海尔管理的每个部分都比传统管理学多了一个板块，相当于为员工升级为非员工（不光拿工资，而且要创造价值，实现自我）进行了专门的管理设计。

以上对海尔管理学比一般管理学“多”出来的功能进行解读。在此，要分清功能与原则的不同。

原则是判断方向的标准，是范式在方向上的具体化，是“不变”的范式在“变易”中的具体在场显现。方向中隐含着决定事物性质的原理与规则，是选择行为方向时的决断依据。而功能则是范式在操作上的具体化。同样的功能，可以为不同的原则服务。

管理原则不同于管理功能。功能是器的结构，而原则是道的结构。管理功能讲的是“四因”作用于器显示出的象，说明各种管理行为表象这个“器”背后的作用机理的来龙去脉。不太精确地说，大“四因”是功能划分标准，小“四因”则是原则划分标准。它们在名称上一样的，但角度不同。二者之间的关系①是功能与内容（质的规定性）在整体结构上的统一。

海尔的管理原则，就是管理行为要想保持管理 3.0 的性质所要坚持的管理方向，它穿越所有功能环节，贯穿在管理的始终，是一旦不进行这样的选择，管理行为的性质将变为管理 1.0、管理 2.0 的那些关节点。讨论海尔的管理原则就是在讨论海尔的“不变”这一系统，说明在千变万化中，什么是不变的。

---

① 有点类似爱因斯坦质能转换方程中质量与能量（以时间、关系为轴）的转化关系。

尽管采用复杂性范式进行管理，使管理呈现非常灵活的特点，但它不同于权变管理。权变管理的极端是在不同原则之间变来变去，以致变成一种相对主义与虚无主义。复杂性管理则坚持原则（核心价值观）不变，其他根据条件及创造价值的需要，变来变去。

第五章　计划功能

《海尔管理学：理论与解释》与上一本《海尔管理学：原则与框架》不同，这一本主要是谈方法论的，讨论的是海尔管理学是按什么样的方法论组织起来的。有关管理的具体做法与实际操作，主要见上一本，这里不再重复。

按照罗宾斯从职能角度的定义，计划设定目标，确定实现这些目标的战略，并且制订方案以整合和协调各种活动。计划既关注结果（是什么），也关注手段（怎么做）[①]。简单说，计划由决策、战略、方案三部分组成。

在管理3.0中，计划的组成不变，但最大的不同在于整体上从职能转变为功能。引入关系论，特指引入人单关系论作为方法。引入关系论，这是笔者个人的说法，不是海尔标准的说法。海尔对应关系的概念，一般说的是不确定性。对量子管理来说，关系是指波，波对应的是不确定性，因此两种说法没有本质区别。笔者之所以突出关系论的说法，在于把人单关系作为关系的实质内容，并将其转化为方法论，用来构建新的理论框架，从而将职能视角转变为功能视角，按这样的大思路，将海尔管理系统地转化为海尔管理学。

如图5－1所示，功能框架是一个波粒二象性的结构，在原有的职能框架外，补充了关系（人单关系）的框架，区别在于在原子论的职能视角外，加上了量子化的关系论的视角。由于管理的不确定性主要来自人单关系的动态特性，加入关系视角（量子视角）后，原来只针对确定性的管理，变成了可以容纳不确定性的管理，从而拓宽了管理学释放创新与创造价值潜力的管理空间，进而把人的价值第一落到管理理论的基础理论部分。

---

① 斯蒂芬·罗宾斯、玛丽·库尔特：《管理学（第13版）》，中国人民大学出版社，2017，第198页。

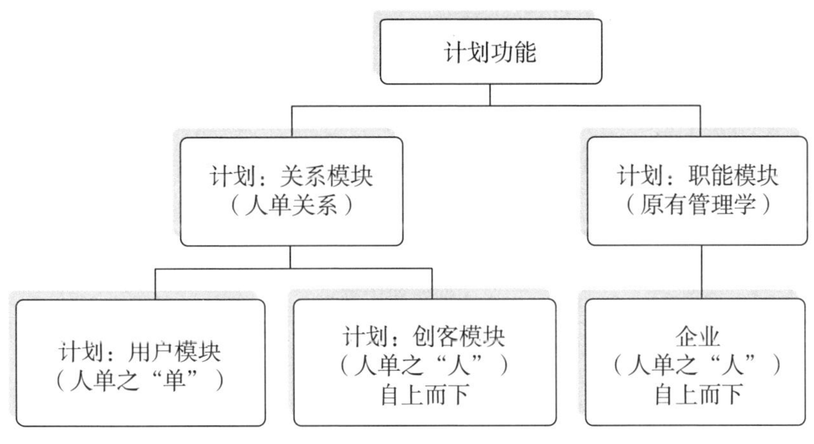

图 5－1 计划功能与职能的比较

5.1 引入关系论的功能视角：计划职能的功能化

在市场经济管理中谈的计划，不是计划经济这种体制，而是一种管理活动。通过这种活动选择目标，规划路径，制订方案。

首先要引入关系论来理解计划。从人单关系角度看，计划只是人的目的性与单的目的性匹配出目标函数，再根据人与单两方面的资源约束条件限制，而形成的双层规划。传统的原子论理性假定条件下的数学规划，对复杂的世界加以简化，以达到技术可以处理（而不需要人的“外在”干预）的程度，成为一个决定论的过程。而人单合一内在隐含非决定性的因素。在技术决定之外，人的介入不是外在的，而就是过程的一个内在组成部分。计划赶不上变化，成为规划自身的一个内容。在管理 2.0 中，会计师和信息系统专家替代了管理 1.0 中最优化专家的任务①，但从中并不能得出“做优”的效果来，因为创造价值需要的是创造，它需要在物化的优化之外，注入人单关系中最活跃的因素，构成适合双赢的结构。

① 马茨·阿尔维森、休·维尔莫特：《理解管理：一种批判性的导论》，中央编译出版社，2012，第 219 页。

管理3.0语境下的计划，绝不同于物质驱动下的价值循环流转，它必须把理性的规划与对价值创造的规划统一起来，办法就是把计划从一种原子论式的理性规划职能，推广为人单关系中的目标与约束的规划流。这时，计划的主体就发生了变化，不再是以企业为中心计划，而是在人单协同中进行双赢的规划。计划不再是一种职能，而是一个结构功能与动态过程，如表5－1所示。

表5－1　计划功能比较

		管理1.0	管理2.0	管理3.0
范式	单的前提假设	用户简单性	用户复杂性	用户复杂性
	人的前提假设	企业简单性（无员工潜力发挥）	企业简单性（无员工潜力发挥）	企业复杂性（员工潜力发挥）
	管理框架	职能	流程（内部关系）	功能（职能＋内外关系）
效率		专业化效率	需求的多样化效率 供给的专业化效率	多样化效率
价值区间		$P=MC$（报酬不变、递减）	$P=AC$（规模经济）	$P=AC$（范围经济）
功能		安排资源使用进度	筹划质料（材料、资源）	筹划质料因（资源及其接口）
特征		以成本节约为导向	以流程成本符合均衡为导向，要求零库存	以高单为导向
决策		上级决策	自上而下决策	人人都是CEO，自下而上决策
战略		大规模	大规模	大规模定制、个性化
方案		预算、预案	预算、预案	预算、预案、预酬

管理3.0的计划是复杂性的计划，它本身就是计划与不可计划之物（量子不确定性）的复合体，体现着对简单性计划的批判性。在谁来设定目标上，管理3.0不是由领导设定目标，而是让高单自生成。如果目标不存在，组织也就随之而散，绝不让没有单的组织继续存在。企业成了项目式的存在，按单聚散，有单就在，无单就散。这避免了企业走向死亡这个程序，而使组织的新陈代谢成为一个无痛

过程。因为组织不必等到它无法计划出可实现内容的时候就自然重组。

接下来，战略管理的重心也随之发生转换。原有的战略管理，以企业自我为中心，管理的只是既定战略能否在协调手段中实现，担心的只是手段与目标不匹配。具体到价值实现上，管理1.0与管理2.0略有不同。管理1.0主观上追求的只是创造会计利润，客观上只能得到零经济利润。它的战略是围绕这个展开的。管理2.0面临两难，一方面是从需求多样性中希望获得经济利润，另一方面又需要在供给方面克服由多样化带来的成本。它的盲区在于不懂得经营多样化效率（如打飞靶）。

但对于管理3.0来说，要管理的是在关系中创造价值的模式。具体到海尔模式的计划功能来说，战略管理要实现的，是专门定向于创造价值——意思是在他人零（经济）利润条件下创造出（来自双赢的）利润来。与管理2.0对战略的管理深度不同，它既要求从用户角度管理出高单，更要求从员工角度管理出高单。为此，必须能够将范围经济纳入管理，或者说可以通过管理产生范围经济的效率，这样才不会丢失对高单的管理。

5.2　计划的范式转变：从分解到涌现

企业管理的计划职能，包括决策、战略和方案。复杂性管理的变革体现在改变了按牛顿的线性思维进行计划的做法，强调面向未来、面向组织与环境的实时互动，在互动中根据条件的不同，以时空链接的方式，不断调整和修正期望与现实之间的距离，以实现组织与环境的合一。

5.2.1　让计划面向创新和创造

我们需要识别出管理3.0决策的量子特征（复杂性特征），区分它与传统决策的本质区别。

决策是对目标进行选择，这是共通的。传统决策是依据工具理性，面向的是现实性；而管理3.0依据的是创造性，面向的是可能性。

量子思维（复杂性思维）的一个核心特征是强调可能性优先于现实性。由来在于，量子力学通过“薛定谔的猫”揭示出复杂性系统的一个不同于简单性系统的特征。对简单性系统来说，猫是死的还是活的，二者择一，非黑即白，死与活是一种现实；但薛定谔的猫相当于服下液体（是毒药还是白开水不明），因此死活概率各半。可能死，也可能活。在哲学上，这称为可能性，可能性意味着选择，而人的行为具有自由选择的突出特征，对用户来说，他的选择可能是多变的；对创客来说，他的创新也可能是多变的。

复杂系统既可能进化（如在开放条件下），也可能退化（如在封闭条件下）。如何保证系统自下而上涌现生成的目标是一个追求高附加值，而非低附加值（如传统中国制造）的目标？简单性管理曾通过“鞭打快牛”方式给企业加压，但并没有很好地调动企业内在的积极性；通过经理人收购调动管理者积极性，往往又失于公平。海尔的做法是通过开放竞争，让组织产生复杂有机体的自创新、自驱动的涌现生成特性。

海尔为复杂网络的活性节点——自主经营体——设计的创新机制是举高单，高单聚高人，按单聚散，单酬自推动。从复杂性角度看，高单代表较高有序化水平的环境（市场）负熵（需求）；高人是可以在较高有序化水平上调动、转化资源，创造性适应市场、满足需求的组织或组织者；高单聚高人，是开放条件下较高负熵水平的环境与较高有序化水平的组织的匹配；按单聚散，意在引进负熵，是指组织根据与环境是否匹配，是否能引进负熵来聚集成形，如果不能引进负熵，组织就应烟消云散；单酬自推动，是指工作业绩与报酬挂钩，形成正反馈，由员工根据自己的能力和资源情况，出于自我创造价值的动机，自我激励创造用户价值。

复杂性管理从可能性中涌现生成目标。

组织中的单元不是职能的承担者，而是角色的扮演者。通过各单元之间规则的非线性作用，由自组织和正反馈涌现出组织状态和演进方向。

以用户需求为导向，由用户和创客规定企业有待实现的目标，在开放竞争中涌现生成高单，目标不再只是企业单方面的目标，而是旨在实现双赢。

5.2.2 创造性地决定目标、战略与方案

5.2.2.1 复杂性管理推动决策前移

变企业 CEO 的集中决策，为一线员工的人人决策，强调人人都是 CEO，

每个自主经营体都有独立的决策权。

海尔具有一贯的管理传统（如日清），以连续的短期迭代实现长短远近目标与现实之间的资源优化（缩小预实差），体现了复杂性管理的典型特点。

5.2.2.2　从中央计划到去中心计划

简单性管理中的计划是中央计划封闭式形成，企业在决策和计划中心自上而下确定目标、分解任务、分配资源，让员工被动执行。复杂性管理是反过来，由企业网络中的活性节点（自主经营体）自下而上涌现生成目标，提出路径，匹配资源（包括分配），自主计划（“自计划”）。

海尔的计划不是由集团制订，而是开放式形成的。集团只是确定业务的战略定位与战略方向，业务目标在三级经营体凭借“三预”（预算、预案和预酬）“抢入”经营体过程中形成。“抢入”经营体，是指以开放方式，通过竞争涌现生成胜出的任务目标，体现了复杂组织在开放环境中引入负熵形成更高有序水平的道理。

抢入经营体，不是目标（预算）提得越高就越能胜出，制约目标或保证可以提出更高目标的，是合理的预案。这保证了复杂系统中拥有更多负熵（资源）的主体，可以在竞争中胜出；也限制了低负熵支持主体的进入，同时以预酬保障主体的利益，以自主的责权利关系作为自组织的“自计划”的内在引擎。

与传统的滚动计划法的区别在于，第一，滚动计划法只是在时间上滚动，由具体计划、比较具体的计划和比较粗略的计划由近及远外推，日清管理法不是由具体到粗略的精确性的外推，而是由一种具体到另一种具体的正确性的迭代；第二，滚动计划法仍是整体计划方法，无法放大看清局部，而日清管理法可以将计划的颗粒度细化到复杂系统的每一个节点，实现既精确又动态的复杂控制。

第六章　领导功能

6.1　引入关系论的功能视角

6.1.1　领导职能的功能化

按照罗宾斯从职能角度的定义，领导是指影响团队来实现组织目标的过程，是领导者所做的事。领导者是指能够影响他人并拥有管理职权的人①。

管理的领导功能包括三个方面：激励、交互与支持。激励涉及利益动力，打造自愿这种服从力；交互涉及意义认同，打造自觉这种影响力；支持涉及资源（资本），打造自主这种服务力。领导的作用最终在于要就目标形成组织合力，使人、财、物服从调动。最高的领导是自我领导，凝聚各方，产生自驱力。

管理 1.0、管理 2.0 的领导职能中，都没有支持和服务，而管理 3.0 非常强调领导的服务功能和资源接口功能，因此我们将其作为第三项加在了领导一章中。

另外，管理 1.0、管理 2.0 的沟通，都仅限于与员工的沟通，而管理 3.0 增加了两个部分，一个是与用户的沟通（海尔称之为交互），另一个是与外部合作者的沟通。在员工沟通部分，我们把文化列在沟通项下进行介绍。

标准管理学中关于领导的定义是十分反常的。它只有供给方面的内涵，至于领导是否受需求制约，不在管理学范围内讨论。它不像经济学有均衡概念那样，从供给与需求两个相反方面的关系来定义概念，而只从供给一个角度定义领导，而把需求以及需求同供给的关系，完全漏掉了。这样定义领导，

---

① 斯蒂芬·罗宾斯、玛丽·库尔特：《管理学（第 13 版）》，中国人民大学出版社，2017，第 464 页。

会导致一个问题，一旦需求发生实质性的变化，企业与需求脱节，死到临头，都不会知道自己是怎么死的。

如果从原子论视角，复原到关系论视角来定义领导，要注意人与单两个方面，既要看到企业领导决定什么，也要看到什么决定企业领导。对海尔模式来说，管理学的行为基础，要由供给与需求两个方面界定，前者是海尔管理学多出的创客行为基础，后者是海尔管理学多出的用户行为基础。激励的关系化，表现为增加了关系两端的独立内容。而沟通的关系化，也表现为内部沟通与外部沟通（交互）的分设，其中后者是海尔模式独有的。企业需要通过沟通来把用户这个领导的意旨搞清楚。沟通是领导自上而下的行为，还是一种平等互动？当领导与员工对用户需求的判断不一致时，领导力来自哪里，由谁说了算？这些内容在海尔中都纳入管理范畴，如表 6 – 1 所示。

表 6 – 1　　领导功能比较

<table>
<tr><th colspan="2"></th><th>管理 1.0</th><th>管理 2.0</th><th>管理 3.0</th></tr>
<tr><td rowspan="3">范式</td><td>单的前提假设</td><td>用户简单性</td><td>用户复杂性</td><td>用户复杂性</td></tr>
<tr><td>人的前提假设</td><td>企业简单性（无员工潜力发挥）</td><td>企业简单性（无员工潜力发挥）</td><td>企业复杂性（员工潜力发挥）</td></tr>
<tr><td>管理框架</td><td>职能</td><td>流程（内部关系）</td><td>功能（职能 + 内外并联关系）</td></tr>
<tr><td colspan="2">效率</td><td>专业化效率</td><td>需求的多样化效率
供给的专业化效率</td><td>多样化效率</td></tr>
<tr><td colspan="2">价值区间</td><td>$P = MC$（报酬不变、递减）</td><td>$P = AC$（规模经济）</td><td>$P = AC$（范围经济）</td></tr>
<tr><td colspan="2">主体</td><td>企业家</td><td>企业家</td><td>创客</td></tr>
<tr><td colspan="2">群体</td><td></td><td>企业协调</td><td>自我管理</td></tr>
<tr><td colspan="2">激励</td><td>保健</td><td>老板付薪</td><td>自我激励（用户付薪）</td></tr>
<tr><td colspan="2">沟通</td><td>广播模式</td><td>广播模式</td><td>交互</td></tr>
<tr><td colspan="2">学习</td><td>培训</td><td>向领导学习</td><td>向单学习</td></tr>
</table>

我们将领导从职能推广为功能后，比较三代管理思想的不同。

我们先来补充一个管理学原来缺失的视角，这就是关系论的视角，即从人单关系（或者说人单合一关系①）角度看原有职能背后存在的反映人的价值潜力的管理要素。

管理1.0的领导职能只是原子论职能。管理1.0不仅视企业（人）为简单性系统，而且视顾客（单）为简单性系统。简单性范式存在于心物二元，且只有物之一元的系统。这导致它由于范式的先天不足，在原子论的领导职能上，形成两片管理空白，一是企业家精神，二是创造用户背后所指的用户增值。这二者都是不可管理的。如果有，只能归给私域内的个人原因（如天才、非组织行为等）。

管理2.0已不再把领导简单视为职能，而意识到其中内在地含有流程协调问题。背景是日式管理已意识到，需求的问题已不再是顾客的问题，而是用户的问题。海尔模式区分顾客与用户，顾客代表的是简单性系统的需求（对应经济学中以“物质欲望”定义的需求），其特点是所有需求都可还原为可批量化的同质需求；用户代表的则是复杂性系统的需求（这样的定义已超出经济学定义，好在管理学天然承认需求可以包含高级需求），这种需求可能仅仅靠职能分工，不足以应对。需要通过梳理流程，打破在静态需求下形成和固化的职能分工，以更好地响应这种复杂化的需求。

比较私人部门管理学与公共部门管理学，有一个奇异发现。公共部门管理学之上，还有一门政治学。政治学与行政学的关系，相当于哈佛理论中领导与管理的关系（在一般管理学中，领导职能已被降低为一种操作职能）。前者主方向，后者主操作。但私人部门管理学，实际没有主方向意义上的独立的领导学作为管理学的“政治”学。也就是说，管理学天生有一个空白，认为由用户赋予合法性这件事，不是专门之学，只需要归给老板个人发挥即可，这与中世纪政治学只推崇人治处在同一个认识水平。

---

① 当我们把人单关系说成是人单合一关系时，这里的“合一”，不仅是指供求相等，而且具有心物一元的范式意义，意思是人与单两方面的物的因素（导致边际成本定价的同质化因素，即转移价值的因素）与人的因素（复杂性的、体现人的能动性从而导致双赢的增值的因素，所谓“创造价值”的因素）要合在一起考虑。

海尔模式实际上第一次从顶层范式上，赋予领导以领导真正的含义，也就是说，领导所决定的方向，不是主观随意的，而是由用户决定的。用户的需求与企业自身的使命，确定了所要创造的价值的内核，这才是领导力的客观来源。它不是领导的个人禀赋，而是可管理的对象，就像选举是可以管理的一样。海尔模式中竞争上岗的过程，就像一场选举。当领导力可管理时，变化就出现了。在管理 3.0 中，领导力不一定非体现在领导身上，也可以体现在员工、创客身上。这表现出管理 3.0 与管理 2.0 迥然有别之处。

员工在领导定义中处于什么位置？按照传统定义，员工是被企业领导所领导的人。但按海尔的定义，员工可以是最先得知领导的领导——用户的意旨的人。因此，员工内在地具有企业领导所不具有的领导力因素。当然，这不是说领导还不如员工。领导与员工在面对他们共同的领导——用户时，表现出的长项是不同的。领导的信息可能更加全面，可以从全局上把握用户；而员工与用户的关系更直接，可以从当下与此在的局部把握用户。

在管理 3.0 看来，领导不是一种固定在职位上的职能，而只是一个打造合法性的过程，是企业的“立法”功能。创造价值，能者得之。“我的用户我创造。我创造，自然就是我领导。”领导的对象也不是员工，而是给管理操作灌注合法性，使手段服务于真正有价值的目的。

管理 2.0 最先是从职能角度将沟通添加为领导职能，来应对最早期的需求复杂化。由于管理 2.0 仍持心物二元假定，设定员工在没有外来激励下，天然是不具主观能动性的。管理 2.0 开始区分领导者与管理者（典型如哈佛的“领导—管理”二分理论），相当于公共管理中，将政治与行政区分开。但此时的领导者，虽然已被赋予了方向使命，但缺失关系论范式，并没有把领导者如何形成关于方向的判断纳入管理，因此可以认为，管理 2.0 默认领导的头脑是一个黑箱，假定其做出的判断都是正确的，不像管理 3.0 那样，既要接受员工程序的检验（如让一线人员判断对不对），也需要接受用户程序的检验（如用大数据检证对不对）。沟通只是自上而下进行的，是让这些脑子不转动的员工及时理解领导的意图，并且将被领导者与领导者的思想统一到组织共同的目标上来。管理 2.0 在企业（人）方面的简单性系统性质表现在，沟通形式上是平等的，但内容上必须是自上而下的，只能是下边统一到上边的判断上，而不可能是上边统一到下边的判断上（例如出现像惠普公司打印机部的创新）。

随着需求的进一步复杂多变，仅仅靠沟通已无法解决问题（而管理学教材只讲到沟通，就让学生下课了）。沟通还只是从原子论角度提出的，是要素与要素之间的关系。管理2.0的领导实践，发展出集职能与流程为一体的领导新主张（这是基本没有来得及写进教材，而仅存在于日式管理经验的流行读物中的），与管理1.0相比最明显的变化在于把流程再造作为管理中的领导问题提出来。加里·哈默在其中起了很大的推动作用。流程再造将关系模式代入了还原论中，但仍留有简单性系统的本质特征，这就是自上而下的领导结构。哈默与钱皮发现，“再造从来没有自下而上地发生过……只有来自上层的强硬领导才能促使这些人接受再造所带来的变革”①。

在公共管理理论中，流程再造是行政性的（由行政体制改革加以改进），而非政治性的（由政治体制改革加以改进）。对企业来说，流程再造也不是决定企业性质变化的领导体制的改革，而只是管理体制的改革。流程再造并不触及权力的合法性，而只关注权力的高效运转。与管理1.0（以职能为核心的管理）比，以流程为核心的管理2.0致力于提高的已不仅是专业化效率，还有多样化效率。只是这种多样化效率还不能真正面向用户。张瑞敏将这两种效率比喻为打固定靶与打移动靶的关系。多样化效率提高的是打移动靶的效率，流程再造在其中所起的作用，是通过梳理专业化职能之间的连接提高关系的效率。

从本质上说，管理2.0的流程再造引入了关系模式，但仅仅是在企业内部引入了关系模式，而没有在人单关系之间引入，甚至没有在产业链、价值链水平引入。在人单关系上，流程再造仍然是以企业为中心，而非以用户为中心的。突出表现就是，对于像通用电气、IBM这样的超大型企业来说，当单过于细碎时，流程再造基本变得无意义。对这种“大象”企业来说，如果需求达到50亿美元的规模，为此专门梳理一次流程还划算；但如果都是些个性化定制的单，挣的钱还不如梳理流程的成本，则流程再造就缺乏意义。

---

① 马茨·阿尔维森、休·维尔莫特：《理解管理：一种批判性的导论》，中央编译出版社，2012，第139－140页。

以此可以证明，流程再造存在一个潜台词：以用户为中心可以，但前提是这个用户必须对应企业体量（以企业为中心），否则，恕不奉陪。

海尔将用户与终身用户分开，用户是可以用标准化服务来满足的批量用户，而终身用户每一个有每一个不同的情况，他们可以付出高溢价，但并不能保证需求量很大。他们是以散单这种并联的方式接入系统的。从理论上说，单的区别，由心物二元还是心物一元这种最抽象的范式界定。心物二元必然要把用户个性化这种不随大溜的“心”的因素，当作非商业因素，剔除出管理；而心物一元决定了要把用户中随心所欲、超级“没准”的心的因素（正是它决定了创造用户价值中负责“创造”两个字的体验）当作可管理对象，纳入海尔大规模定制（大规模对应“物”，即会计上的边际成本，定制对应“心”，即会计上的溢价）加以“简易”地管理。

同是以用户为中心，要不要以非标准的高价值用户（终身用户）为中心，就到了区分管理2.0与管理3.0的时候。

管理3.0超越流程再造，不是从管理的“行政”入手解决问题，而是先端正人单关系，拆除流程再造暗设的企业自我中心假定，将管理中领导问题的中点移到人与单正中间，如果有了德鲁克创造价值的意识（这意味着让心物二元中的心这一元先归正位），再来看看，人单关系可不可以向人这一边、向单这一边移一移，直到可以把员工创造的价值与为终身用户创造的价值通过并联的接口对上，把这部分漏失的价值（相当于机会①）找回来。如果将双赢对上，要求不再按流程再造，而按碎片化并联方式重新再造企业，重塑领导功能框架，那就按照双赢的要求来做。

如图6－1所示，管理3.0在领导理念上的主要区别在于，第一次从企业自我中心转向用户观点，将关系论的框架系统地引入管理框架中，将职能为中心、流程为中心的管理，系统地矫正为以人单功能为中心的管理。

在这种管理中，转变的第一个观念，就是用户是领导的观念。用户是领导，不是说用户参与企业管理，直接领导员工，而是说要把需求决定供给、

① 机会在此可理解为企业家精神所要把握的对象，当然，不一定只能是由企业家来把握，也可以由创客把握。

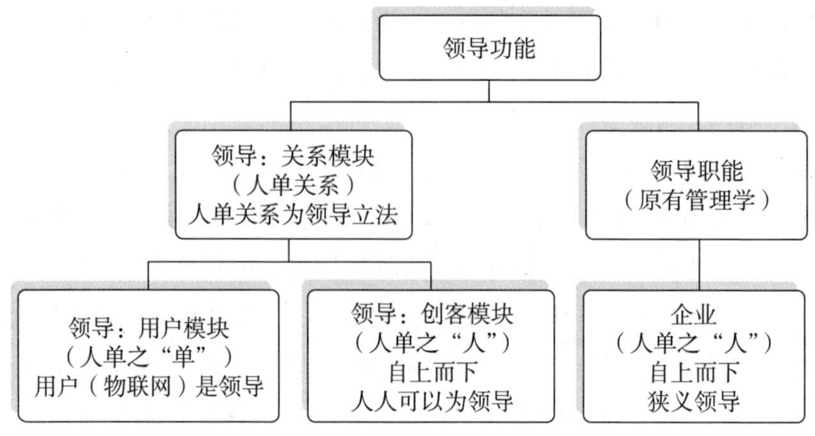

图 6-1　领导功能与职能的框架比较

用户决定企业的逻辑，灌注到领导理念中，把领导视为一个从单到人的价值转化过程，以及这一过程中体现转化方向的功能与能力。实质上，这移除了领导天然正确这一隐含的管理假设，从自以为是变为自以为非，而以用户为是。

管理3.0与管理2.0的领导的区别在于，将构成领导的合法性来源的用户需求，从不可管理变为可以管理。不再像稻盛和夫理解的那样，领导天然就是一个远超过员工的圣人，对用户需求生而知之，永远不会犯错，也不需要来自一线和下层的纠正。领导只是自上而下提升众生，使之达到与自己一样的高度。隐含的潜台词是，领导一旦不正确，企业就一休百休，直接倒闭，那就不在管理学讨论范围之内了。因此，领导正确是不言而喻的，是管理开始的前提。这相当于公共管理中，把追问权力合法性来源这一步直接省略了，而直接从官僚行政谈起。至于领导怎么从常人变成超人，或者会不会从圣人变成罪人，不是企业管理研究的对象，我们只要假设领导不会犯错误就好了。

管理3.0相当于建立了一个领导容错机制。领导犯错不要紧，只要机制足够好，可以让犯错误的领导随时回到正确轨道上来。这依靠的是将人单关系纳入领导，从系统功能全面考虑，相对于管理2.0，等于增加了两个管理程序，一是用户方面的，二是员工方面的。

从用户方面说，如何把用户需求转变为企业的“政治正确”这种合法性资源，需要系统的管理。我们到细节再来讨论。

员工也不能闲着，要考虑领导的事。在管理3.0中，员工不是劳动力，而是创客（知本家），多出（高出）的部分（对应创造性价值的）就是构成企业合法性来源的价值，即基于用户的“政治正确”（这是过去在领导黑箱中决定的方向中变化不定的部分）；员工还有“领导”功能，即在管理2.0中本应由领导自上而下激发的部分，包括由自下而上的自激励而生的创造性，特别是源于员工自身差异化禀赋，可以为企业带来差异化增值的能力。其中细节在下面讨论。

所有动力原则都是解决一个问题：无论在管理的哪个环节上，要让系统产生自我驱动力，应该遵循什么样的原则。在原则分类上，属于领导决定动力来源与方向这一类。

动力原则的根本原理在于，第一，通过最大限度发挥人的潜力，体现公平，“给人以公平感”①，使人产生趋向高级目标的内在行为动力。用德鲁克的话说就是“体现个人尊严和机会平等”。管理1.0、管理2.0（特别是丰田模式、京瓷模式）相对而言的不公平之处在于，给领导、高管的机会多，而不激发员工、用户的潜力。海尔模式的公平体现在给所有人实现自我的机会，特别是通过激发员工动能，实现自我驱动。张瑞敏曾对西方企业发表感慨：“大企业哪有平等?”他开创了大企业中实现平等的先例。“海尔通过平等用人的机制，告诉每一位员工，他们中的每一位都是人才，都能在工作中超越自己、更新自己。海尔的每一步发展，都是全体员工创造性劳动的结果，而这结果又反过来带来自豪感和优越感，激励着他们进一步去发挥自己更大的创造力。企业因此永远有活力。”②

第二，通过系统闭环，实现自驱动意义上的自洽。海尔模式与众不同之处在于，将用户需求内生于企业，从而获得系统循环自驱动的闭环；形成用户驱动创客，创客驱动领导的“永动机”动力循环系统，与传统的领导驱动员工、员工驱动顾客自上而下的动力系统，形成互补，从而解决了企业自我驱动的问题。

---

① 文正欣：《张瑞敏谈战略与管理》，海天出版社，2011，第97页。

② 同①，第108页。

海尔的动力型原则，主要是开辟两个新动能来源：一是用户动能，二是员工动能。原有的领导动能调整为支持与服务。

6.1.2 人的行为基础：双向动力

管理学是组织理论，然而其领导理论为什么一上来要研究个体行为？这与领导理论的研究定位有关。罗宾斯从组织行为学角度研究领导，关注的主题当然是行为①。

领导理论从领导这个角度审视目的与手段之间的组织行为关系，研究将组织的目的与领导这种手段结合的规律。这就涉及理解作为组织节点（环节）的个体的目的与组织的目的是什么关系，以及如何调动这种个体目的为组织的目的所用的问题。

管理 3.0 认为，企业的使命是创造企业家，即把员工变为特定意义上的创造价值的人。这决定了管理 3.0 对个体行为基础的理解不同于管理 1.0、管理 2.0。我们需要找出支持人人都是创客的个体行为基础。

创客不同于员工，他是关系的主体，并在邻接结构中与用户关联，休戚与共。而员工本质上只对老板负责，因此只与顾客打交道（交易），而对用户漠不关心（没有温度）。二者的个体行为基础不同。我们比较管理 1.0、管理 2.0 中作为员工的个体，与管理 3.0 中作为创客（企业家）的个体行为基础的不同。

6.1.2.1 组织行为基础

从行为学视角研究组织，重点是研究个体行为与群体行为，通过研究达到“解释、预测和影响行为”的目标②。这类问题在管理学中，可被归入组织行为的研究目标与研究重点项下，对应罗宾斯《管理学（第 13 版）》中的第 15 章“理解和管理个体行为”。

传统管理学研究组织行为，无论是重点还是目标，围绕的都是企业自我中心。

---

① 斯蒂芬·罗宾斯、玛丽·库尔特：《管理学（第 13 版）》，中国人民大学出版社，2017，第 404 页。

② 同①，第 405 页。

传统管理学研究领导，内容是领导员工，具体来说是利用员工的技能，“管理者需要优秀的员工技能”①。为此，要通过了解员工的行为，而为组织所利用。组织行为研究的目标，就是找到员工的行为与组织的功利目标间的联系，将之体现在领导过程之中，对原因加以解释，对后果进行预测，对过程加以影响。但这种领导理论有一个结构缺陷，在于缺乏对领导自身的反思，即对领导本身加以管理，包括反思领导如何才能正确把握用户需求，不正确时应该怎么办；包括管理领导者的行为，而不只是管理员工的行为。

理解管理3.0领导的行为原理的第一步，是引入人单关系的视角，将用户引入动力系统，把观察领导问题的行为视角从原子论的职能视角（相当于“人单”中“人”的视角），平行移动为关系论的功能视角（“人”+“单”的视角），变领导激励员工为用户激励员工。

海尔模式领导理论研究人的行为的出发点，不是利用员工，而是创造企业家，特指把员工创造为具有企业家（CEO）能力的创客（小微主），是要把员工的企业家潜力发挥出来。管理3.0的重点不是由领导来领导员工，而是由用户来“领导”员工，而由企业领导为这种“领导”关系提供服务，这个过程是用户领导员工与企业领导的人单关系合一过程。

6.1.2.2　态度的组成部分是什么

组织行为学研究的行为不是指动作，而是指态度（Attitude），即个体对工作的看法。态度由三种成分构成，包括认知成分、情感成分和行为成分。与工作绩效密切相关的态度，主要包括工作满意度、工作认同度（又具体分为工作投入与组织承诺）、员工敬业度②。这些分类，是管理1.0、管理2.0、管理3.0共通的部分。

从态度的构成来看，认知成分代表态度中从客体到主体的认识形成部分，指个体所持有的信念、观点、知识或信息；情感成分代表态度中从主体到客

① 斯蒂芬·罗宾斯、玛丽·库尔特：《管理学（第13版）》，中国人民大学出版社，2017，第404页。

② 同①，第406页。

体的反应，指态度中的情绪或感受部分；行为成分则是知行合一的过程，是个体以某种特定的方式对某人或某事采取行动的意向①。

罗宾斯提出情绪智力（Emotional Intelligence，EI）概念，指人们察觉并管理情绪线索和信息的能力。EI包括五个维度，对于管理3.0也是适用的。这五个维度包括：自我感受、自我管理、自我激励、感同身受（感受他人情绪的能力）和社交技能②。罗宾斯认为情绪智力与工作绩效呈现正相关的关系。

如果说有区别的话，管理1.0、管理2.0说的自我感受、自我管理、自我激励，更多是要求员工舍去小我，与组织看齐，自觉约束自己；而管理3.0则强调将自我感受、自我管理、自我激励向用户看齐，在人单关系的双赢中定位自我。感同身受与社交技能，对于管理1.0、管理2.0而言是指员工处理组织内部人际关系，而管理3.0强调的则是员工与用户交互，这种交互要比交易多出社会、情感、心理的交流。

6.1.2.3 员工应持什么态度

一般管理学说的态度是工作态度，如是否认真、是否负责。这只是把员工定位于劳动力所指的态度。而管理3.0定位于人的价值实现，涉及的态度是人生态度。这种态度，涉及的是每一位员工，仅仅把自己定位于劳动力，还是把自己定位为价值创造者。

管理3.0要发挥人的潜力，首先就要求调动员工发挥自身潜力这种自我实现的人生态度。人的能力有高有低，许多情况下，是人对自身的潜力没有充分的认识，限制了能力的发挥。管理3.0最擅长的就是把这种人的能力发挥出来。

与工作绩效最密切相关的态度有三类。

第一类是工作满意度。

罗宾斯认为，工作满意度指的是员工对自己工作所持有的总体态度。我

---

① 斯蒂芬·罗宾斯、玛丽·库尔特：《管理学（第13版）》，中国人民大学出版社，2017，第406页。

② 同①，第418页。

们认为，这个“总体态度”实指相对于目标的得失反应。得（达到目标）为快乐，失（未达目标）为痛苦。这里的目标，是指目的、意义，相对的是价值。有钱不快乐，说的是有价值，但无意义。对管理 3.0 来说，工作满意度是创客对自己潜能释放持有的总体态度。

管理 1.0、管理 2.0 与管理 3.0 的区别在于，这里的目标参照系不同。管理 1.0、管理 2.0 的目标，都是以拿工资的工作为参照系的目标，而管理 3.0 的目标，是参与分成的创客的目标。这是德鲁克一系的管理思想的特色，不是将管理定位于工作，而是定位于人。因此，目标也不是指工作水平上的目标（如是否拿到满意的工资），而是人的潜能发挥意义上的目标。

工作满意度对不同的人来说是不同的。海尔的报酬分为五级，只有在最低工资的水平，工作满意度是针对拿工资的“对自己工作所持有的总体态度”；海尔的不同在于，其提供了其他管理模式没有的机会，使不满足于拿工资的、有创造性的员工的满意度得到提高。

第二类是工作认同度。

认同是指对意义的确认与赞同。工作认同度包括对工作的认同与对组织的认同。

罗宾斯将工作认同度具体分为工作投入（Job Involvement）与组织承诺（Organizational Commitment）。工作投入指员工对工作的认同、积极参与及对工作绩效重视的程度，它代表对工作的认同。组织承诺指员工认同所在组织及其目标，并愿意留在组织中的程度，它代表对组织的认同。

张瑞敏强调领导中的认同，要求“全体员工对一种理念达成了认同”①。

第三类是员工敬业度。

员工敬业度（Employee Engagement）指员工关心和热爱自己的工作，并且对工作感到满意。敬业度较高的员工，对工作更为关注，更具干劲与热情。

唯用户是从是海尔模式的首要原则。它是海尔模式总原则的具体化。如果说，领导是管方向的，那么它就是整个海尔模式的总的领导原则。

唯用户是从是海尔模式中最有针对性的原则。按说，供求是平衡的。为

① 文正欣：《张瑞敏谈战略与管理》，海天出版社，2011，第 230 页。

用户创造价值与创造创客的价值，是完全一致的。为什么要把“唯用户是从”单独提出来呢？这是因为，管理学的框架先天不足，只有供给端，没有需求端。为此，要把唯用户是从，理解为要在管理中建立整个一套“唯用户是从”的体系，而不只是一个口号。

大多数企业都会说用户至上这类意思的口号，区别就看管理体系中，有没有落实这句话的结构。一般企业，这句话背后是一个黑箱，是不可管理的，表现为用户需求是什么，老板说了算。老板错了怎么办？不管他，执行就是。

这一原则的要点在于唯用户是从，赋予一线员工（创客）实质性的决策权。因为一线员工（创客）不是通过上级授权的方式，而是援引这一原则，在与单直接关系中，做出关于单的决策。

唯用户是从这条原则是与日式管理包括丰田模式区分的最主要界标。二者完全相反。它的针对性是以“唯尊是从”为特点的日式管理。

日式管理与美式管理相比，以文化见长，但在继承日本文化优秀传统的同时，也继承了它不适应网络时代的另一面，即张瑞敏概括的“唯尊是从”，它是源于日本幕府文化中以下级主动放弃决策权的形式忠诚于上级，以换取上级对下级安全（如不被开除）的承诺的历史传统。这一文化直接违背了德鲁克管理的最高原则。

传统管理没有在动力系统上，没有形成闭环。用户付钱这个动力源，处于企业管理之外，动力系统只管领导给员工提供动力，没有解决谁给领导提供动力的问题。闭环应该是“用户—领导” + “领导—员工”（“—”这个符号代表作用关系）。现在只有后半截，没有前半截。是开着口的，所以称没有闭环。

张瑞敏指出，“既然管理没有领导了，那领导是谁呢？领导就是用户，所有人都听用户的。过去是员工听领导的，现在员工听用户的，领导听员工的，其实这就叫管理无领导”。

唯用户是从还有一个潜台词，这就是如果用户需要什么自己说不出来，算还是不算。这就是所谓的创造用户价值，我们后面再谈。

张瑞敏总结改造三洋的经验时说：“我们先研究了三洋失败的原因，按照人员素质，他们比我们高；按照研发能力，他们也不低；按照市场经验，他们做了很多年，经验非常丰富，那么为什么会亏损？其实很简单，在于文化。日本是典型的东亚文化，是儒家文化的延伸，重要的体现就是唯尊是从，只要是领导说的话，底下员工一定照办，即使不睡觉也会把它干出来。但干出来的是不是市场要的，未必。”

“海尔并购之后就改为‘唯用户是从’。先从合同入手，过去的合同是员工和公司签了之后，只要员工服从公司的指挥就行。现在我们是让员工和市场签合同，能不能获得高薪就看他能不能把这个市场的用户做起来。一开始他们都很抵触，我们做了很多工作。另外，对于日本企业的团队精神，我们通过把内部变成一个个的小团队，每个团队独立自主经营；同时把营销、研发、制造合到一起，变成一个并联的平台。结果我们八个月就使它止亏，在日本也引起了非常大的轰动。所以这类并购的关键在于解决文化问题，如果不解决，1 加 1 不一定大于 2，可能是负的。”①

分析这个案例，日本管理文化中唯尊是从、大团队精神这两点，是包括丰田、索尼在内的多数日本企业的共性特征。而从复杂性角度分析，都具有缺乏全员响应灵活性的短处。唯尊是从与复杂性管理的矛盾在于，复杂性组织要求组织的中心与节点都要灵活反应，而唯尊是从会导致组织中心响应，而组织节点不响应，因此具有机械性组织的典型缺点；大团队精神与复杂性管理的矛盾在于，复杂性组织要求组织的中心网络（如指挥中心网络）与节点网络（小团队，如自主经营体）都要灵活反应，但大团队精神会导致中心网络响应性好，而节点网络反应性差。而互联网本质上就是节点网络之间关联形成的“网际网络”，大团队精神在保持自身优点同时，需要进一步改进为小团队共同体（即复杂性网络中的小世界网络），才更适应互联网时代的管理要求。硬要否定日式管理没有这样的缺点，并不实事求是。

相反，中国管理文化在这方面的优点，也没必要刻意否定。中国组织和员工自下而上的灵活性，中国组织和员工的小团队、小网络特点，在经过两

---

① 潘东燕：《海外创牌的心路历程——张首席接受〈中欧商业评论〉专访》，《海尔企业文化动态》2013 年 10 月。

化融合的再造，克服了农业社会的缺点，一旦同互联网的整体协同机制结合，就有可能转化为管理优势。这是管理学家由于理论滞后于实践简易忽略，而企业从实践出发提高实战能力需要加以独立判断的。

在实践中，张瑞敏通过取消年功制、改大为小，成功改造三洋白电，使三洋白电从排名落后一跃成为日本第一，这说明海尔模式有助于中国企业扬长避短，通过将自上而下的简单机械组织改造为自下而上的复杂生命组织，实现了适应复杂性环境的管理变革。

还有一点需要指出，我们没有把自主经营当作一个独立的原则，是因为自主经营的本意其实就是唯用户是从，并不是说部门自作主张经营，而是部门必须唯用户是从来经营。

这一点，张瑞敏在2009年沃顿全球校友论坛上讲得很明白：“每个部门都要面对自己的客户，我们把它们称为‘自主经营体’。”自主的反义是官僚主义。2009年，海尔全面实行自主经营体体制，就是为了治疗“大企业病”。

之所以叫自主，可以用第三代系统论来解释，说的是将用户与员工当作一个闭环，才能自动循环运转起来，而无须再借外力启动。

海尔模式在此与罗宾斯在如何正确提出问题上就存在差异。罗宾斯的问题是“管理者需要了解个性的什么内容”。海尔的员工管理是创客管理，重点不是要了解员工个性以供领导按自身意愿加以利用，而是要确定什么样的机制可以使创客在个性化条件下发挥出个人能动性（“人”）与个性化需求（“单”）的一对一匹配。

6.1.2.4 用户行为基础

传统管理学的个性化理论是指向员工的，问的是“管理者需要了解（员工）个性的什么内容”。管理3.0将问题倒置过来，变成发现用户个性化需求，并且加以管理，以用户需求拉动创新。海尔模式的创新表现在“发现用户需求，并快速满足”。这里说的用户需求有所特指，是指用户体验引领的高价值的需求。实践背景是，海尔要从需求角度实现从提供产品、提供服务到提供体验的升级。每一步升级，意味着需要发现更高级的需求。从人的低级需求满足升级为高级需求满足。传统经济学中不区分高级需求与低级需求，将高级需求全部还原为低级需求，好比把人类看成猪，一切生活都围着在泥里拱食这个物质欲望打转。管理学也自然而然假设消费者与猪没有什么区别。与之打交道，不需要温度，只要喂食就可以了。这是强调人的价值的管理学无法忍受之处，为此需要创新。需求如何区分高价值与低价值，这就需要进行用户行为的理论分析。

在领导这一章讨论用户乘数，与在计划、组织、控制中讨论的侧重点不同。领导与群众的区别，转成消费视角，就变成用户与顾客的区别，对应到物上，就好比资本与商品的区别。一个增值（通过社会关系增值），一个不增值（只交换、交易价值）。海尔模式的人人都是领导，从员工角度讲，相当于把只有商品属性的劳动，变为了具有资本属性的劳动，即创造价值增值的劳动。同时，海尔模式还有用户这个方面。传统管理中没有用户模块，而管理3.0将其增设为管理学的需求板块。海尔从区分人的低级需求（物欲）与高级需求（精神需求）这种对人的根本看法出发，进行了顾客与用户的区分，顾客的需求基础或者说行为基础是物质欲望，通过交易满足，是不增加价值，只交换价值的；而用户的需求基础或者说行为基础是心理需求（如自我实现、体验），可以在理性价值基础上，增加体验部分（即对应意义）的价值，要通过交互来实现。

其中，从领导这个角度看需求，自然就产生了可不可以把用户这个领导的消费当作资本看待的问题。如果认为消费者只能控制交易，不能控制资本，说明他还不是真正的领导。例如，可以认为消费也具有扩大再生产这种原来只属于资本（领导是控制资本的人）增值属性，就好比创客具有创造价值的属性一样。事实上，消费者开除董事长的权力，正来自他的资本属性。因此，必须从资本的高度来认识消费的行为基础。

这反映了海尔模式对人的本质认识的深化。在经济学中，成瘾性行为就是一种典型的消费产生资本属性的现象，就是越消费，消费需要越强。这与传统物质消费的边际递减形成了比照。管理1.0、管理2.0都假设人的需求是物欲需求，遵循消费的效用边际递减的假设。而张瑞敏的用户乘数理论颠覆了传统结论，这揭示了消费内在的自我激励倾向。

这从根本上拓展了管理学的视域，把激励的重心从以企业为中心，转向以用户为中心。

6.1.2.5 创客行为基础

人人CEO的想法则来自德鲁克。德鲁克曾说："21世纪的企业应该是每一名员工都是自己的CEO，也就是说应该自主做出决策。"

人人都是CEO，这是海尔模式与丰田模式相反的原则。对比管理2.0，丰田模式的第9条原则是"培养深谙公司理念的领袖，使他们能教导其他员工"，把员工看得很低。领导与员工的关系，是领袖与群众的关系。第10条原则是"培养与发展信奉公司理念的杰出人才与团队"，也把员工的位置看得很低，是受教育、受培养的对象。人人都是CEO，颠倒了这种关系。

管理学界少有人知道一件事：对世人广为尊崇的丰田经验（日式管理），德鲁克评价并不高。原因用德鲁克自己的解释就是，丰田未能有效地落实"目标管理与自我控制"，以体现个人尊严和机会平等①。张瑞敏用最通俗的话解释，就是日式管理"唯尊是从"，没有做到"唯用户是从"②。

日式管理强调"唯尊是从"。首先是领导为尊，其次是下属服从。典型如稻盛和夫，把领导作为"受下属尊敬的人"，并等于"使人服从的人"③。稻盛和夫总结"领导者的10项职责"，都是为了成为"受尊敬的领导者"。而管理3.0正好相反，要求"唯用户是从"，认为领导之尊不是官本位赋予的，领导如果偏离了用户，也没有尊严可言。员工可以不服从，而以用户为尊。日式管理的致命弱点在于，完全回避了当领导犯错的时候还要不要尊敬的问题，实际是要求下属无条件服从，不管领导正确与否。

张瑞敏发现日本管理文化与中国管理文化在行为模式上存在相反之处。他说："日本企业的文化是东亚文化，其核心是'唯尊是从'，谁是尊者、谁是领导就听谁的，这种文化造成的是员工无条件服从，好比是在找一个错误问题的正确答案，因为领导告诉员工的并不一定是用户要的。所以，我们把'唯尊是从'改为'唯用户是从'，员工一定要按照用户的需求去做。"

---

① 彼得·德鲁克：《已经发生的未来》，东方出版社，2009，第12页。

② 张瑞敏：永不过时的德鲁克思想（http://blog.vsharing.com/xiaoguo_sz/A1712934.html）。

③ 皆木和义：《图解稻盛和夫经营之道》，南方出版社，2015，第43页。

海尔人人都是 CEO，可以将每一位员工都当成企业家，在价值观上，意义就完全不同了。海尔说的创客，就是说员工可以作为劳动力这种意义上的机械人，拿对应机械劳动的工资，甚至不仅可以参与分工，拿对应股东的分红，而且可以创新，创造出体现创新的高附加值。创新体现了人之为人的灵长类动物在社会性方面的灵性。这是复杂性系统的独有特征。在德鲁克见识过的各种管理中，真正可以把底层人的潜力激发到企业家程度的，只有海尔一家。即使在德鲁克盛赞的通用电气公司中，激发的也只是高级管理人员作为复杂人（创新、创造之人）的潜力，而达不到将普通人身上的企业家潜力发挥出来的程度。日式管理就更不用说了，管理 2.0 不是把员工培养成企业家，而是把企业家培养成杰出的人，而让员工被这些杰出的人洗脑，成为一群发自内心地认为企业家什么都对，因此不等企业家来管，就积极主动与领导保持一致的人。日式管理要的不是员工真正成为企业家，而是成为企业家的狗，只不过要求这种狗要忠诚自觉。

人们常常区分不开海尔的“人人都是 CEO”与阿米巴模式，一些管理学者也将二者等同起来。就这个问题，笔者曾请教张瑞敏，他指出，一个重要区别在于权力是由谁赋予的。阿米巴模式的权力是老板授予的。员工虽然有了一定的决策权，但仍在“授权”——上授予下权力——这个范围，权力的来源在上面。而海尔模式的权力，是用户直接赋予员工的，而不是上对于下的“授权”。用户付薪就体现了用户赋权。

授权的本质，是员工以下代上决策，仍然强调权力的合法性来自上层，只不过把“上面”的权力交给下面执行而已，权力的性质还是自上而下的。

表现在领导理念上，稻盛和夫认为，“经营者需要身先士卒，发挥表率作用”，自上而下地“为企业获取发展的原动力”①。领导的“率先垂范”，“这是公司发展的原动力”②，仍表现出自上而下的特点。而海尔模式强调原动力应来自用户和创客，权力的合法性是自下而上生成的。

① 稻盛和夫：《创造高收益：亲自讲述企业经营的 16 个重要问题》，东方出版社，2010，第 6 页。

② 皆木和义：《图解稻盛和夫经营之道》，南方出版社，2015，第 59 页。

当然，如果只是这样说，有些人仍会认为这只不过是说法上的改变。毕竟自下而上决策这个事实，在阿米巴模式与海尔模式中仍然是一样的。为此，我们必须深入到两种模式背后的理论中去，找到它们理论上的区别。

管理学的批判理论，为辨析海尔模式与阿米巴模式提供了清晰的理论依据。批判理论反映了管理学中的后现代观念，对工业化形成的管理理念进行了彻底的批判。在《理解管理：一种批判性的导论》① 中，瑞典的企业管理教授马茨·阿尔维森与英国管理学教授休·维尔莫特用“解放”这个范式来解释不同管理范式之间的实质区别。解放，相当于德鲁克话语体系中人的潜能释放这样的核心概念。解放或人的能力释放，都是针对企业存在的意义而言的。

解放指向的是意义，把人的实现作为企业存在的目的；与解放形成对照的，是将企业存在的目的指向价值（如稻盛和夫说的“创造高收益”），创造价值是实现意义的手段。管理 1.0、管理 2.0 聚焦的根本范式不是意义，而是价值。这表现在认为管理者的角色是“确保组织生存/发展/利益”和/或“满足股东/顾客（以及在一定程度上）工人的直接需要”②。把企业管理只是当作一种功利性的行为，认为“解放充其量只是个人合法追求的、工作以外的私事：解放并非管理的问题，无须为管理负责”③。

阿米巴的授权，正是在这一背景下产生的。授权优先考虑的事情是，“以‘充实’的方式——满足更高层次的需要（例如自我价值实现），提升工作满意度，从而提高生产力——重新设计物质性的和象征性的工作条件”④，认为如果满足了这些条件，员工就被“解放”了。

在“探寻企业存在的意义”时，稻盛和夫仍然自上而下思考问题，认为企业经营者提供“更高层次的远大目标和大义名分”，让下面的员工充分消化理解并加以实施。在这里，“要我干”与“我要干”只能自上而下地取得统一，是让下面统一到上面的目的、意义，以此作为企业存在的意义。在实践

① 马茨·阿尔维森、休·维尔莫特：《理解管理：一种批判性的导论》，中央编译出版社，2012，第 232 页。

② 同①，第 232 页。

③ 同①，第 232 页。

④ 同①，第 232 页。

中，阿米巴模式还包含有这样的意思，员工尽可以自主地为企业着想而发挥主观能动性，但是“攸关一家企业生死存亡的重要决策”，比如定价，“最终应该由企业的经营者来进行判断”①。而海尔模式正好相反，定价权也是由创客员工来确定的。

海尔“人人都是 CEO”，在人人具有定价权这种表象背后，体现的理念可以用批判理论理解的“解放”加以解释。对于海尔模式来说，企业存在的意义，不在生存、不在发展，而在人的自我价值实现，即人的“解放”。而人的“解放”要求将用户与员工两个方面的潜力最大限度发掘出来。海尔并不认为“更高层次的远大目标和大义名分”应该自上而下赋予，而是认为应自下而上涌现生成。这是德鲁克理解的企业的真正使命，他用“目标管理”与“自我控制”来表示。这里的目标与控制，都是指自我价值实现的。德鲁克对日式管理评价不高，主要是反对日式管理自上而下确立目标并自上而下控制。

这里存在实质性的理论上的区别，在于对管理主体的认识。管理 1.0 根本就没有把雇员当作主体，他们只是老板的工具（最好发自内心认同老板，具有清教徒文化特质）；管理 2.0 虽然把雇员当作主体，但认为是有待“提升”的主体。如果主体有待提升，他们就仍然是被动的。管理 2.0，包括稻盛和夫的管理，有一个与管理 3.0 非常不一样的地方，在于对培训的强调。其背后的理论是：“‘解放’就是为雇员提供培训和职位，从而使他们不断提升以到达‘更高的需要层次’。”批判理论一针见血地指出，在这里，“‘授权’则被视为一个由进步、开明的管理者赋予雇员的、实质上被动的过程”②。这一下击中了稻盛和夫管理的要害。海尔模式正相反，对人的看法，有点像王阳明说的“致良知”，认为不存在上对于下的拔高问题，每一个在下者，在良知上的水平都不比在上者低。海尔不强调培训，而强调让每一个一线员工在与用户实际互动时发掘良知。与王阳明还不同，这里的良知不光是人身上的，

---

① 稻盛和夫：《创造高收益：亲自讲述企业经营的 16 个重要问题》，东方出版社，2010，第 11 页。

② 马茨·阿尔维森、休·维尔莫特：《理解管理：一种批判性的导论》，中央编译出版社，2012，第 233 页。

而且是人与单共同具有的；不是不搞培训，而是培训对致良知来说，只是外在辅助。人必须在接触单的过程中悟，而很难通过培训——脱离一线、脱离单——来悟。同理，海尔也不太强调领导身先士卒，身先士卒首先把人分出了高低贵贱，似乎领导觉悟高而群众觉悟低，非要以上带下。海尔的逻辑相反，应该是士卒身先于领导，因为春江水暖鸭先知。至于领导，按单聚散的机制决定了他本身就要使出吃奶的劲儿，才能竞争上岗，他要做的主要是整合资源，形成合力，而不是去当士卒。

可以说，海尔模式与阿米巴模式是两种完全对立的模式。概括其中的分歧，二者相反就相反在对人的高低位置与权力关系的判断上。在这点上，海尔模式与批判理论是完全一致的。"对批判理论来说，解放并不是赐予员工的一份礼物，甚至恰恰相反，它是一个遭遇和克服不必要的社会局限和心理局限的必经的痛苦过程。"① 授权被认为是一种恩赐，而人人都是 CEO 强调的是"增加自主选择的机会"。海尔不认为这是一种恩赐，因为这等于把一件痛苦的事情交给了员工，即使其摆脱对于领导的依赖（包括对领导率先垂范的依赖），而转向直接与用户这个"最终的老板"见面并听命于他们。

以全面质量管理为例，表面上理解得似乎与德鲁克一样，认为"在管理和劳动中存在着巨大的待释放的能量……这些能量使工作中的人们得以解放，并且使他们成为更加真正的自我并且更具创造性"。但正如批判理论指出的，"这些主张的根本问题是：它们将解放和创造假定为管理者施予雇员的礼物，但解放和创造却不可避免地是个人和集体努力战胜各种形式的依赖的结果"。用德鲁克思想来说，就是自我设定目标，自我加以控制。如果离开了这种自主性，授权就成了"一种新的控制方式"，即把雇员从身体的苦力中解放出来，却要为别人确定的企业价值和目标倾力奉献。这相当于让管理者确定什么才是员工"真正的自我"，以及什么算"更有创造性"②，实际是管理者为员工洗脑，让员工把管理者的意志心甘情愿地变成自己的意志，以自我价值

① 马茨·阿尔维森、休·维尔莫特：《理解管理：一种批判性的导论》，中央编译出版社，2012，第 233 页。

② 同①，第 143 页。

实现的形式去实现别人的价值。传统管理学在价值主张上的根本问题在于，强调将员工的目的统一到企业的目的上来，却没有指出企业目的的合法性来源，以及获得这种合法性的正当途径。当面对“正确的要执行，错误的要不要执行”这样的问题时，传统管理学就会陷入危机，因为它没有质疑与矫正老板（当老板犯错误时）的安排，等于变相设定了老板的权力决定了自身的正确，老板具有天然的合法性。

海尔模式相当于在批判这一点：谁能保证领导不会犯错误？如果领导是错的，员工有没有根据市场需求实际而加以纠正的机会呢？在日式管理与整个管理2.0的逻辑下，这种机会是没有的。这就是问题所在。它假定了所有领导者都像稻盛和夫那样，处在比员工高明的状态。这经常也是事实，但网络风云变幻是常态，它会越来越使这样的事实变得不可靠。海尔模式的想法是，与其让最后听到炮响的老板决定一切，还是让员工与老板共同为用户负责比较可靠一些。而当二者不一致时，员工为用户负责，比被老板洗脑、盲从要更加靠谱。反观阿米巴模式背后的逻辑，从稻盛和夫“领导者的10项职责”可以看出，中心就是“使人服从的人”高高在上，像大家长那样对待下边的人。稻盛和夫的主张是要求领导者成为圣人，然后让员工以朝圣心态，以企业的自我为自我，无条件服从，“全靠神仙皇帝”。而海尔模式相反，不靠神仙皇帝，人人都是CEO，强调的是，要创造一切财富和幸福，全靠自己。可以说，张瑞敏在强调人的主体选择上，深得德鲁克的精髓，这才是发挥人的潜能的真实意思。

有人可能会疑惑，人人都是CEO是一条什么原则，又有点像领导原则，也像组织原则。其实，它是贯穿计划、领导、组织和控制四大功能的全面的原则。

对于管理的计划功能来说，人人都是CEO是决定预算第一竞争力目标方向的原则，也是一线参与决策的原则；对于管理的领导功能来说，人人都是CEO是激励原则的重要组成部分，激励员工，为之提供成为企业家的动力；对于管理的组织功能来说，人人都是CEO是员工创客化的主要根据；对于管理的控制功能来说，人人都是CEO既决定战略损益中战略增益的方向，也是人单酬中决定员工不是按工资结算，而是按小微主分成的主要依据。

1. 人人都是企业家

张瑞敏在《中外管理》杂志上发表的《让每个人成为自己的CEO》的文章中说："我认为，每个企业CEO的成功，不在于企业为社会制造了多少产品，而是制造了多少'CEO'，是否打造了一个让每位员工实现自身价值、让企业实现永续经营的平台!"

海尔人区分卓越与引领的区别，"'卓越'更侧重于企业家个人的优秀，而'引领'却是带领每一位创客都能成为卓越的创业家"①。

我们把这概括为企业创造企业家的原则。这里的企业家特指员工、创客、小微主。

海尔模式把企业的使命归结为创造创客、创造企业家。企业不仅可以创造价值，而且可以创造企业家。意思是，不仅可以把企业家变为创造、创新之人，而且可以把普通的员工变成具有企业家本质的人。管理学不仅像小乘那样，能渡少数精英，而且可以像大乘那样，普度众生。这是有史以来，管理学对人性最深入的洞察与发挥。

笔者曾请教张瑞敏这一思想的由来，张瑞敏说："这与企业目标有关系。原来的目标是成为白色家电的最大企业，现在是要提供整体解决方案，为此要与用户交互，建立生态系统。找一个仅仅是执行的人肯定不行，要由人自己主动创造，成为创造者。生态在变化，怎么创造？靠多边市场。解决为什么要创造的问题，需要每个人变成企业家。科层制没法成就企业家，因为员工只是大机器上的齿轮和螺丝，要一步步让员工创立小企业。把大企业变小。原来做白色家电，大也只是人员增加而已。现在洗衣机变成衣联网，要提供全程服务，把服装等也吸引进来了。企业裂变，使员工变成一个个的企业家，自己想办法生存，就像当年工农武装割据一样。老一辈人跟我讲，当年工农武装割据发展得最快。周围都是敌人，必须自己做决定。"笔者提到一位将军在其回忆录里说，四野的队伍被分割成班了，仍然还有战略行动力，就好像人人都是CEO一样。张瑞敏说："四野实行的是一点两面三三制，把敌人冲乱了。其实对我们启发最大的是三三制，

① 《海尔人报》编辑部:《只有引领才能生存》,《海尔人报》2018年1月17日。

一个班分成三个战斗小组，互为犄角。我们做小微，就是把班再往下分。一下使人活起来，不是班长也可以是头。”在这一点上，海尔与阿米巴明显不同。阿米巴分权到自主管理班组，没解决班组以下的自主管理问题，领导是裁判。海尔细分到了小微，一个班可以分成三个小微，用户是裁判。创造企业家这一原则，体现在海尔管理的始终。

在管理的领导环节，或者说动力环节，管理3.0认为，企业的使命是创造企业家，即把员工变为特定意义上的创造价值的人。这决定了管理3.0对个体行为基础的理解不同于管理1.0、管理2.0。张瑞敏在接受《中外管理》杂志采访时说：“如果让每个人直接面对市场，也就是每一个人都像老板一样，都像经营者，自己来经营自己，来发挥最大的创造力。我们称这个为SBU（Strategical Business Unit，战略事业单位），即经营自己、经营市场。”此后，SBU又发展成创客、小微主。

海尔模式领导理论研究人的行为的出发点，不是利用员工，而是创造企业家，特指把员工创造为具有企业家（CEO）能力的创客（小微主），要把员工的企业家潜力发挥出来。管理3.0的重点不是由领导来领导员工，而是由用户来“领导”员工，而由企业领导为这种“领导”关系提供服务，这个过程是用户领导员工与企业领导的人单关系合一过程。

在管理的组织环节，海尔平台的第一种战略功能是服务于“企业的使命是创造企业家”这一目标。这一目标也可以表述为企业的目标是创造创客。海尔以此为主题，第三次登上哈佛案例的舞台。

海尔所有的实体平台，都有一个战略性的功能，这就是成为创新、创业平台。企业内创业过去在惠普等公司是作为主营业务的后备业务加以鼓励的。而海尔是把创新、创业本身当作主营的增值业务。这首先是由海尔的核心价值观决定的。双赢的精髓在于创新创造价值，落在人身上，自然就是创造一批创新、创造之人，与管理2.0不同，这些人是最底层的员工。这就把员工变成了真正的企业家，从而最大限度发挥了人的潜力。通用模式在发挥人的潜力上，也只是发挥经理以上阶层的人的潜力，而无法把员工身上潜在的企业家潜力调动出来。这个力度显然大得超过了德鲁克所提人人都是CEO的尺度，变成人人都是企业家了。从这个角度说，海尔让平台承担创新、创业平台功能，有其内在必然性。

在管理的计划与控制环节，海尔的预酬与人单酬制度，都体现了创客价值。这种价值在员工身上体现了企业家的价值，员工的报酬不再是雇佣制的工资，他们如果按创客和小微主的行为模式去做，可以直接获得企业家报酬。当然，这与一般人说的老板稍有区别，企业老板无论是否创造价值，都有产权保障的利润作为报酬；而创客的企业家报酬只是当期的企业家报酬，创客做的是临时企业家，当然这已是一个了不起的创新，因为管理 1.0、管理 2.0 并不能给普通人这种机会。如果创客持续通过业绩表现出创新、创造的能力与价值，他也可以连续得到企业老板一级的报酬，直至他可以直接转变身份，变为小微主，正式成为创业企业家。

海尔除了在整个管理体系设计中体现创造企业家这一使命外，还身体力行，亲自打造专门的创业平台。2014 年成立海创汇，依托海尔生态产业资源及开放的社会资源接口，孵化创客，实现创新与创业、孵化与投资结合。海创汇为创客提供包括投资（创客金融）、供应链（创客渠道）、工厂（创客工厂）、技术（创客服务）和学院（创客学院）在内的一站式孵化服务。

2. 员工创客化

员工创客化是人人都是 CEO 原则的推论，是海尔模式管理的核心原则之一。人人都是 CEO 在员工身上体现着海尔的核心价值观，表现为让平凡的人做出不平凡的事。

海尔从 SBU，一直到创客、小微，一步一步都在探索让员工取得独立性而焕发创造精神的路。这种制度的初始思路来自以变制变，来自改变生产方式从大规模生产向大规模定制转变，以实现以变制变。张瑞敏讲，“大批量生产变成了大规模定制。但是，如果没有每个员工的 SBU，也就是说如果没有以人作为经营单位的话，你没法满足这种定制的关系”。

从以变制变中推导出创客化的逻辑，见于张瑞敏在 2003 年 3 月接受《经济观察报》记者采访时说的，“信息是瞬息万变的，企业也要做瞬息万变的决策，企业要想做出瞬息万变的决策，只能以每一个人作为一个单位、一个主体”。SBU 是迈出的第一步，独立核算；小微是第二步，独立法人。

从合约角度看，以“员工创客化”为定位的小微机制是一种合伙制。海尔将小微称为“动态合伙人”。在海尔组织架构中，平台主（平台企业主体）、小微主（增值应用企业主体）和创客（员工）之间，不是领导与被领导关系，而是合伙人关系。其中，把员工改变为创客，就是把他们从被领导者、受雇者，变为合伙人。

张瑞敏指出，员工要从被雇用者转变成动态合伙人，薪酬分配是其中的关键。他说：“企业不再给员工薪酬，员工一定要从创造的用户价值当中得到报酬，得不到他们就离开。”

海尔为此建立了创客薪酬平台，创客的薪酬由用户说了算。张瑞敏解释创客薪酬的付法，一种叫“超利分享”，超过的利润可以分享；另一种就是加入一定的股份，按照股份来分配。

传统管理学，包括管理1.0、管理2.0，在企业内部关系上，都在支配权名下，以雇佣制为前提分配劳资关系。在这一制度下，员工不具备成为CEO的产权基础，因为他们不可能得到资本的回报。员工持股、持有期权，都是在支配权上把资本当作激励员工的手段。所谓现代企业制度，也只是在雇佣制前提下讨论企业拥有者与经理人之间的关系。但是，管理3.0的产权，本质上是一种合伙制。与雇佣制的最大区别在于，劳资都可以获得资本收入，员工可以在产权制度保护下合理分红。其产权根据在于，员工是以创造经济利润的行为，体现出人力资本，而非仅仅是劳动力的价值，这为双赢奠定了产权保障。

6.2　领导的范式转变：从官僚到创造者

企业管理的领导职能，主要体现在领导、激励、沟通、战略管理几个方面。

对于复杂性管理（量子管理），领导职能发生了根本性变化。“人人都是自己的CEO”，意味着“量子领导者”的出现，每个草根都可以成为领导者。企业领导职能，从金字塔顶端的职能，变成倒金字塔底端的职能，极大地释放了人的潜能。

6.2.1 服务型领导新范式

仆人式领导是张瑞敏对企业领导的定位。这个概念最初是由德鲁克提出的，左哈尔把它与量子管理（复杂性范式管理）联系在一起，提出“量子领导时代：告别高高在上，以仆人心态来做领导”，她把服务型领导作为量子管理的核心话题。①

在传统管理中，也有领导是公仆，领导是服务的说法，但做着做着，领导就做成了高高在上的官僚，原因在于领导的管理化，而矫治官僚主义需要的是管理的领导化。

领导与管理是相对的概念，领导偏重方向把握，管理侧重操作把握。复杂性管理内在要求领导与管理的统一。因为在复杂性环境条件下，组织无时无刻不处于适应环境变化之中，要求管理者兼具领导者的素质，即对方向的敏感。海尔模式要求让所有管理者都成为领导者。海尔提高领导干部素质的方向，是让他们兼具管理与领导两种能力。通过管理的领导化形成领导力。企业以领导力而非领导为核心，是克服官僚主义的方针。

管理 3.0 旨在培养和提升敏捷领导力。这种领导力体现在企业核心价值观和文化之中。人单合一，执一不失，体现了通过强化企业核心价值观，以企业发展总方向引领企业自组织资源配置行为的特点。

6.2.1.1 领导力的复杂性范式特征

我们要识别出作为复杂性范式的领导力与传统领导职能的区别。

第一，面向创造性，实现多元的可能性。

传统管理塑造的是作为官僚的领导者，官僚化的领导者最大的缺点就是，没有创造性，却高高在上；而量子管理塑造的是作为创造者的领导者，复杂性范式的内涵表现在创造性上，这样的管理最大的不同，在于打造以服务为使命进行创新与创造的领导。

对领导来说，提供接口服务是具体工作，背后的服务的最高含义，用左

① 丹娜·左哈尔：《量子领导者：商业思维和实践的革命》，机械工业出版社，2016，第 240 页。

哈尔的话来说在于："如果能认识到我们的参与共同创造了存在本身，我们就可以更好地发挥自身的创造角色。我们都服务于这片真空，都服务于存在核心中多元的可能性。"①

第二，从依靠权力转向面向意义认同。

一般管理中的领导，以权力资本为领导的基础，海尔的管理则以意义认同为领导基础。张瑞敏反对领导依赖权力独断专行，他说："我们其实不是一个人，也不是仅仅一个领导班子，而是全体员工对一种理念达成了认同。"②

我们需要先识别出这种领导的量子特征（复杂性特征），以辨明与传统领导中沟通职能的区别。不同在于，二者在价值表中对价值的定位不同：量子领导力的核心是意义，而传统领导的基础是价值，意义就是上句话中"认同"的对象。认同理论就是意义理论，认同的对象不是有钱没有钱，而是快乐不快乐。"有钱不快乐"，就是有价值但没有意义。量子管理所指意义是自我实现。量子领导力建立在全体员工对自我实现的认同上。

传统领导的价值基础则是权力。工具理性价值外化在领导上，表现为权力，即由规则赋予的支配力。权力是全体员工无论是否认同，都需要服从的东西。沟通职能不是在意义层面沟通，而是在达成领导确定的企业目标上沟通，为的是将共识统一到权力者的目标上。

领导以权力为基础，符合专业化分工要求，但存在一个问题，目标与目的可能一致，也可能不一致，即企业目标与人生意义可能相符，也可能不符。管理中的领导职能只能聚焦企业目标，无法聚焦人生意义。而对管理 3.0 来说，人生意义是个人行动的目的，一旦行动者的目的与企业的目标一致，领导就会变为自我领导，企业领导就可以无为而治。

6.2.1.2 以认同为基础建立领导力

权力是规则化的，因此是简单性的。意义却是语境相关（每个人的自我实现各有不同），因此是复杂性的。如何对意义认同进行管理呢？

---

① 丹娜·左哈尔：《量子领导者：商业思维和实践的革命》，机械工业出版社，2016，第 241 页。这里的"真空"指"量子真空"，比喻的是第一推动力、创造之源。

② 文正欣：《张瑞敏谈战略与管理》，海天出版社，2011，第 230 页。

第一，无为而治是复杂性管理特有的领导理念。张瑞敏认为“超级领导”是《老子》所说的“太上，不知有之”。含义是：“达到最高境界的领导人，他的部下不知道他的存在，但都会按照他的意图去干。”① 这样的意图不是指个人主观意图，“不是靠他自己下结论”②，而是体现企业核心价值观的意图，是企业存在的意义所系。

机械式管理的领导力主要来源于中间价值，只要可以代表资本等物化权力，往往不问对错，要求仅凭领导人的位高权重，让别人服从。在这一前提下，领导职能中的沟通，只是让大家在工具理性价值基础上取得一致，可以通过文化，但不一定非通过文化。比如，被管理者可以不认同，但因为互利，而与管理者走到一起。复杂性管理将领导力的来源定位于最终价值（即客户所赋予的意义），就一定要通过文化来进行沟通，达到对意义的认同。

张瑞敏强调领导魅力，是因为魅力是获得意义认同的能力：“你必须有这种魅力，你必须有这个能力，使所有人都感到你做的是对的。”③ 企业上下因为认同领导意图中体现的意义而遵从领导。而企业上下认同的意义具有一般物质刺激不具有的自我激励作用。

第二，“执一不失，能君万物。”领导力（“君”）的发挥，源自意义认同之道。只要把握住了意义这个“一”，就可以领导和驾驭万物。企业所要满足的实质性的意义，在于两个“满意”。一是用户满意，二是员工满意，以此作为认同的意义所在。海尔由此形成“用户主导企业，员工主导企业”这种与传统管理相反的自下而上产生领导力的复杂系统的领导关系，有效克服机械式管理以中间价值为中心“算数”代替以最终价值为中心“算账”导致意义迷失，或为了中间利益而丧失根本利益的弊端。

第三，领导者把握意义要靠“悟”，要用心把握意义，培养对意义的洞察能力。

张瑞敏认为，企业家“首先要具备哲学家的素质”④。智力比知识重要，

---

① 李野新：《向张瑞敏学什么》，浙江人民出版社，2010，第136、137页。

② 同①，第137页。

③ 同①，第137页。

④ 文正欣：《张瑞敏谈战略与管理》，海天出版社，2011，第228页。

素质比智力重要，觉悟比素质更重要①，强调悟的重要性。这是由事物的复杂性决定的。复杂性事物不仅有逻辑和本质的存在，而且有更高层面的感性的、实践的存在。知识、智力只能在理性价值层面把握事物，长于透过现象看本质；悟则是在意义层面把握事物，长于透过本质看本然，因为意义处于理性之上的感性直观层面，例如用户满意处于体验层面，它需要诉诸直觉把握并且通过行为把握。“说到底，就是实事求是。”② 实事求是就是中国古代的一种复杂性思维，强调回到感性的事物（实事）本身来把握规律（求是），或者说，不脱离具体来把握抽象。

悟和洞察都是超越概念层面的本质直观。领导者要想从本原上获得领导力，必须培养敏锐的洞察力。在互联网时代，领导者的洞察获得了大数据的支持。大数据提供的主要就是洞察力，通过数据分析，激发人们超越知识层面上的智慧，达到知人或有自知之明的境界。

这样一种领导思维，与西方科学管理主要通过抽象理性和抽象数字把握本质的方式有很大区别。其对领导力的最大提升在于，在管理的领导要素中赋予具体问题具体分析的灵敏因素。从某种意义上说，复杂性就复杂在感性所拥有的杂多上，而不是复杂在抽象逻辑上。张瑞敏强调领导要“御驾亲征”，并非要事必躬亲，而是强调领导把握全局时、不能离开局部；把握本质时，不能离开现象；把握抽象时，不能离开具体。这仍是强调实事求是。

第四，海尔强调发挥领导力牵引作用的意义是一套体系，反映在企业文化和机制中。

管理与修禅虽然都需要聚焦意义，但管理不是神秘的东西，而是在日常行为中可以亲近、在组织中人人可以把握的东西。在管理中，海尔将企业文化提高到领导力的高度，就是看中文化是企业核心价值的感性载体。海尔并购企业不是先去企业财务中心，而是先去企业文化中心，是因为海尔把感性的意义（企业核心价值）置于理性的价值（财务数据）之上。

---

① 文正欣：《张瑞敏谈战略与管理》，海天出版社，2011，第 277 页。

② 同①，第 228 页。

在复杂性管理中，企业文化承担着将企业核心价值自上而下、自下而上贯注整个企业的职能，使企业人人都具备领导者素质。海尔文化有力支持了人人都是自己的CEO的全员领导理念，为企业注入了基业长青因子。

复杂性管理中的沟通，不再限于是领导者的职能，网络组织中的任何成员，包括客户、同事、业务伙伴等，都需要进行信息沟通，包括建立客户与客户之间的沟通平台。领导需要尽可能地使信息公开透明，与团队充分分享信息。

6.2.2 自我激励的复杂性特质

张瑞敏注意到，“美国企业文化是契约文化，核心是委托代理激励契约，所有者是委托方，管理者是代理方，委托人以期权激励契约鼓励代理人为其创造利润，这种期权激励容易带来短期化的弊端。而海尔的契约是全员的，每个员工都和用户签订契约，这样就会变成整体内在的驱动力，所有人都会自驱动，整个系统也会围绕用户运转”。

我们需要识别出这种激励的量子特征（复杂性特征），以同传统的激励在理论上区别开。

张瑞敏曾指出，正如Jurgen Appelo所言，“在复杂系统中，创造力是知识和创新的重要纽带，真正起作用的是内在激励，而不是外在激励”①。

量子管理十分强调回到管理的源头进行管理，工具性的价值不是源头，目的性的意义才是，它来自自我的心灵层面（即量子层面）。“公司就如同个体一般，必须随时准备触及自己的心灵核心。”② 为此，左哈尔与提出管理3.0的尤尔亨一样，十分强调动机管理，认为“愿景通过形成人类动机来成就现实”③，将激励的重心放在“由高层次动机所激发的企业文化可能带来的积极影响”④ 上。企业转型在激励这一环上，要做的是“指导人们如何从低

---

① Jurgen Appelo：《管理3.0：培养和提升敏捷领导力》，清华大学出版社，2012，序。

② 丹娜·左哈尔：《量子领导者：商业思维和实践的革命》，机械工业出版社，2016，第28页。

③ 同②，第204页。

④ 同②，第167页。

层次动机向高层次动机转换”①。人的行为动机是具有复杂性的，它的作用相当于驱动行为的“吸引子”（“动机的角色就如一个‘吸引子’”②）。Jurgen Appelo 认为，“管理者的成败取决于激活或激励复杂系统中的人员”③。

而传统激励理论共同特点是将这种复杂性简单化，表现在实践中，采取的吸引人们行为的激励措施（吸引子）对应的都是人们（包括人单两方面）低层次动机与中等层次动机，这就使人的高级价值潜力难以发挥。用食物吸引人，吸引的只能是低层次的“吃货”，而使人原有的向上的高级潜力被抑制。

海尔的自我激励把员工管理成“能量球”。张瑞敏称小微为“能量球”。这是指由高级动机驱动能量，进而改变物质功能世界。左哈尔解释，“‘能量球’系统的特点就是根据各自不同的环境显示出不同的潜能”④。由此可以看出复杂性管理与简单性管理的一个实质不同。复杂性的动机及其激励，一定具有情境相关特征，可以将自我实现的动机充分场景化，这是传统管理所不及的。传统管理的方法更像撒米唤鸡，想用一种激励源面向不同的主体，应对不同的场景，它不可能针对场景设计出不同激励效果，因此是粗放而非精细的。

这种不同实际是意义驱动与价值驱动的不同。意义是可以面向复杂情境，可以释放个性化的潜能；而价值面向的只是单一情境，无法释放个性化潜能。当管理的复杂性日益增长时，管理规范工具、手段不如规范目的、动机。

如果说意义代表复杂性的一端，能量（比喻价值）代表中端，功能（质量）代表简单性的低端。与量子力学同理，无质量的黑洞具有巨大的动能，可以吸附质量。人们一旦把自我实现作为黑洞（左哈尔称为量子真空⑤），驱动物质变化的管理的无尽潜能（动能）就会被自动地释放出来。

海尔通过全员契约实现了自主经营体自激励，以“我的用户我创造，我的

① 丹娜·左哈尔：《量子领导者：商业思维和实践的革命》，机械工业出版社，2016，第 168 页。

② 同①，第 171 页。

③ Jurgen Appelo：《管理 3.0：培养和提升敏捷领导力》，清华大学出版社，2012，第 57 页。

④ 同①，第 154 页。

⑤ 量子真空中“真空”这个说法只是相对质量而言，相对自由意志来说，它不是真空。人的创造性就是物质“真空”中的精神内容。

增值我分享”，在自主劳动的更高层次上，提供自我实现的鼓励动力，使原本只有在领导者身上体现的企业家精神，变为每个员工身上都具备的创新精神。

自主经营体不是听领导的，而是听用户的，拥有决策权、用人权和分配权。这样的组织是并联的关系，而以前我们讲传统的层级结构是串联的关系。

海尔推行自主经营体，要求人人都做自己的 CEO，需要探索新的领导机制。这种机制具有复杂系统的全息特征。

张瑞敏用报时和造钟，比喻自上而下驱动与全员自驱动两种不同的领导机制：“出于领导人的挑战，你不能做报时人，应该做造钟师。都靠你来做决策，你再英明也会有失误的时候，而做造钟师，能够把每个人都打造成为体现自身价值而不断创造新价值的主体。”①

复杂系统具有全息结构，每个局部都包含整体的信息。对复杂性管理来说，造钟师比喻企业中每个人内在具有领导决策（报时）的机制，自我驱动适应市场，创造价值。

海尔在实现领导全员化中，实现了复杂性管理所要求的权力分散化。早在 1993 年，海尔就提出“权力分散化”，在原直线职能制（工厂制）基础上推进事业部制，初步实现了分权化、扁平化的趋势。在权力分散化实践中，海尔摸索出授权与监督相结合的管理经验。

在互联网时代，网络组织的活性节点是多元化的，同时又是相互联系、对等联系，因此相互制约的。根据复杂系统原理，组织与环境应保持在有序和无序之间的动态平衡，以把握好适应与创新的关系。

6.2.3 通过服务于愿景来整合资源

左哈尔在谈“服务之道”时指出，领导即服务所指的服务对象，不只是公司或同事，也不只是市场或产品，而是服务于“独角兽背后的那种憧憬”②，这是指把不可能性变为可能。在解析海尔模式时，我们在谈到创造与

① 文正欣：《张瑞敏谈战略与管理》，海天出版社，2011，第 229 页。

② 丹娜·左哈尔：《量子领导者：商业思维和实践的革命》，机械工业出版社，2016，第 241 页。

创新时，大量谈到员工（从创客到小微主）创造价值，为用户创造价值，其实，企业领导也存在创造价值的问题。创造价值有所特指，不是指同质化竞争打价格战创造的会计利润，那只是熊彼特讽刺的经济循环流转，并没有创造出新的东西来。创造价值是指创新，是指“创造各种新事物”：“如果我想要世界变得不一样，我就得自己去改变它。如果我认为这种产品或服务不可或缺，我就得自己来创造它。”①

整合资源是服务的具体内容，企业领导制订战略、把握企业文化、做资源接口人，都是做资源整合工作。这种工作一方面具有聚焦愿景的方向性，另一方面具有复杂性系统的功能性。就后一个方面说，与传统管理领导职能的一个重要区别在于，要将自上而下管理的串行思维，转变为自下而上管理的并行思维（左哈尔称之为“联想思维”）。愿景在上，而服务在下。领导承担的服务的复杂性在于，要通过将资源并联式地接入流程，随机、联想式地从四面八方调动企业内外的资源，服务于总的愿景。

可以说，并联是复杂性系统的独有特征，它与已分类的职能与职能部门的运作方式不同，同自上而下的事业部制也不同，是系统多元化的操作方式，其原理与 App 十分类似。App 就像森林中杂乱无章的野草，共同依托森林这一生态平台，通过这些无序排列的“野草”，将空气、阳光、水等资源，有效转化为机体的养分。

---

① 丹娜·左哈尔：《量子领导者：商业思维和实践的革命》，机械工业出版社，2016，第 243 页。

第七章　组织功能

7.1　引入关系论的功能视角

张瑞敏指出，“被称为管理之父的德鲁克，曾说企业25年内一定会消亡。企业一定会消亡，但是组织不会消亡，所有企业最后的形态就是一个网络化的组织。把企业比作一台电脑，如果不联网，这台电脑一事无成，如果连到互联网，就无所不能。企业不入网，就得不到各种资源”①。这里已将企业与组织明显分开。海尔管理学说的组织，是网络组织，企业只是其中的一个部分。

自下而上组织何以可能这个命题，对应的经济学命题是“网络何以可能”。“‘网络何以可能’意味着‘企业何以不可能’。在现实中，海尔公司不是用分层金字塔的结构来组织，而是把一个企业拆成2400个碎片来降低交易费用。从这一实际中提炼出的问题是，网络为什么可以替代企业成为新的常态，企业的边界为什么会被拆掉。这是网络经济学在面对经济结构变化时，从头到尾贯穿的核心问题。”②

从大的功能结构框架来说，本章讨论的组织功能，是整体功能体系中的形式因板块，解释组织作为整体功能中的形式功能的作用。

功能体系是个全息结构，在每一功能内部，还有一个小的“计划、组织、领导、控制”四因闭环。

---

① 《江苏商报》:《海尔张瑞敏南京开讲——让员工成为创业者，“群龙无首”才是公司极致!》，《江苏商报》2016年12月9日。

② 姜奇平:《用网络方法解释网络经济学》，《财经问题研究》2018年第5期，第11、12页。

组织功能（大形式因功能）中的小质料因机制（组织的“计划”模块）是双层经营组织结构及其接口机制，为组织提供负熵与熵的平衡。海尔模式此一机制的机理是双营经营基础上的自我变革、自我创新组织体系。这一部分对应一般管理学中的组织变革与创新管理①。

在组织功能中，大形式因功能中的小形式因机制（组织的窄义“组织”模块）是倒金字塔结构，对应组织结构设计。在罗宾斯《管理学（第13版）》中列有对应的“基本的组织结构设计”与“适应性组织结构设计”两章。

组织功能（大形式因功能）中的小动力因机制（组织的“领导”模块）是自主经营体和小微组织机制中的激励与支持原理，解决并联群体的自组织动力问题，在罗宾斯《管理学（第13版）》中，列有“塑造和管理团队”一章，讨论群体行为动力学，包括一部分组织文化问题，如共创共赢。

组织功能（大形式因功能）中的小目的因机制（组织的“控制”模块）是人力资源管理，要解决组织管理中，目的与目标不一致的问题，作用在于要把创客这一目的因从员工身上唤醒，并纠正雇佣制偏离这一方向的组织行为。在罗宾斯《管理学（第13版）》中，对应部分列有“人力资源管理”一章和附加模块“管理你的职业”。

传统管理学因为主要关注整合内部资源，因此不具有自我驱动的变革和创新的内在机制，变革与创新都是运动式地从外部引入的。这一节将显示管理3.0自组织机制与管理2.0自组织机制完全相反的特点，如表7－1、图7－1所示。

表7－1　　组织功能比较

		管理1.0	管理2.0	管理3.0
范式	单的前提假设	用户简单性	用户复杂性	用户复杂性
	人的前提假设	企业简单性（无员工潜力发挥）	企业简单性（无员工潜力发挥）	企业复杂性（员工潜力发挥）

① 一般管理学将变革管理放在组织这一章中，作为组织变革管理研究，而罗宾斯《管理学（第13版）》将其从四大职能中抽出，放在基础知识中，作为第七章“管理变革和创新”。

续　表

		管理 1.0	管理 2.0	管理 3.0
范式	管理框架	职能	流程（内部关系）	功能（职能 + 内外并联关系）
效率		专业化效率	需求的多样化效率 供给的专业化效率	多样化效率
价值区间		$P=MC$（报酬不变、递减）	$P=AC$（规模经济）	$P=AC$（范围经济）
边界管理（小质料因）		组织以拥有权为边界	组织以拥有权为边界	企业无边界（以使用权为边界）：借用资源
组织结构设计（小形式因）		金字塔结构	金字塔结构	倒金字塔结构
变革管理（小动力因）		以领导为中心不授权	领导有动力，员工以领导为中心，自上而下授权	自主经营体组织自驱动
人力资源（小目的因）		以手段为目的	精英目的论（精英是目的，员工是手段）	人人都是目的而非手段

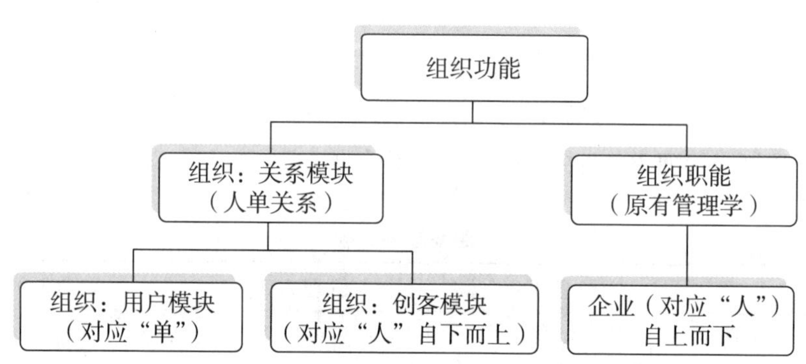

图 7－1　组织功能与职能的框架比较

7.2　组织的范式转变：从科层制到自组织

一般企业管理的组织职能，主要包括组织设计、组织结构、组织行为、组织变革和人力资源（培训、绩效评价、报酬）等方面。

识别组织的复杂性特征是相对容易的，所有的复杂性组织都具有自组织、扁平网络的特征。反之，所有以职能为核心划分部门界限并且权力自上而下的科层组织都是简单性的组织，例如作为世界 500 强的中央企业，就是非常复杂的简单性组织。官僚主义只有在简单性组织中才会出现。官僚主义的含义就是“复杂，但不能调整并适应”①。当组织的简单性（如科层特征）无法应对环境变化的复杂性时，官僚主义就会像上班一般准时地报到；一切活体组织都是网络组织，因而也都是复杂性组织，都不会出现官僚主义这种现象。

尤尔亨从复杂性范式角度，将管理 3.0 的取向从组织角度概括为“所有的组织都是网状系统”，认为“必须将层次体系这个假说替换成网状系统，因为 21 世纪是一个复杂的世纪”②。海尔模式作为一个反官僚主义的模式，从组织角度说，核心特征就是变企业组织为网络组织，变层次体系为网状系统。

关于组织的复杂性范式，左哈尔总结认为，“在新的科学范式中，涌现性与自组织是关键”，认为新范式主要是“语境论和自组织”。在这里，她非常强调复杂性系统的语境特征，即系统不能脱离环境而存在：“无论整体还是部分都与环境有关。一个量子位是环境或者关系中的一个存在，在另一个环境或关系中完全是另一回事。”“在领先的量子组织中，领导者在一个更大的蓬勃发展的环境中设定自身的使命。”③ 系统与环境的关系，对于海尔模式来说，就是人与单的关系，在物联网生态时代，这种关系已不限于企业组织内部，而拓展到整个利益相关者生态之中。

传统组织以简单性范式为核心，组织围绕简化——即将复杂性转化为简单性——展开。例如传统组织之所以要实行中央控制，是因为中央控制比分散控制更为简化。再如部门分工和职能化，都是为了把复杂事物分解化简，以便低成本操作。复杂性组织的思路却是相反的，如果组织的复杂化并不提高管理成本（如在生命体中显示的那样），去中心组织就可以是经济的，可以

① Jurgen Appelo：《管理 3.0：培养和提升敏捷领导力》，清华大学出版社，2012，第 44 页。

② 同①，前言。

③ 同①，第 66、67 页。

在同等成本条件下更有效地发挥活性节点在创造价值中的作用。因此，复杂性组织要寻求的是让组织复杂化而成本不递增反而递减的方式。

信息化的作用主要是降低复杂化的成本，使组织产生生物有机体那种复杂性成本递减的效果。在互联网时代新技术革命推动下，组织管理发生了从简单控制组织中心，向复杂控制组织节点，从分层、分工简化组织而使之机械化，向扁平、协调活化组织而使之有机化的变化。复杂化导致成本递减，就是系统的活化过程。做活，就是使组织从僵化向活化转化的变革过程。

在信息化支持作用下，复杂性组织的自组织功能得以实现。“系统中的子系统在感知外界环境发生变化后，在竞争和协同等机制的作用下迅速地自我调整，使新的管理模式达到能够适应环境的新的有序状态。”①

7.2.1 范式转变中的组织

在组织设计上，复杂性管理强调自组织策略，第一，在调整组织结构关系上，强调自主经营、自我发展、自我约束的理念；第二，在设计组织权力的分配上，把自上而下的权力关系，改变为员工听命于客户，老板听命于员工的新型权力关系；第三，在设定组织运作的机制时，强调权变，允许新的组织模式涌现生成。

在组织结构上，确立网络组织及其中的企业是复杂系统的理念。对复杂性组织来说，其行为主体具有自主判断和行为的能力，能和其他主体或者环境进行物质、信息和能量的交互，在相互依赖过程中相互学习，积累经验，能根据其他组织的行动调整自己的行为；能自行演化为更高层次行为主体的组成部分；能根据从内外环境获得的信息进行自主的适应性调整，以追求局部优化和不断改进；能根据反馈信息来调整自己的“反应规则”；它除了内部相互关联之外，还与外部网络中的其他企业存在横向或纵向的联系，这些相互关系交织在一起的关系远非各个企业自身能够控制的，这使得无法用网络

① 林艳：《制造企业自组织管理模式研究》，哈尔滨理工大学2006年硕士论文。

组织中的企业个体的加总来推演，只能从总体上进行把握①。

由此带来的组织结构特征具有分权授权、边界模糊、结构扁平、多层次、创造性团体、平台化、生态化等特点。海尔模式中的“三自三无”，是典型的复杂性组织结构的体现。

在组织行为上，复杂性管理变机械控制行为模式为自组织行动模式。学习成为复杂性组织的基本行为模式。复杂性组织以生命有机体为“原型”对环境进行智能反应，从本质上不同于受外部指令控制的机械系统。创新成为主动适应和改变环境的复杂性组织行为，如表 7－2 所示。

表 7－2　　传统组织与作为复杂适应系统的组织特征对比

主要特征	传统组织	作为复杂适应系统的组织
环境要求	稳定，确定，长期未来是可预测的	不稳定，非确定，长期未来是难以预测的
影响因素	组织运作的结果由极少数因素决定	组织运作的结果由无数因素决定
整体发展	依赖各个部分的总和	依赖于各个部分以及与环境之间的关系
未来方向	有计划设计的结果	部分及环境互动涌现的结果
行为状态	部分和整体的行为状态都是可控制、可预测的	部分和整体的行为状态都是不可控制、不可预测的
相互关系	层级关系，前因后果关系	相互作用关系，相互依赖关系
权力分配	集权，实行统一指挥	分权，实行授权自治
单位性质	同类单位力求一致性，同质性假定	每个单位都是独一无二的，异质性假定
评价指标	有效性，可靠性，对内部负责	对环境的适应性，为外部服务
决策依据	根据事实和相关数据做出决策	根据系统的状态与行为模式做出决策
CEO 角色	是由专家和权威担任的企业领导	是能够推动组织变革与发展的人

资料来源：刘洪《组织复杂性管理：适应复杂性，创立竞争新优势》（2011），第 62 页。

① 刘洪：《组织复杂性管理：适应复杂性，创立竞争新优势》，商务印书馆，2011，第 130、131 页。

7.2.2 组织范式转变要点

第一是对市场组织方式的创新。

传统企业组织被视为以科层制形式节省市场交易费用的创新，而海尔的组织以市场本身的扁平化方式，实现了只有科层制才能节省的交易费用。

蒋黔贵曾总结认为海尔的实验是适应新商业模式的组织模式创新。①

组织变革要求采取新的组织形式把职工创新积极性最大限度地调动起来，去了解和发掘个性化的需求，使其相对规模化，实现灵活、有效率地生产。

海尔在组织结构上的重要创新点是改变传统的事业部为主要载体的企业组织结构，将其解构和裂变为2000多个密切围绕市场的“自主经营体”，发育出网络组织，实现组织从做大做强向做活转变。

自主经营体的实质是将市场和竞争的概念引入内部管理，而将自主经营体纳入生态体系，就形成了以平台为基础的网络组织。

企业划小了，员工活跃了。为了活而不乱，海尔将经营体分为两类。活跃在市场前线的两千多个直接按“单”定制、生产、营销的是一级经营体。中间是平台经营体，为一级经营体提供资源和专业服务。进行整合的是战略经营体，即原来的高层管理者，主要负责创造机会和创新机制。海尔要求各级各类经营体必须面对同一目标，实现纵横连线。其中，“倒逼机制”是二级经营体之间能够有效连线的关键。自主经营体已经不存在传统的向领导汇报的概念。对于一级经营体，通过一个公开的信息平台提出自己的需求，一、二级经营体均会根据平台机制给予解决，如果解决不了，则是平台和机制出了问题，需要一级甚至是二级经营体来关闭差距。“关差”的过程就是一级经营体，甚至是二级经营体的“单’。通过这样的“倒逼”和纵横连线，将海尔传统的金字塔式组织结构转变为以自主经营体为基本单元的倒三角网络型组织，使企业的所有环节和员工都面向用户，为创造和满足用户需求而创造性地工作②。

---

① 蒋黔贵：《海尔在互联网时代的管理创新》，《企业管理》2012年第6期。

② 同①。

分析其理论实质，在于这种企业内部的“市场”化，用低交易费用的短期临时契约，替代了高交易费用的长期契约（即企业科层制本身）。从某种意义上说，关差就是要形成供求之间低摩擦的信息对称。关差能节省交易费用，在于可以低成本使供求信息对称。

第二是对网络组织方式的创新。

进一步看，海尔模式的组织创新又有突破企业甚至市场组织形式的意义。它的扁平化不是回到市场，而是进入一种新的组织形式之中，形成的是网络组织。从这个意义上说，海尔进行的不仅是企业转型（从一种企业转到另一种企业），而且是转型企业（把企业从企业这种形式转型为不是企业，而称为网络的组织）。

随着海尔模式的进一步成熟，三级经营体出现了一种企业外的特征，这就是将不同产权主体——如小微主、外部企业——整合进来，形成网络组织或称生态组织。网络组织不同于企业组织的一个最鲜明的特点在于，它不是以产权中的拥有权为共同体单位（同一组织则有同一老板），而是以产权中的使用权为共同体单位（同一组织可以有不同老板，但以使用权为边界）。这就创新出并列为市场与企业的第三种组织形式，即网络组织。张瑞敏强调企业可以消亡，而组织不会消亡，针对的就是这一点。

从理论上分析，这时的临时契约就有了特指，特指使用权分成合约。而与临时相对的长期，则特指支配权合约。通俗地说，就是把买（自力）的契约，转向了租（“借”力）的契约。从历史上看，租的契约的“临时”性，不等于短期性。在中国和英国，都形成过长期化的租约制，典型如土地产权制度。

从海尔实践看，这里的使用权“临时”合约解决的实际相互借力的问题，主要是由集团组织构成平台企业，承担整个网络组织（生态）的固定资产投资，“借”给内部和外部增值服务企业（如小微主、外部中小企业）用；而内部或外部中小企业的作用，是通过轻资产运作，化解市场风险，赢得低成本差异化效果。双方在增值基础上分成，形成生态利益共同体。这时，双赢或多赢就成为一种组织内在利益诉求。

第八章　控制功能

8.1　引入关系论的功能视角

控制理论在管理学中发展得还不完善，这从各个版本管理学教材中有关控制一章的题目很少重样就可以看出。不同版本的《管理学》兴趣所在不同。我们按控制的对象（控制什么）来分类，可以分为三类。第一类，控制使用价值，这是对物流（广义“生产”）的控制，如库存控制、质量控制等生产控制，占据着一类教材标题的显著位置，管理2.0中存在大量这类控制经验，但服务控制还不成熟；第二类，控制价值，这是对资金流的控制，如会计控制，罗宾斯《管理学（第13版)》中的术语表中竟然没有会计一词，可见基本忽略了，他说的价值链控制，基本是指人的行为控制，不涉及资金；第三类，控制信息，这是对信息流的控制，一般管理学都会涉及。

如表8－1、图8－1所示，管理1.0、管理2.0的控制，是一种“理性”的控制，对工作绩效倾向于从总的价值上进行控制，但不能对这一理性的总价值，在当下、此在折算出的现金流进行基于战略的评估。管理3.0的控制，本质上是自我控制，要求一种从总的价值到价值细节的全息控制，实现从战略到行为的全贯通。海尔称为全面预算管理，又叫日清体系。

表8－1　控制功能的比较

		管理1.0	管理2.0	管理3.0
范式	单的前提假设	用户简单性	用户复杂性	用户复杂性
	人的前提假设	企业简单性（无员工潜力发挥）	企业简单性（无员工潜力发挥）	企业复杂性（员工潜力发挥）

续　表

		管理 1.0	管理 2.0	管理 3.0
范式	管理框架	职能	流程（内部关系）	功能（职能 + 内外并联关系）
效率		专业化效率	需求的多样化效率 供给的专业化效率	多样化效率
价值区间		$P = MC$（报酬不变、递减）	$P = AC$（规模经济）	$P = AC$（范围经济）
会计		核算会计体系	管理会计体系	战略会计体系
目标控制（前项）		车间目标	企业目标（“人”的目标）	战略目标（人单目标）：战略损益表
运营控制（过程）		自上而下控制	自上而下控制	全员全息控制：日清表
成果控制（后项）		无（计件工资）	无（岗位薪酬）	分形控制：人单酬表

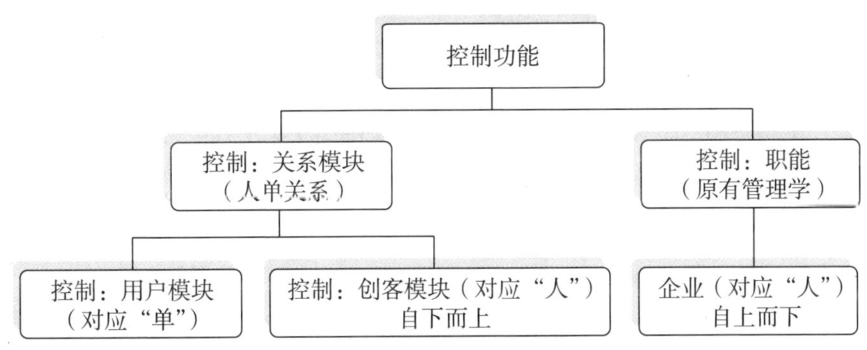

图 8－1　控制功能与控制职能的框架比较

谁在控制？从关系论角度看，不是领导或控制部门在控制，而是目的本身在控制，也就是用户需求在控制。用户需求在控制中的核心作用在于，由它来决定哪些目标属于目的，因而是客观的；哪些目标不属于真正的目的，只是企业主观愿望。控制不是为控制而控制，而是保障非目的的行为不致干扰目的的实现。是人单关系中体现的人的目的性本身在控制，而这个目的本身对管理 3.0 来说，体现在创造价值中。这决定了控制过程是打破既定秩序创造新的秩序的行为，是有序创新的行为。

在管理学批判理论看来，控制是一种反控制——释放或解放，是人的潜力的释放。控制不是用工具理性抑制人的目的，而是用人的目的（“人是目的”）解放工具理性。

在施加管理控制之前，人实际是受限制或者说受控制的。受什么控制？在心物二元状态中，人受到物（工具理性）的控制。人因受到物的控制，使人之为人的潜力得不到释放。这包括两个方面，一是用户价值，管理 1.0 把用户管理成了顾客，管理 2.0 把终身用户管理成了用户，致使体验及其对应的高级价值消失了；二是员工价值，员工本来是劳动者，但管理 1.0、管理 2.0 把员工变成了劳动力，使员工身上为 CEO、为圣贤的潜力消失了。

控制应是对这种物化控制严加控制，使它不得干预人的（创造）行为。办法就是把控制置于人单关系中，通过合一这种心物一元化的努力，使人的潜在的价值与能力得到发挥。从这个意义上，才能理解海尔的日清体系为什么本质上是清人。如果只是将现代信息技术用于集中控制，实际起作用的还是工具理性，而没有实现心与物二元的合一（进而无法实现人与单关系在增值水平的合一），还是物化的管理。

8.2 控制的范式转变：从中心控制到全员控制

企业管理的控制职能，包括控制、管理信息和财务。控制的一般作用在于使预实差最小化。

对量子管理而言，控制要面向可能性，使人的创造性更大程度发挥，从提高多样化效率中，通过创新、创造，将多样化的可能性变为现实，以获得高附加值。

复杂性管理的控制策略，特殊的地方在鼓励自组织、自控制，强化正反馈，刺激多元文化，将经营推向挑战的情景，创造资源的软约束等。

8.2.1 范式转变中的控制

第一，需要识别出管理 3.0 中控制的量子特征（复杂性特征），以区别于传统管理。

传统管理力求“控制环境、利用市场”，操纵顾客与员工，具有简单机械系统的特征。控制通过使一切变得确定化，达成理性的目标。工具理性还要求将专业化效率最大化这一单一现实作为控制要达成的目标，哪怕它是零经济利润的。从要达到的效果看，简单性系统的控制追求有序，害怕混乱，对意料之外的变化持排斥态度。左哈尔与尤尔亨都从控制角度批判了传统管理，存在“过度控制的局限性”，在这种组织中，“连接越严格，元素与整个系统越‘疏远’”①。

量子管理中的控制，将目标定位于打破秩序，创造新的秩序（“在稳定和不稳定之间达到平衡”“对变化持开放态度”②），本质在于让现实遵从于可能性，其复杂性特征表现在，目标本身就是要发挥最大可能性，发挥人的潜力。如果混乱、失序是创造、创新的结果，在其中体现出高附加值的生态多样性，就不是控制回避的效果，而是控制追求的效果。要实现这种灵活的控制，必须将传统自上而下的控制，变为自下而上的自我控制。

自我控制是第三代系统论的原则，强调人的目的会自我调节作为实现目标手段的行为。从目标控制高度看自我控制，这里的目标是指目的。对海尔模式与量子管理来说，它是有特指的，特指的是创造、创新这种人生意义，而不是指消极性和物性——那被认为是人在潜力未得释放时的主观目的，即本来具有更高层级的潜力，一时受物欲诱惑却希望普通地活着。

目标管理与自我控制不是绝对的，量子领导者有时也会说不要目标管理与自我控制，那是在特定情景下指被错误理解的目标管理与自我控制。

首先要正确理解量子管理中的目标管理与机械管理中的目标管理在目标上的不同。

管理 1.0 中的企业目的与企业目标往往是对立的，管理 2.0 中的组织目的与企业目标往往也是错位的。而管理 3.0 说的目标控制，有宽窄两义。窄义的目标控制是指控制功能，重在对结果与目标进行一致性的校正；而广义

① 丹娜·左哈尔：《量子领导者：商业思维和实践的革命》，机械工业出版社，2016，第 63 页。

② 同①，第 147 页。

的目标控制，要求对目的与目标是否一致进行校正控制，这就贯穿包括计划、组织、领导、控制的全部环节。自我控制作为原则，主要是指后一种控制，即用组织目的来控制企业目标。对海尔模式来说，组织目的是创造价值，以体现和实现人的价值第一。这一目的，决定了目标具有动态性和不确定性。

传统管理的控制，往往把稳定作为控制达到目标后要实现的效果，追求目标实现的确定性。而左哈尔指出，“同质的系统非常稳定，但正是因为如此，它的适应性不强”。“在混沌的边缘，多样性和同一性达到的平衡是一种临界平衡”①，具有复杂性适应特征的控制要达到的目标效果，应是这种“临界平衡”。

第二，要正确理解量子管理自我控制中自我的含义。

量子自我中的自我，不是要“克己复礼”——控制自我以使企业恢复稳定，而是要“拥抱多样性”②。这意味着“把不同视为机会”。如果把自我控制当作自以为是，不能做到自我质疑，那么就不要这种自我控制③。张瑞敏反对自以为是，而主张自以为非，这就要求对不同、多样性持包容态度，以开放心态去学习与成长。

判断控制是不是具有复杂适应性，还有一个标准，就是看控制能否做到“重建框架”④。传统管理的控制，往往一旦建立起目标与结果的校正框架，就会机械执行，情况变了也不知变通。而“重建框架需要跳出某个情境、建议、策略或问题，着眼全局”，“更加乐于接受各种可能性”，具有“为世界或自身带来新事物的能力”⑤。

海尔的控制原则，与德鲁克说的一致，强调自我控制、自运转。复杂性系统管理的特征就是自运转，它不同于简单性系统的外部强制和他律。

组织复杂性的控制，目标是保证组织复杂性高于环境复杂性，使组织能驾驭环境，获得发展。这种控制可以分为环境驱动的复杂性控制与内在结构

---

① 丹娜·左哈尔：《量子领导者：商业思维和实践的革命》，机械工业出版社，2016，第 210 页。

② 同①，第 209 页。

③ 同①，第 210 页。

④ 同①，第 214 页。

⑤ 同①，第 214、215 页。

决定的复杂性控制。前者的控制对象包括对环境的选择、对组织与环境之间关系的控制。后者的控制在于对组织内部结构关系的控制。

复杂性管理的控制中，信息控制和财务控制具有特别重要的意义。信息控制与传统的自上而下的单向控制不同，强调的是信息沟通与反馈机制，包括在分布式网络结构、小世界网络、社交化之中，利用大数据支持，进行智能的交互控制。

海尔的财务控制，特别是其中的战略损益表吸引了美国管理会计师协会（IMA）的关注。他们认为海尔这种战略损益表和传统损益表最大的不同是海尔关注了表外资产。表外资产主要指人力资本和无形资产。实际上，海尔财务控制的根本变革，在于从“权责发生制”到“用户体验交互制”的转变。

8.2.2　控制范式转变要点

海尔复杂性管理控制的主要特点是自控制。人单酬之间的无缝合一，减少了传统控制由于“委托—代理”控制间隙过大，权力分散造成的控制成本递增、控制逐渐失灵等问题。海尔集团作为高度分权的组织，管理不失控，主要得益于控制范式的转变。互联网的控制，具有活性节点之间有机耦合的优点，映射到管理范式上，就是复杂系统组织与环境自适应、自协调式的有机耦合。海尔称为人单酬合一，包括事前控制（财务核算）、事中控制（业务核算）和事后控制（薪酬核算）。

8.2.2.1　作为事前控制的战略损益表

海尔财务控制是其复杂性管理的核心部分。它是企业自组织、交互协调的中心。正是由于有这样的以自组织为特征的控制系统存在，海尔才能保证庞大的企业在划分为无数自主经营体后不散架，并且实现有机协同。

战略损益表结构如下：

第一象限是用户资源，核心是用户考核，人单合一；

第二象限是人力资源，核心是按单聚散，高单竞岗；

第三象限是事前算赢的预案，核心是161闭环，预实零差；

第四象限是人单酬，核心是高单高酬，持续优化。

战略损益表将企业从封闭的系统转变成开放的系统，这个开放的系统与外面的用户资源连起来。

海尔的损益表和传统的财务报表不同。传统财务报表的损益表，就是收入减成本、减费用，等于利润。杨绵绵解释认为，“海尔的损益表则是全新的理念，那就是‘收入’。与传统财务报表的收入项相同，‘益’指的是通过做自主经营体、为用户创造价值而获得的收入。前面两者的差，就是‘损’，也就是那些不是通过做自主经营体而获得的收入都不能算数，因为这些数不一定为用户创造了价值，是不可持续的。损益表中的‘损’，就是当前工作的差距”。

最有特色的是收入项与传统财务报表的收入项不同，突出了战略损益。战略性就体现在为用户创造价值、为企业创造价值而获得的收入；有些收入如果不能与用户需求挂钩，不能持续创造用户资源，尽管产生了也不能计算进收入项（例如降价处理类型的产品）。

这种控制具有创新的指向性，而不是普通的复杂适应，它引导企业不是消极地通过降价适应市场，而是通过发现和创造价值，走向高附加值。对复杂系统来说，就是自我驱动走向更高的有序化程度。

海尔财务共享服务中心体现了复杂经济中分享型经济的特点。其财务数据与业务数据同源和无缝连接，实行内部信用机制。将财务控制分为战略财务、业务财务和技术财务，可以使各个自主经营体分享财务信息基础设施能力，使自主经营体在分享使用服务资源中，及时了解自己的损益。

海尔财务共享服务中心将财务从一种业务转化为服务，低成本地为整个复杂系统提供从上到下的战略服务（机会把握，风险掌控）、控制服务（关差）和账务服务。

8.2.2.2 作为事中控制的日清控制法

日清管理法特别是日清表，不仅具有复杂动态计划调节的功能，更主要的是，日清管理法是一种基于复杂性的控制方法。

从海尔管理角度看，一般管理在控制上存在的主要问题是人单分离，控制分离的成本偏高，具体表现为，一方面，由于员工工作能力的差异，实际工作结果与计划不可避免地产生偏离；另一方面，由于专业化要求的委托和分权，难以低成本控制这种偏离。而复杂性范式的好处是复杂性经济，即系统越复杂，相对的控制成本不是递增，在信息经济作用下反而递减。

具体来说，海尔的日清控制法将一般简单性管理中无法细分控制的总的预实差，转化为可以细分管理的预实差的复杂体系。例如围绕型号经营体利润额目标，建立分区升级显示的日清表体系，使经营体团队时刻知道自己所处的位置。接着，通过信息化系统有效降低复杂性关差控制成本①。

以往组织变得复杂后，由于信息不对称，管理无法控制由诸多难以识别的复杂因素造成的预实差，而通过信息化平台解决了这个难题。以三门冰箱经营体为例，如果经营体的利润率没处在理想区间，建立在信息化系统基础上的问题分析服务平台，会帮助经营体找到原因，帮助经营体关差。平台首先分析利润率报表，接着看平均单价报表，再看型号价格报表，再看型号成本报表，再看销量报表……一直到找到问题所在。信息化平台可以一步步指引三门冰箱体找到经营问题所在，并想出关差的办法。

从理论上分析，日清控制之所以能实现复杂性经济（而非复杂性不经济），管理细分差异化固然是必要条件，而更为重要的是信息化平台发挥的作用，这是充分条件。海尔将业务区分为直接面向市场和客户的增值业务层（一级经营体）与提供专业服务和资源、提供生态环境（搭建机制）的平台业务层（二级经营体和三级经营体），后者通过提供可分享的固定投入，形成新增长理论所说的报酬递增机制；而其中的信息化的固定投入更造就了范围报酬递增机制（即复杂经济机制）。管理 2.0 虽然也可以提供精细化的管理，但其机制是复杂不经济（范围报酬递减）。同样面对复杂性，一个成本递增，一个成本递减，这是管理 3.0 与管理 2.0 的根本区别。

8.2.2.3　作为事后控制的人单酬核算

传统管理的一个薄弱环节是激励机制与分配机制难以既低成本，又精准可靠。复杂性管理可以为分配提供低成本的精准控制。

复杂性管理的控制要求一个企业的管理始终要落实到个体，海尔对调动每个员工为用户创造价值的积极性一直十分重视，其保障机制是通过人单酬表实现的。人单酬表把给用户创造的价值按竞争力水平分成 5 段，最好的叫

---

① 信息化的主要经济作用在这里表现为低成本复杂化，从而不同于丰田经验等管理 2.0 的高成本复杂化，更不用说管理 1.0 的低成本简单化。

分享，往下依次是提成、挣工资、亏欠、破产。分享是为顾客创造价值而获得剩余价值，挣工资就是单纯的打工仔，亏欠就是浪费了企业的资源①。

海尔薪酬管理控制具有复杂性管理的特色，一是把人理解为创造性的人，把劳动理解为自主劳动。西方科学管理把工人理解为劳动力，是机械的物质力量的化身，对应的是通过满足物质欲望的方式激励，不可能分享剩余价值。而人是复杂的，人具有创造性就是人不同于机械的复杂性的一个重要方面。熊彼特创新理论顶多把创新理解为是“企业家精神”，而没有为员工创造精神留下管理空间。海尔的复杂性管理控制为不同的人留下不同的薪酬管理办法，特别是为员工的创造性劳动留下了激励和分配的空间。

正如杨绵绵所说：“传统的财务报表是以资本增值为导向的，追求股东至上，是‘资本’主义。而海尔的自主经营体二张表（指人单酬表）是以人为本，即以员工创造资源为导向，以人单合一的机制激发员工的创新力，让员工创造用户价值，创造市场资源，达到用户、企业、员工的三赢，并得以实现员工的高效率、高增值、高薪酬，是‘人本’主义。这两者有本质的差异。”②

---

① 李一硕、孙善臣：《杨绵绵：海尔财务报表创新商业模式下“变脸”》，《中国会计报》2010 年 3 月 12 日。

② 同①。

第三部分　管理经济学：逻辑转变

这一部分的主题词是均衡。

均衡甚至不是海尔自己关注的问题，因为他们是管理的实践者，并不纠缠于抽象的理论问题。谁应该关注以均衡为代表的管理背后之道方面的问题呢？应该是海尔的研究者，特别是理论工作者。本书因为研究重心在海尔模式的普适性，因此特别关注这一问题。

研究的动因是，要用均衡判断海尔模式属于管理之道还是管理之术。如果管理逻辑符合经济逻辑（基本面），则判断为道；如果管理逻辑不符合经济逻辑（在基本面上没有赢面，只能用于策略和投机），则判断为术。道具有普适性，而术不具有普适性。

我们的基本判断是：海尔模式是少有的符合经济学基本面道理的管理逻辑，是管理之道，因此而具有普适性。这使它有别于各种不符合基本面，只具有战术、策略意义的管理经验。

以管理学目前的发展水平，还难以单凭自身判断一种管理经验是道还是术。这是因为管理学只计算微观得失，不计算全局得失。这是整个学科的重大局限。管理学因此成了一门术论，而非道论。

这一局限，要靠管理经济学乃至经济学本身来弥补。经济学中的均衡理论是关于得失的全局判断。当我们判断海尔模式符合经典的均衡条件时，这意味着，从海尔模式中总结出来的海尔管理学，有可能将管理学从一门关于术的学问，发展为一门关于道的学问。这是一个极大的挑战。

对于管理之道有什么“用”的质疑，大可一笑置之，就当作入门未深的棋手说“棋谱已很抽象，但毕竟可以教我招数，请问研究更抽象的棋理有什么‘用’”一样。下过棋的人都知道，强者运强，冠军的运气往往总是非常好，其实，运气也是实力的一部分，棋理就是运气背后的实力，就是成功的大概率。

第九章　海尔模式的一般经济学解释：有何不同

9.1　管理经济学框架：管理学与经济学框架比较

之所以要比较管理学与经济学框架，是因为海尔的管理学框架涉及管理学与经济学的同时调整与改进。

标准经济学（新古典经济学）与管理学的研究框架是不对称的，同为研究经济现象，有三个重要不同。

第一个方面是标准经济学在人性假设上持理性人假设，这决定了它的道论（均衡论）只能建立在简单性系统的结论上，即边际成本定价（$P=MC$），这意味着零经济利润，无法用于从基本面上论证生态圈经济。而管理学在人性假设上放松了理性人假设，这意味着在道的平衡点上，不必坚守边际成本定价（$P=MC=AC_{min}$），可以接受平均成本定价（$P=AC$）。这是利用管理学可以提升经济学的方面。

人单合一双赢中的双赢，涉及利润定位问题。由于管理学传统上不区分经济利润与会计利润，因此会导致一个尴尬现象。管理学所说的利润，在经济学看来，只不过是会计利润，而会计利润在均衡水平是“不存在”的。不是说会计利润在真实世界不存在，而是经济学认为，个别企业出现的会计利润，在均衡水平上（也就是大概率的基本面上）必与等量的其他企业的会计亏损相互抵消。因此在经济学看来，管理学帮助企业追求利润，在全局上是无意义的，既没有提高一分总的利润，也没有减少一分总的亏损。总体上是无用功。但双赢的理论基础不是这样，坚持利润的存在，而且这个利润不仅是会计利润，更是经济利润。

现有管理经济学存在一种错位，它在混合两种人性假定（经济人 VS 行为人）的条件下，却将经济人单一假定的逻辑，直接照搬到“经济人 + 行为人”双重假定的管理领域，必然导致在利润理解上，两种对立选项必有一错。如果利润指经济利润，则管理学能有利润的结论必错（因为 $P = MC$ 没有经济利润）；如果利润指会计利润，则管理经济学根本不是经济学，只是局部机会理论，因为标准经济学根本不承认一种在企业间相互抵消，必然在面上同归于尽的利润，在全局上有讨论的必要，认为这只不过在支持通过零和游戏，损人利己。

以海尔模式为代表的管理 3.0，通过提出“双赢”，对应到经济学上，却要解决这个矛盾。一个重大不同，是由供求两方面的自主人假定直接推论出正经济利润（租）的存在。这意味着，海尔如果有自己的经济学，只能是垄断竞争经济学（异质完全竞争经济学），而不能是同质完全竞争经济学（标准经济学）。因为前者才有经济利润意义上的双赢，后者在经济利润水平，只能得出零和游戏中的零经济利润（无论局部有多少会计利润）。将海尔模式中的德鲁克因素——人的潜力发挥——提炼为经济学思想，就是人在本性中，在均衡态存在边际成本之上（高于套利）的一部分价值（熊彼特称之为创新），可以创造出来，体现为 $AC - MC$ 对应的个性化需求（终身用户需求）与个性化供给（创客）所体现的双赢价值。用经济学术语表示，就是认为拉姆齐定价，是广义均衡的最优（此前只承认是均衡，不承认最优）。换回管理的语言，就是双赢到底可不可以通过管理成为一种企业常态。原来认为双赢顶多可以达到人单合一，但只能是短期的人单合一，在长期双赢仍会热寂为零和博弈。这就最终还原为管理的哲学问题了，创新到底是不是人的本质，人是否有潜力可以从管理中被挖掘出来。海尔模式给出了一个极限的答案，企业不仅可以创造价值，而且可以创造企业家。

结论是，经济学有道论，管理学没有道论。当管理学补上自己的道论后，发现需要用广义均衡的结论替代标准经济学的帕累托最优理论，使体现双赢本质的拉姆齐最优成为广义均衡中的最优。

第二个方面则涉及经济学框架优于管理学的地方，经济学顶层框架相当于人单合一论，即均衡论，往下分为需求论与供给论；而管理学只有供给论。

管理学在顶层设计上，一直不是“人单合一”的。这一点与经济学相比特别明显。管理学虽然一再强调需求，但与经济学真正的需求论比较，可以看出明显区别来。经济学设立的需求论，假设的是供给条件不变下对目标函数（效用函数）和约束条件（支出函数）的数学规划求解（需求函数）。这里的关键是需求内生可变。而管理学中的需求，都只相当于经济学中的供给论，即假定需求条件不变（包括效用不变、预算不变、需求曲线不变）讨论收入、成本与利润的关系。这是以往所有管理学在结构上的一个重大缺陷。

以海尔为代表的管理3.0系统解决了这个问题，为管理学的完善做出了重大贡献。我们后面在解析温度的经济学含义时，可以明显看出有没有需求的基本面理论的区别来。用户乘数的理论，要通过消费方面的效用函数、预算约束与需求函数的专业讨论构建，这是传统管理学的整片盲区。传统管理学的需求理论除了“拍脑门”，与正规专业的需求理论相比，基本是一片空白。

第三个方面的重大不同，谈不上谁优谁劣，就是如果把商品分为价值与使用价值，标准经济学的内容相当于只讨论价值，不讨论使用价值；而管理学的内容相当于主要讨论使用价值，基本不讨论价值。管理经济学一旦讨论价值，还会出现完全竞争与垄断竞争的错位。也就是对于资源来说，经济学主要讨论支配权下，价值是否达到均衡；而管理学主要讨论对资源的使用权，包括计划、组织、领导、控制，都是资源使用问题。过去，这被认为是管理学低于经济学的地方，但新近的理论（如分享经济理论），包括奥地利学派关于资本使用论的立论，又成为比经济学“先进”之处。

海尔模式对应的管理学，具有强烈的“使用”色彩，表现在开放使用资源上，表现在对参与的强调上。在这个意义上可以视为对理论经济学的发展，尤其是对西方制度经济学只强调支配权（所谓“产权”），而忽略使用权独立地位的纠正。这样一种实践与理论，适应与引领的是企业边界日益模糊——实质是网络独立性浮现——的网络时代经济的新现实。

随着管理学范式转变而来的，是管理学的框架转变。建立在原子论基础上的框架，转变为结合原子论与关系论形成的结构论框架。整合原子论与关系论的管理，被称为量子管理。量子借用的是量子力学中的波粒二象性的概念。在这里，粒代表原子论，波代表关系论。由于结构是由节点与边——分别对应原子与关系——构成的，因此把新的框架称为结构框架。

权变管理方法学派最先集中研究组织与它所处环境之间的关系，认为应寻求环境与组织之间的最佳匹配关系，这才是决定管理效果的关键。但该学派最大缺陷在于有关管理者角色、组织结构等各种变量的定义十分模糊，研究结果缺少足够的可信度和指导作用①。海尔模式明确提出了人单合一的概念。这里的单，已不简单是环境，而且是内在于系统，是互动的主体，例如用户付薪，不是环境付薪，用户是付薪的主体，是发包方。用户也可以把海尔视为“环境”，是实现自我系统的外包对象。在这里，环境与系统是一体的。推广为管理框架，就形成了结构框架。

在结构框架中，与原有管理学最大的不同在于，旧框架是原子论框架，特点是以职能为管理集合中的子集，而新框架系统地引入了关系论框架，基于关系模式来进行管理子集分类，用来补充原有的基于职能要素进行分类的框架，形成职能与关系模式的整合。其中，最基本的关系模式就是人单关系。在这里，我们把人单合一从一种管理行为，上升为管理行为的框架。

传统管理学不是没有“顾客—企业”关系的认识，而是没有把这种关系本身当作管理学本身的框架，管理学本身的框架，只是企业这一单边的框架。顾客只是企业存在的前提假设（环境），而不是系统本身。客户关系管理虽然涉及人单关系，但只是管理的一个局部，是企业的一项职能，是企业中诸多部门中的一个部门与客户的关系。当我们把人单合一当作关系模式的元模式时，情况完全变了。管理学不再是环境既定下的系统论，而是将环境与系统的互动，当作系统本身的内容，相当于从既定的前提假设出发讨论系统学本身，变为一种前提假设学，即认为前提假设的变化带来系统的变化这样一种关系学。

把人单合一作为框架，意味着人单合一不光是管理学框架要把握的对象和内容，而就是管理学框架本身，这意味着管理学框架的量子化，从原子论理论框架变成了波粒二象性理论框架。随之而来的调整，是管理学框架下的计划、组织、领导、控制四大职能模块，从人计划、人组织、人领导、人控制，即企业计划、企业组织、企业领导、企业控制，变成人单计划、人单组

---

① 黄群慧、张艳丽：《比较管理学学科理论体系构思》，《社会科学》1993 年第 2 期。

织、人单领导、人单控制这四大关系模式构成的功能结构，变成讨论计划的人单动态结合功能与能力、组织的人单动态结合功能与能力、领导的人单动态结合功能与能力、控制的人单动态结合功能与能力。举例来说，管理学的领导，不再是讨论企业领导（如一把手）或领导者（或经理人）的领导力，而是讨论客户作为具有不确定性的领导，如何给员工动态下达指令，并动态发放薪水（从而把激励问题变成员工自激励问题），员工如何向经理传达贯彻客户需求（相当于以前的“领导讲话精神”）。而企业的领导力，不再是讨论企业家如何指挥下属，而是企业这个网络如何实现让客户的动态意旨（意指，所指）变成组织的能指的语义网络功能。

通过对管理经济学框架的分析我们发现，管理学始终没有在基础理论上实质性地区分出会计利润和经济利润（微观管理与宏观管理）的分别。由此造成对收入的分析，不足以支撑战略财务的计量要求；对成本的管理，过于局限战斗层面，而缺乏战役视野。表现在管理活动分析中，即没有辨析出与范围经济对应的低成本差异化这一网络型战略。这是管理学长期落后的理论根源。

究其原因，是战略理论缺乏经济学基础。具体来说，没有区分出平均成本与边际成本的微观含义与宏观含义，没有达到帕累托最优分析的基础理论水平，如表 9－1、图 9－1 所示。

表 9－1　管理学与经济学框架比较

	经济学		管理 1.0、管理 2.0		管理 3.0	
人单分类	供	求	供	求	供	求
供求框架	供给（人）	需求（单）	人	（既定）	人	单（用户乘数）
均衡逻辑	供求均衡		无		人单合一	
均衡定价	$P=MC$		零和		$P=AC$	$P=AC$（双赢）
经济利润	无		无	（无换道）	无	有（换道）
会计利润	与亏损抵消		有（与亏损抵消）		有（套圈）（与亏损抵消）	有（与亏损抵消后仍有）

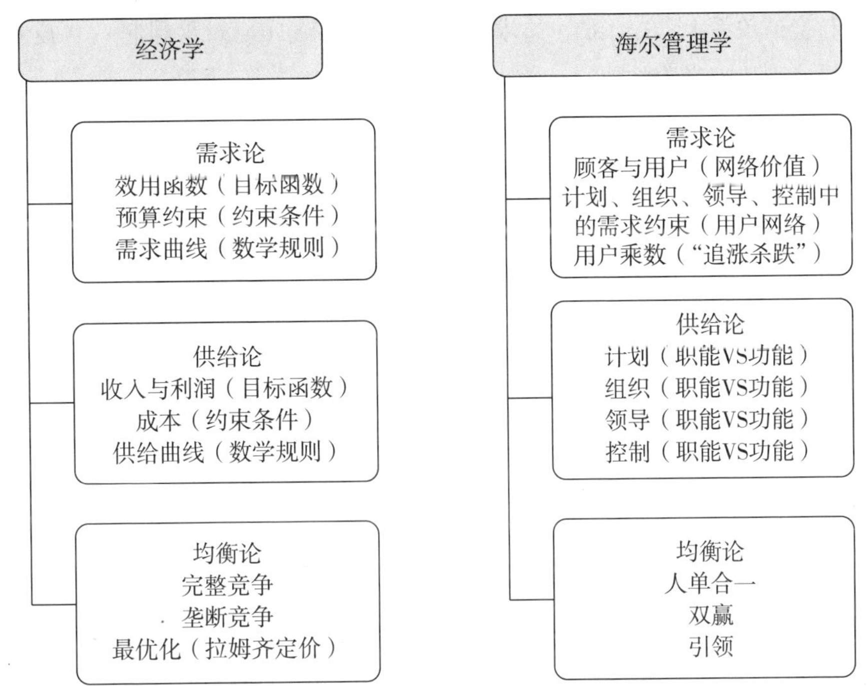

图 9－1　海尔管理学框架与经济学框架比较

第一，海尔的管理学相比其他管理学，特色在于结构更平衡。一般管理学缺失了需求论与均衡论两个板块，只有供给论（又只有职能视角，没有功能视角）。经济学需求论假定供给（收入、成本、利润）不变，求解需求变化（效用、支出、需求）；供给论假定需求不变，求解供给变化。现有管理学内容只相当于经济学的供给论部分①，假定需求变化都在老板的自然人大脑黑箱里，是不可管理的。而海尔管理框架与经济学是对称的。由此可见，一般管理学的框架是不中正的，歪向了供给一边；而海尔的管理学更为中正，在人单之间，不偏不倚。

第二，与经济学比较，海尔模式的需求论有所改进，与经济学的需求论不同，是需求论的升级版。经济学的需求仅限于商品水平，而海尔模式的需求论达到资本水平。根据用户乘数理论（一种消费资本化理论的实践版），在

---

① 区别仅在于，经济学谈资本谈的是价值归属，管理学谈的是资本使用，后者如奥地利学派所认为的，也可归入经济学范畴。

套圈与换道关系上，“追涨（追求经济利润）杀跌（反对零利润）”，反对打价格战，而追求高附加值。

第三，海尔的管理学相比其他管理学，特色还在于是一种面向基本面（对应“道”）的管理学。而一般管理学面向的不是基本面，而是机会（对应“术”）。二者对利润的理解角度完全不同，有道术之分。

面向基本面，追求的是一种大概率的利润，即经济利润（在会计理论中称为好利润①）。追求会计利润，对于以研究微观现象为主的管理学来说是理所当然的。但同样面对会计利润，一般管理学不考虑这种会计利润是否符合经济利润要求，即使在均衡这个基本面上，利润不可能出现（因此是小概率事件），也要抓住不放，不惜损人利己（在基本面零利润条件下，以自己的赢利对冲他人的亏损）。

而海尔理论不同，双赢的提出标志着它只追求基本面利润，如果会计利润不符合经济利润要求，它将断然放弃（经常是在内部根据战略损益情况给予严厉批评），执着强调换道以获得基本面上的高附加值利润。由于是经济利润，所获得的会计利润在基本面上不必然以他人亏损为条件。由此可以看出海尔的一种特殊风格，虽然其把握机会是长项，但它有一种价值观，强烈约束着自己只追求符合道的利润（“好利润”）。

这反映了管理学的理论自觉。以往，有经济学家鼓励企业家不要想宏观经济，也不用想微观经济的全局，按自己的本能去做就好。因为主观为自己，客观为大家。这实际是希望拿企业家当枪使，利用企业家的自私、利己，为实现利他的基本面去踩雷。通过企业家的乱闯乱试，给经济学家观察全局创造条件。以企业家的不自觉换取经济学家达到自觉。这是以别人为丘八换取自己成功的路数，是一种损人利己的理论态度。

相反，海尔的管理思想，体现了当代企业家的理论自觉，要求企业家超越自我，自觉认识到自我的局限，自以为非，从而从微观全局，甚至宏观全局，将命运掌握在自己手中，把握全局主动。

---

① 姜奇平：《信息化与网络经济：基于均衡的效率与效能分析》，中国财富出版社，2015，第541、542、574－579页。

9.2　如何看待海尔管理的底层逻辑

本书与一般总结海尔的方法，甚至与所有企业管理经验总结方法不同的一点（也可以说是主观解释的一面）在于，它强调基本面管理。比如说，赢，是指赢在基本面上。只有这样的赢，才是大概率事件。不讲大概率，只讲小概率的管理，会把管理从道降到术的水平。现有许多管理经验，甚至管理学读物令经济学家不满意的一个地方在于，层出不穷的“管理经验”，在经济学家眼中，往往像是“鸡鸣狗盗”之术，因为把管理的宝，都押在赌机会这种小概率事件上，押在管理的策略（战术）上。

举例来说，什么叫双赢？策略（战术）的解释是，合作的两家企业共同获得商业利润。但从经济家看来，这是非常可疑的。因为翻开任何一本管理经济学图书，其基本面都是从传统经济学中照搬来的同质完全竞争均衡理论。既如此，共同获得利润，在基本面（大概率）上与零利润（$MC=MR$）结论，就必有一错。因为如果是同质完全竞争，则无论两家企业如何在局部共同获得利润，必以更大范围损人利己（包括小圈子）为基本面。如果大家都来学，肯定会是做无用功。因此，基本面上的结局必是所有会计利润与会计亏损正好相抵，经济利润为零。这说明什么呢？说明管理学的经济学基础理论部分写得不成熟，只适合管理1.0那种同质完全竞争的情况。产业经济学在这一点上就比管理学在整体上更为成熟，看出同质完全竞争不是常态，而垄断竞争才是常态。管理2.0、管理3.0只有以垄断竞争均衡为管理学基本面，双赢才能在基本面上讲通，因为垄断竞争的均衡点不在零利润（$MC=MR$，且$P=MC=AC_{min}$）那一点上，在那一点之上还存在一个正利润空间（$AC-MC$）。在垄断竞争均衡价格条件下，双赢是指两家企业在分$P=MC$之上的$AC-MC$这块利润。不同于同质完全竞争在于，这块利润不会在基本面上形成会计利润与会计亏损相抵后结果为零这种情况。因此，共赢不仅可以在术、机会的水平上成立，而且可以在道、基本面的水平成立，从小概率事件变为大概率事件。反过来再检验海尔模式，一个一般人没有总结出来的要点：双赢必以差异化战略为前提，而海尔长期实行的，恰恰是差异化方向的战略。学习的人就会一下脑洞大开，原来，学生态化战略还有一个隐含的前提，就是做差异化，要从打价格战转向差异化增值，其中逻辑就通了。道与术，一下就分清楚了。

如果本书不深入分析这类基本面的问题，学习者就会把海尔学得模模糊糊的，就会把双赢理解为一种主观态度，以为是合作伙伴间发扬风格，相互让利，当老好人，而忽略了三生体系实质要解决的问题在增值上。要是那样，恐怕只有儒商文化的企业能学得进去三生，而狼性文化的企业就学不进去。因为一个成熟的“狼”会想：你让我让，但食不够分怎么办，不还得相互死掐吗？这些学习者心中常有的“小九九”，只有摆到管理学桌面上，从基本面上说清楚，学习者才会真正信服海尔模式是可以实战的，而且可以超脱偶然性，有较大的赢面。

区分管理的道与术，关系到管理模式的普适性。道是普适的，而术不是普适的。学习海尔模式的人，常有这样的困惑：海尔模式在海尔行得通，但一搬到我的企业就行不通，这是为什么？海尔模式的普适性毋庸置疑，问题出在解释或理解不当上。把海尔模式仅仅解释和理解到经验层面是不够的。沿基本面解释海尔模式，区分海尔实践中特殊的方面与普适的方面，是一个重要途径。

腾讯、阿里巴巴、百度的管理学都未成型，有的是管理实践还在摸索，方向还不确定（例如媒体多已反映阿里巴巴出现了大企业病的征兆，而官方没有明确管理方针作为解药①）；有的是管理实践中独具互联网特色和优势的部分还没有充分上升到理论（例如腾讯的“灰度管理”，还总结不到2000字以上的水平），而海尔管理在代表互联网管理方面，既成熟，又系统。鉴于这种情况，本书希望把海尔管理学作为更大范围的互联网管理学的第一个范本，希望从理论上探讨互联网管理学的逻辑（而不光是海尔自身的逻辑），从中求解出某种代表未来的管理趋势。

当然，从经济学角度讨论管理，与经济学本身仍有很大区别。最大的区

① 作为对比，2018 年 10 月最新一期《哈佛商业评论》以《官僚主义的终结》为题，认为人单合一终结官僚主义，将海尔模式作为系统地矫治官僚主义的模式。

别在于，经济学一般关注的核心是价值（对应所谓“产权”，实为产权中的归属权），管理学关注的核心则是使用价值（对应经营权）①。比如同是资本问题，从经济学角度看，管理学的资本管理中如果有什么经济学问题，无非是现代产权制度，通过把拥有权分解为三权，相互制约，但这只涉及资本（实际是货币资本）的拥有，并不涉及资本的使用；管理学的兴趣点却恰恰在于“经营”资本，也就是说，把资本当作一种可带来增值的使用价值进行管理，研究对资本（实际是生产资料）的计划、组织、领导和控制。笔者在一般经济学讨论中，曾以海尔为例，将管理问题理解为资本使用的结构问题②。在本书中，我们将进一步展开这个话题。

9.3 海尔模式涉及的经济学问题

9.3.1 人单合一关系框架中的供求均衡体系

人单合一最初是为保持现金流（企业“空气”）与利润（企业“血液”）的平衡，“解决速度与精准统一的问题”而在生存实践中提出来的。2005 年张瑞敏提出“人单合一，直销直发，实现净现金值为正值的高增长”。随着海尔的发展，人单合一一步一步发展为海尔的管理之道。早在 2005 年 12 月，张瑞敏就认识到，“人单合一就是要解决内部管理与外部市场拓展两张皮的问题”。“人单合一就是在以外部市场目标为中心来强化内部的管理。”就其现实针对性来说，人单合一体现用户第一的精神，因为人单合一与否，唯一的判断标准就是符合不符合用户需求。

人单合一是海尔管理的均衡原则。均衡是经济学之道，它直接的含义就是供给与需求相等。人代表供给，即企业、员工一方构成的组织系统；单代表需求，即订单、客户一方构成的市场环境。供大于求、供不应求都

---

① 当然，经济学也可以侧重使用价值讨论问题，例如对分享经济的研究，就需要利用“使用而非拥有”的逻辑。又如奥地利学派的拉赫曼看待资本，也是从使用角度立论的。

② 姜奇平：《网络经济：内生结构的复杂性经济学分析》，中国财富出版社，2017，第 295 页。

是对人单合一的背离。合一要求零库存。海尔赋予它的新内涵包括快速与精准。

每个企业都追求使供给与需求匹配，例如零库存就是要求供求平衡，从这个意义上说，任何企业都在追求人单合一，那么海尔的人单合一有什么不同呢？

海尔的人单合一原则，在管理学史上第一次建立起供给与需求对称的管理均衡论。相比之下，现有所有管理学都还是假定需求不变下的供给论。多数企业的管理经验还是以供给为中心的管理经验。

管理学是基于企业微观实践发展起来的，一直没有自己的全面的均衡理论。这一点只要比较一本典型的管理学与经济学教科书就可以发现，管理学讨论的主题，基本只是相当于经济学中的供给理论部分，如收入、利润和成本等；而经济学中的另一半即需求论，如效用、（消费者）预算、需求曲线等，不见于管理学的计划、组织、领导和控制的主模块中。一般企业只是泛泛而谈以用户为中心，但并没有形成关于需求的需求论系统。需求工程虽然形成一定的系统，但99%以上的管理学都不会提及，只游离于管理学体系之外，成为个别有特别需要的企业的专项工作。

海尔的人单合一不同，它用自己系统的需求理论，填补了管理学和管理经验的空白。其中，要求区分顾客与用户，提出用户乘数理论，都是管理学的重大突破。比较海尔人单合一需求论与标准经济学需求论，海尔既有一般管理学的共性，又有自己与众不同的创新。

人单合一中关于单的理论，是管理的需求理论。海尔人单合一原则实质是内生需求的管理均衡原则。

从企业追求供求相等角度看，人单合一是每个企业的“经验”，那在什么意义上是海尔独特的经验呢？与经济学做一个简单对比就可以看出，经济学在均衡框架下，有内容对等丰富的需求理论和供给理论；管理学也追求人单合一，却只有供给理论，没有与供给理论对称的需求理论。而海尔的人单合一，包含丰富的需求理论内涵，如对需求本质的理解、对顾客和用户的区分、用户乘数理论等。因此，与所有企业的供求相等相比，海尔人单合一带有以用户为中心追求供求相等的特殊意思。其改变在于，相当于把用户需求当作管理的内生变量。

标准经济学在需求的定义中不承认马斯洛的需求理论，把高级需求一律还原为低级需求（同质化的物质欲望）；管理学一般都承认马斯洛的需求理论，将需求区分为生存、发展与自我实现需求。海尔的顾客需求对应的主要是生存，用户需求对应的是发展需求，终身用户需求对应的主要是自我实现需求（如体验需求）。在这方面，海尔管理需求论中的均衡主张，比较接近张伯伦的垄断竞争均衡理论，其顾客需求对应无差异需求曲线（*DD* 曲线），而用户需求对应差异化需求曲线（*dd* 曲线）。由此可以判定，一般企业说的人单合一，对应的是新古典主义均衡（以 $P=MC$ 为均衡价格），如传统中国制造。而海尔的人单合一，在承认一般均衡结论同时，重点将垄断竞争均衡（以 $P=AC$ 为均衡价格）作为新常态。这是海尔人单合一原则的重要特征。

与管理 1.0 比较，法约尔 14 条管理原则的第一条是分工原则。分工强调供给与需求的分离，而海尔强调的是分工的另一面，供给与需求分离后，还要“不忘初心”，使供给与需求合一。

法约尔把分工作为管理第一原则，与人单合一相比，没有提及分工将供给与需求分离后，二者是否要合一这一根本问题，隐含了企业自我为中心，供给自己创造需求的非现实假定。这种假定成立的前提，应是供不应求。但在现实中，不是这样。在管理实务中，相当于在说，不用问需求从哪里来，企业家自会知道，或市场上有数不过来的需求，而一旦市场从供不应求转向供大于求，没有对如何获得需求、创造用户价值做出交代，就成为法约尔分工原则的硬伤。

此外，即使供给与需求匹配上了，但中间距离过大，也不能说合一。为此，张瑞敏提出了“三个零”的标准：“‘三个零’是零距离、零库存、零逾期。”

此外，海尔的需求论中包含消费资本论，表现在用户乘数理论中。一般管理学及经济学说的生产是可以增值的（在资本形态中），但消费是不可以增值的（只能存在于交易形态）；而海尔用户乘数理论认为，消费也是可以增值的。这就相当于把消费的地位，从商品层面提高到资本层面。对应货币乘数，就相当于把消费从M1层面提高到M2层面。这是解开海尔财务报表中收入的定义与欧美会计理论不同其中秘密的关键所在。这也是美国会计专家解读海尔人单合一财务报表时没有解读出来的东西。这一理论在经济学中属于极少数派，诺贝尔奖获得者加里·贝克尔的《口味的经济学分析》中将消费视为资本的理论，可以与之相映成趣。这可以解释为什么张瑞敏还给人单合一立了一个更高标准“三个A”。他说：“‘三个A’，具体说就是我们给自己定的三个考核指标都达到最优化的A等级，也就是我们所说的价值链”，意思是在价值链上攀升到高附加值的位置。

我们再与管理2.0进行比较。丰田模式的原则1是长期理念原则，它体现的精英决策的特点与人单合一正好相反，意思是企业家考虑长期理念，而草根和员工只会考虑眼前和短期利益。人单合一由于把重心放在需求上，与需求最贴近的一线员工、创客，就成为具有长期理念的一线的CEO。而为终身用户服务，决定了创客必须具有长远视野，不同于短期承包经营。

海尔模式与丰田模式在这里的第一个区别是，丰田模式认为尊者是圣贤，而海尔模式认为人人是圣贤。

与丰田模式管理原则的第二个不同在于，丰田模式的管理均衡，是典型的供给均衡（生产均衡），类似凯恩斯经济学外生需求的资本均衡，其原则4就是其生产均衡原则。而海尔的人单合一是生产与消费合一的均衡，把消费置于生产之前。因此，丰田模式的均衡原则是企业自我中心（尽管口头上承认用户至上），但均衡点不一定真正由需求决定。反映到管理实务中，如果因个性化等原因，需求的变化超过了决策和流程的能力，丰田模式仅要求在企业内部流程可控水平响应需求。如果单的数量过小，就断然拒绝响应，不必管用户的心理体验好还是不好。也就是领导没有做出的需求反应，员工不得自作主张进行细微响应，否则流程就可能不均衡（代表资本不能达到均衡）。而海尔人单合一原则却要求为了达到生产与消费两个水平的均衡，可以“将在外，君命有所不受”。

同是谈流程，张瑞敏讲的与丰田讲的，从一开始就有所不同。丰田的流程再造完全是针对生产（企业）本身的，而张瑞敏讲的流程是关于消费与生产（单与人）结合的。例如，张瑞敏在提及“用流程再造来保证观念创新”时曾说：“第一个是设计订单，第二个是直发产品，第三个是回收货款。这个从头到尾衔接起来的闭环过程，就是人单合一。”这个定义显然不是流程再造的标准定义，其中把“设计订单”置于首位，也显示出海尔模式与丰田模式的不同，隐含着用户需要什么，就设计什么。而丰田在原则中则加上了“数量限制”，只响应大单，不响应小单。

与同为管理 3.0 的其他原则比较，较为接近的是拉兹洛父子的“战略原则 5”，“力争永保行业整体水平优势”，说的是可持续竞争优势与战略伙伴的关系。它与人单合一原则不在同一个高度平面上，但在有一点上相通，它们都隐含着人单合一里面一层特定的含义，这就是下面将要解析的双赢。双赢式的均衡与零和式的均衡的最大区别就是前者利润可持续，后者是利润不可持续，算总账是零利润的——只存在会计利润，不存在经济利润。

在此我们得出结论，海尔人单合一是一种特定含义的管理均衡论，从中不是导向传统中国制造式的均衡，而是中国创造式的均衡，要通向全局有可持续利润的均衡（$P=AC$）的均衡。这一原则的重大意义在于，它对经济学本身提出了挑战，隐含了传统帕累托最优只是同质化条件下的最优，只能通向零和博弈的零利润，而海尔人单合一实现的是内生了创新，把供给方面的创新、需求方面的个性化作为常态后的帕累托最优。

人单合一，对于海尔来说，具有比供求相等更多的意思，从而成为海尔模式独特之处。对其他企业来说，管理是人的系统，用来完成人单合一的任务。

第一，对海尔来说，管理是单的系统与人的系统结合，来实现人单合一。人单合一不仅是目标，而且是手段。其中，单第一次被纳入管理系统，成为 VRM，即 Vendor Relationship Management（卖方关系管理）。它相当于为企业设立的一个“立法”系统。

第二，对海尔来说，人单合一是将职能转化为功能的中枢。而对其他企业来说，人单合一并没有这样的管理结构含义。要学习人单合一，需要在计划、组织、领导和控制诸多环节，加入从单到人重新定义这个内容。

第三，对海尔来说，人单合一具有价值论的含义，最终指向成就人，表现在海尔对传统电子商务的批评上，传统电子商务通过没有温度的交易，也可以实现交易意义上的人单合一（供求均衡），但这不是海尔要的人单合一，因为它只是经济在物的层面上的循环流转，而忽略了在创新、创造意义上成就人的内涵。

9.3.2 海尔模式所涉及的四类经济学分析

上节讨论的是海尔模式涉及的通用经济学问题，即供求框架问题。这是所有经济学都有，而管理学中没有的内容。海尔模式同时还涉及突破一般经济学范围，要求经济学本身进行理论创新才能解释的问题，主要包括垄断竞争理论、范围经济理论、网络经济理论、制度经济理论，分别在以下四章逐一讨论。

垄断竞争理论在西方主流经济学的基础理论部分中，是一个次要理论（在作为分支的产业经济学、国际贸易经济学、空间经济学中近于主要理论）。新古典经济学（西方主流经济学）与新古典均衡既有联系，又有区别，它包含了垄断竞争理论。

标准的新古典均衡，是指同质完全竞争均衡，不包括垄断竞争均衡。同质完全竞争均衡的均衡点，同时是均衡点（$P=MC$）与帕累托最优点（当同时满足 $P=AC_{\min}$时）；而垄断竞争的均衡点只是均衡（$P=AC$），却不是帕累托最优（因为 $P=AC_{\min}$只是 $P=AC$ 的一个特例）。换句话中，垄断竞争理论被新古典化后，是作为非常态而存在的。常态是无差异的同质完全竞争。

垄断竞争理论已被纳入西方主流经济学中作为一个部分，主流化后的垄断竞争理论与原有的垄断竞争理论有一个区别性的标志，就是它遵从了同质化假定，从而与不完全竞争已不再具有实质区别。在同质性假定之下，差异化只是表示同质竞争处于不完全状态。

张伯伦原有的垄断竞争理论，不承认最后一点（罗宾逊夫人承认这一点），而认为垄断竞争是一种完全竞争，与新古典完全竞争的区别在于，它是“异质”的完全竞争。解释海尔模式所用到的垄断竞争理论，是张伯伦语境下的垄断竞争，它与异质完全竞争是等价概念。其中，海尔特有的温度等概念，只能用异质性才可以解释。这意味着，海尔管理学的经济学基础在这里已开始越出西方主流经济学的边界，从对于均衡的界定来看，还在主流的范围之内；但在异质完全竞争、帕累托最优（以拉姆齐定位为广义最优）两个问题上，与不完全竞争理论已不再兼容。

范围经济理论是解释海尔模式的经济学原理第二个需要突破、创新的地方，要超越的不仅是西方主流经济学，而且是像新经济增长理论这样的准主流理论。对西方主流经济学（新古典经济学）的突破，在于需要以报酬递增理论为基石，从而改变主流的报酬不变或递减的预设，在这一点上与新经济增长理论是一致的；对新经济增长理论的超越主要在于，提出了与规模报酬递增相反的范围报酬递增。二者在需求差异化上判断是一致的（包括与主流经济学的判断也是一致的），主要区别在于成本理论：新经济增长理论认为多样化成本不经济（包括无效率、无效能），而范围经济理论认为多样化成本经济（包括有效率、有效能，其效能即指范围经济）。

对解释海尔模式来说，范围经济理论是关键，小微包括人人 CEO 要从根本上成立，在理论根据上都取决于证明多样化经济，例如草根的分散决策为什么比精英的集中决策更有效率。理解张瑞敏与稻盛和夫关于权力来源的思想的相反之处，也要归结到这里。多样化经济不经济，决定权力来源是自上而下授权，还是自下而上涌现生成。特别是海尔模式中套圈与换道的区别，将新经济增长理论的规模经济与范围经济理论的区别，直接显示在基础理论一层。

网络经济理论是解释海尔模式所需要的完全超出现有经济学，无论是主流还是非主流经济学的知识。在海尔模式的三生体系中，交互与温度是核心概念。但一般经济学家会认为交互与温度根本不是经济学概念，就算换成实质所指，也难以接受这样的理念，在这一点上还不如并不固守理性假设的一般管理学。

解释交互与温度背后的经济学所指对经济学创新的要求，比基础理论“回到张伯伦”要求的跨度更大。张伯伦只是回到异质性，放松了 $N=1$（同质性假定），但代表异质性的品种这一概念，对多样化这个本意来说仍然是抽象的。网络经济学，恰好弥补了现有经济学在解释交互与温度这样的现象上的理论空白。网络经济学通过从复杂性科学与网络科学借用多样性与关系分析技术，将解析质性作为己任，从而将张伯伦深化为面向异质现象的高维分析。

制度经济学是最后一个在解释海尔模式时需要理论突破的领域。与资源配置理论不同，制度经济学的理论资源来自李嘉图，其价值理论是关于权利的理论。李嘉图与斯密、马歇尔不同，认为对经济学来说，权利（分蛋糕）是第一性的，资源（做蛋糕）是第二性的。

对于海尔模式来说，这涉及作为三生体系的逻辑基础的开放的理论根据问题。具体是指，开放旨在将产权中的支配权与使用权分离，在开放共享资源中依责权利调整相关人的利益关系。对海尔来说，这意味着双赢不仅需要资源配置方面的理论根据（垄断竞争理论），而且要求有利益分配方面的理论根据（开放产权理论）。后文中，我们将集中讨论这方面的问题。

第十章　双赢与生态：均衡理论解释

双赢是价值原则中的增值原则，指在为用户创造附加价值中创造企业和创客自身附加价值。增值在基本面上特指边际成本之上的均衡价值。

双赢内生了创新思想，表明企业创造价值的本质。如果只有人单合一，供求均衡，但不创造价值，这种均衡被熊彼特称为经济的循环流转，特指新古典均衡，它的结果是零利润，零利润指零经济利润，它在全局不创造附加价值。创新理论则强调，企业从旧的人单合一走向新的人单合一，并非只是实现人与单之间的循环流转，而是要带来新创造的价值。

10.1　双赢模式的哲学基础：开放非平衡结构

有的人把人单合一错误理解为是一种平衡（供求平衡）。但人单合一，可以是一种经济上的均衡，却不能是一种静态均衡即平衡，平衡意义上的均衡，被熊彼特讥讽为经济的循环流转，意思是只达到价值转移的进出平衡，却没有创造出新的价值。量子管理学的波粒二象性，强调的就是一种动态性、不确定性。张瑞敏说："有序的平衡结构实际上就是一个超稳定的死结构；有序的非平衡结构才能根据外部变化实现不断调整。"①

海尔的哲学不是平衡，而是开放条件下复杂性系统的非平衡结构。张瑞敏说："我们追求的是有序的非平衡结构。只要这个企业每天是开放的，每天和外界交换信息，那么这个企业不可能平衡。一旦进入一个所谓的平衡阶段，效率

---

① 文正欣：《张瑞敏谈战略与管理》，海天出版社，2011，第 129 页。

低下、办事缺乏速度等大企业病随之就会产生。”① 这一点与德鲁克如出一辙，德鲁克也认为：“组织的宗旨是解放并激发人的能力而不是使它对称或和谐。”②

分析海尔的管理哲学，它兼具前现代性、现代性和后现代性，可以被归结为复杂性理论的人文版。

10.2 双赢模式的经济学基础：何谓创造价值

双赢实际是对人单合一均衡的限定，排除了零利润均衡（同质完全竞争均衡），而仅限于具有可持续利润的均衡（异质完全竞争均衡或垄断竞争均衡）。供、求两个方面的增值，就是指在边际成本之上的定价所带来的价值。传统经济学认为这是短期均衡（认为创新与个性化在长期都会归于“热寂”），而海尔的双赢是开放条件下的均衡，因此把系统有序度的提高以及在用户需求中的高耗散③当作根本性的原则。海尔双赢原则是复杂性范式下的价值原则，而零和原则是简单性范式下的价值原则。

对企业（供给方面的）增值来说，双赢针对的是零和博弈。零和博弈的原理是传统管理背后隐含的新古典经济学零利润原理。零利润是指零经济利润，即企业有会计利润，但整个经济没有利润。没有经济利润的原因是，在 $MR=MC$ 条件下，同质化完全竞争达到均衡时（$P=MC$ 时），企业的微观利润（即会计利润）与微观亏损会相互抵消。一方的得，会是另一方的失。因此，企业与企业之间不可能双赢，而只能是零和博弈。

双赢则是指企业既有会计利润，整体也存在经济利润，这意味着企业间除了有会计利润，相互抵消后，利润是正的。一方得，另一方也可以得。它对应的经济学原理在于，在同样的 $MR=MC$ 条件下，由差异化（如供给方面的创新、创造，需求方面的个性化、体验）使得均衡点高于边际成本而等于

---

① 曹仰锋：《海尔转型：人人都是CEO》，中信出版社，2014，第392页。

② 同①，第393页。

③ 需求的满足是社会系统从有序（有钱）复归无序（快乐）。用户追求美好生活，会带来高度的耗散（快乐值的提高），所付出的代价，是付给对应供给方高附加值的溢价（有序值）。

平均成本（$P=AC$）。这一均衡是基本面上就存在利润的垄断竞争均衡（即差异化均衡）。这里的高附加值是指由于差异化形成的高于边际成本的定价带来的附加值。

双赢分为企业与企业间的双赢、企业与员工（创客）间的双赢等形式。

对用户（需求方面的）增值来说，是为用户创造价值。

因此，双赢要求高单，即高于边际成本定价的订单和用户价值（而顾客价值往往只是等于边际成本）。双赢原则的背后，要有与传统管理学不同的经济学假定，实质区别在于，传统假定垄断竞争均衡（对应创新、创造）不是经济常态，因此不符合帕累托最优（这是因为新古典理论漏算了范围经济，而预设了不符合网络经济实际的范围不经济，相当于认为完全竞争会导致热寂）；而海尔双赢原则隐含着创新是经济新常态的前提假设（如海尔假设在开放条件下，系统有序度会提高），因此垄断竞争均衡符合广义的帕累托最优，即内生差异化（如范围经济）后的帕累托最优。

同质完全竞争（传统中国制造）均衡与异质完全竞争（中国创造）均衡代表的均衡都是一种全局现象，是企业微观行为达到的客观效果。企业可不可以主动选择其中一种均衡作为人单合一的实现方式呢？在管理学中，战略是用于处理这样的问题的。企业不可以选择全局是中国制造还是中国创造，但可以通过自身战略，与其中的某一种路径相一致。一致的方式就是看会计利润与经济利润是否一致。海尔的双赢有其历史渊源，当绝大多数中国企业还在选择成本领先战略（打价格战）时，张瑞敏在相当早的时候就提出差异化战略（与后来信息化、网络化后的差别只在于高成本差异化与低成本差异化）。两种战略在微观会计很难区分彼此利润的区别，在经济学上的区分却很明确，就是全局差异化在均衡点上有一个高于全局非差异化的均衡价格之差（它构成了海尔高单的价值来源）。这意味着，实行成本领先战略，在完全竞争理想条件下，只能有会计利润，不可能有经济利润，这就是说这种利润“不可持续”的原因，意思是此一时有，彼一时就没有；局部有，全局就没有。企业博取这种会计利润，只能靠术，不能靠道。而实现差异化战略，在完全竞争理想条件下，可能产生一块不需要与其他企业抵消的溢价作为利润，因此说它是双赢的。

第十一章 创新与体验：范围经济解释

从网络管理的视角倒着审视管理学的发生学与演化史，根据范式不同，可以将管理区分为第一代管理（管理1.0，以美式管理为代表），第二代管理（管理2.0，以日式管理为代表）和第三代管理（管理3.0，以网络管理为代表）。其中的异同如表11－1“管理的范式演进”所示，即管理1.0与管理2.0的成本原则一致，需求原则相反；管理2.0与管理3.0的需求原则一致，成本原则相反。

表11－1 管理的范式演进

	环境（单）挑战	组织（人）应战
管理1.0（美国泰勒制）	简单性	简单性
管理2.0（日本丰田经验）	复杂性	简单性
管理3.0（中国海尔经验）	复杂性	复杂性

以管理的基本范式（组织属于简单性系统还是复杂性系统）划分，管理1.0与管理2.0都属于工业时代的管理，即按照简单性系统（中心化、科层制）的原则来管理组织；管理3.0属于互联网时代的管理，区别在于按照复杂性系统（拓扑化、扁平制）的原则来管理组织。

注意，这里用简单性区别口语里的简单，用复杂性区别口语里的复杂。简单性与复杂性是相对于结构来说的，而简单与复杂只是就要素而言。一个简单性的系统从要素上看可能是非常复杂的（如中央企业是非常复杂的简单性系统，它的简单性表现在它是中央控制的科层组织），一个复杂性的系统可能是非常简单的（如雪花是非常简单的复杂性系统，它的复杂性表现在它是分形结构）。从感觉上来说，凡是“活”的（生命的）系统，都是复杂性系统；凡是“死”的（机械的）系统，都是简单性系统。

简单性也不是一个贬义词，它对应的是理性。理性非常复杂，却不是复杂性。理性通过同质化、规则化、标准化，将一切复杂性系统转化为简单性系统。面对复杂性，理性的成本原则是化繁为简，即在不改变多样性不经济、范围不经济的前提下，将多样性、复杂性消除，来达到降低多样化成本的目的。这一点与网络的原则（即复杂性的原则）相反。网络管理的原则是范围经济，它不是化繁为简，不是默认在成本上多样化不经济（认为越复杂会越迟钝，即产生工业病），而是认为多样化在成本上经济（认为越复杂越灵敏，又称智慧），通过化繁为易，即不降低多样化、复杂性程度，而是提高多样化效率和效能，来从成本角度实现范围经济。作为中式管理，它与《易》的原则是一致的。易就是以简易之“易”，处理变易之“易”，英文为“simplexity”（使复杂性变得简易），即低成本差异化。

从管理的本质特征看，Jurgen Appelo 概括管理 1.0 与管理 3.0 的区别在于：“管理 1.0 = 层次体系”“管理 3.0 = 复杂性”①。但他说“管理 2.0 = 流行”，却没有概括出管理 2.0（如丰田经验）的全面特征。他指出了管理 2.0 在“由上管理”这一点上与管理 1.0 相同，认为“管理 2.0 只是对管理 1.0 进行了大量的增补”②，但没有概括出管理 2.0 中需求复杂性这一关键特征，例如日式管理强调质量经济，与泰勒制的原则分属不同的经济原则（一个强调同质，质不变；一个强调异质，存在质量阶梯），二者在战略上存在成本领先与差异化的区别。只不过同属差异化，管理 2.0 与管理 3.0 的成本原则相反，管理 2.0 的原则是范围不经济，对应高成本差异化；管理 3.0 的原则是范围经济，对应低成本差异化。实际上，管理 2.0 是需求复杂性与供给简单性的组合。用简单性系统（金字塔结构）的供给去应对复杂性系统的需求，用中心化的“人”应对去中心化的“单”，以不变应万变。丰田经验的弱点，如表 11 - 2 所示，在于金字塔的底层（接触用户的

① Jurgen Appelo：《管理 3.0：培养和提升敏捷领导力》，清华大学出版社，2012，前言。

② 同①。

一线员工）没有决策能力，造成整个系统必须用规模经济补范围不经济，因此难以充分做优。

表 11－2　　管理 1.0、管理 2.0、管理 3.0 的本质特征

	管理 1.0（美式管理）	管理 2.0（日式管理）	管理 3.0（中式管理）
环境	简单性（无差异需求）	复杂性（差异化需求）	复杂性（差异化需求）
组织	简单性（塔顶响应）	简单性（塔顶响应）	复杂性（全员响应）
管理目标	效率（低成本同质化）	质量、品牌（高成本差异化）	个性化（低成本差异化）

而管理 3.0 相反，在于以变制变，即以一线员工的全员响应、全员决策（人人都是 CEO），做到多样性增加成本反而下降，因此它不必然需要以规模经济弥补范围不经济，而从需求与供给两方面实现范围经济（复杂性经济）。从经验上看就是，同是实现定制，管理 2.0 必须大规模定制，而管理 3.0 可以直接实现个性化定制（例如 3D 打印无须以扩大规模作为降低成本的条件）。

从管理的理论特征来看，管理 1.0 对应的均衡点是 $P=MC$。其经济学含义是：同质完全竞争形成需求与供给两方面的同质化（简单化）。其中需求方面的同质化，导致企业降价竞争；企业围绕专业化效率和规模经济（平均成本相对于规模化程度递减）进行竞争，存在会计利润（企业利润最大化条件 $MC=MR$），但均衡时零经济利润（会计利润与会计亏损相抵）；对应企业成本领先战略。

管理 3.0 对应的均衡点在 $P=AC$，即垄断竞争均衡。其经济学含义是：异质完全竞争形成需求与供给两方面的异质化（复杂化，即个性化、多样化经济）。其中需求的多样化经济，表现在存在质量溢价 $AC-MC$，对应现象是用户肯为良好体验付出高于边际成本的加价；供给的多样化经济表现为多样化效率与范围经济（平均成本相对于多样化程度递减）；对应的企业战略是低成本差异化；在均衡状态存在经济利润（企业会计利润与会计亏损相抵后存在正值）。

管理 2.0 介于管理 1.0 与管理 3.0 之间，它在需求方面具有管理 3.0 的特征（需求多样化），供给方面具有管理 1.0 的特征（专业化供给，在差异化上

与管理3.0相反，为差异化不经济、范围不经济)，对应的企业战略是标准的差异化战略（高成本差异化）①；在一定程度上，可以通过规模经济，补偿范围不经济（如D－S模型所述）。之所以把它（日式管理）在大类上归入美式管理所在的简单性范式的大类中，是因为在最关键的组织上，管理2.0仍把企业理解为自上而下中心控制的金字塔结构的典型的简单性系统。

11.1　范围经济：质量、创新与体验经济不经济

海尔模式从经济学基本面上讲，最接近的是范围经济的主张。范围经济主张低成本差异化②，即系统越复杂，（平均）成本越低，收益越高。系统越复杂，包括对质量要求更高，对创新要求更高，对体验要求更高。这是对智慧所做的最直接的经济学定义。复杂现象在经济学实证中对应的是差异化现象，则范围经济的含义也可以表述为越差异化，成本越低，收益越高。

差异化对应的真实世界的对象，是质量、创新与体验。差异化经济不经济，对应的现实问题，就是质量经济不经济、创新经济不经济、体验经济不经济。其中，创新是从供给角度定义的差异化现象，体验是从需求角度定义的差异化现象，而质量同时涉及供给与需求。如果差异化不经济（如创新不经济)，就需要“补贴”（罗默认为这个补贴额等于$AC-MC$，对冲研发经费)。

传统经济学（以报酬不变或报酬递减为标志性特征）默认的结论是质量不经济、创新不经济、体验不经济。新经济增长理论（以报酬递增为标志性特征）分规模经济与范围经济两个流派，前者认为差异化在需求方面是经济的（因为有助于提高价格)，但在供给方面不经济（因为增加的成本，如研发费用可能高于收益)，为此，需要以规模经济来补贴不经济的部分（平均成本

① 1991年海尔实行的多元化战略属于这种类型，直到网络化后，转入低成本差异化战略。

② 低成本差异化翻译成古代汉语即易（张瑞敏将其解为不易、变易、简易“三易”)。

减边际成本）；后者则认为差异化不仅在需求方面是经济的，而且在供给方面也是经济的，对应多样化经济与范围经济的效果。

在支持创新的观点内部，标准看法认为创新本身是不经济的，不能用创新本身驱动创新，只能用物质投入（如研发经费）驱动创新。海尔模式给出了另一种解释。

对海尔模式来说，上述基础理论问题对应的是双赢经济不经济（引申为生态圈经济不经济）。这可以说是海尔管理学背后的基本经济问题。

按传统经济学逻辑，双赢在会计利润上经济是可能的，但在经济利润上是不成立的。因为传统经济学认为，任何差异化，包括质量、创新与体验，都是不可持续的，只有在完全竞争中磨平为无差异，才能达到市场各相关方的力量均衡的帕累托最优。则双赢模式如果要在经济利润这个基本面上成立，一定要求均衡点不是在无差异之处均衡，而差异化达成均衡，只有垄断竞争一途。

这决定了海尔双赢模式在经济学基础理论部分能否成立，取决于二选一的选择：它要作为基本面理论（大概率赢利，即双赢的会计赢利在全局上高于会计亏损），就只能以垄断竞争均衡理论为依据；除非海尔自己承认双赢不是基本面现象，而是微观小概率事件，则不需要依赖任何经济学理论作支撑，只需要会计理论作支撑即可。

下面的范围经济的原理模型，说明双赢要在基本面上成立所需要的必要条件。除了符号不同（从 Q 变成 N），其余的形式与规模经济是一模一样的。这不是为了偷懒，而是为了让人们看清规模经济与范围经济在数学上的严格对偶性。

我们定义范围经济的成本是异质成本，即多样性成本，也就是关于 N 轴的成本，用 C 表示，AC 表示平均成本，MC 表示边际成本，H_2 代表品种，将异质成本函数（异质子函数）写为：

$$C_2 = bh_2^{1/(\alpha+\beta)} \tag{11-1}$$

异质的边际成本函数与平均成本函数分别为：

$$MC_2 = \frac{dC}{dh_2} = \gamma h_2^{1/(\alpha+\beta)-1}, AC_2 = \frac{C}{h_2} = bh_2^{1/(\alpha+\beta)-1} \tag{11-2}$$

如图 11－1 所示，当 $\alpha+\beta=1$ 时，范围报酬不变。

此时，$1/(\alpha+\beta)=1$，$C=bH_2$，故有 $MC_2=AC_2=b$。

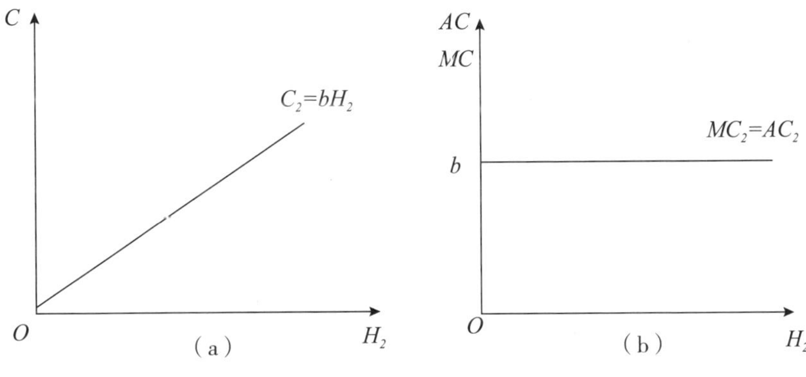

图 11－1 异质成本子函数

如图 11－2 所示，当 $\alpha+\beta>1$ 时，范围报酬递增，范围经济。

此时，$1/(\alpha+\beta)<1$，函数严格凹，AC_2、MC_2 函数的指数为负，因此是向下倾斜。由于 $\gamma<b$，MC_2 曲线位于 AC_2 曲线下方。

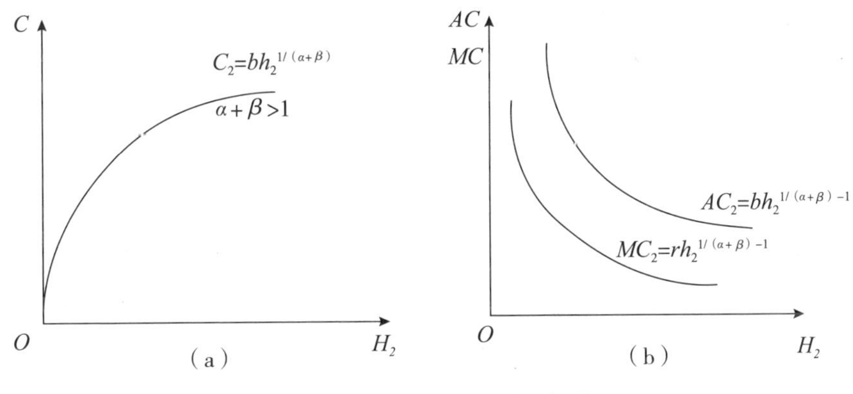

图 11－2 异质成本的范围经济

如图 11－3 所示，当 $\alpha+\beta<1$ 时，范围报酬递减，范围不经济。

此时，$1/(\alpha+\beta)>1$，成本函数严格凸，AC_2、MC_2 函数的指数为正，因此是向上倾斜。由于 $\gamma>b$，MC_2 曲线位于 AC_2 曲线上方。

图 11－3“异质成本的范围不经济”中（b）图中的 AC_2 是异质平均成本

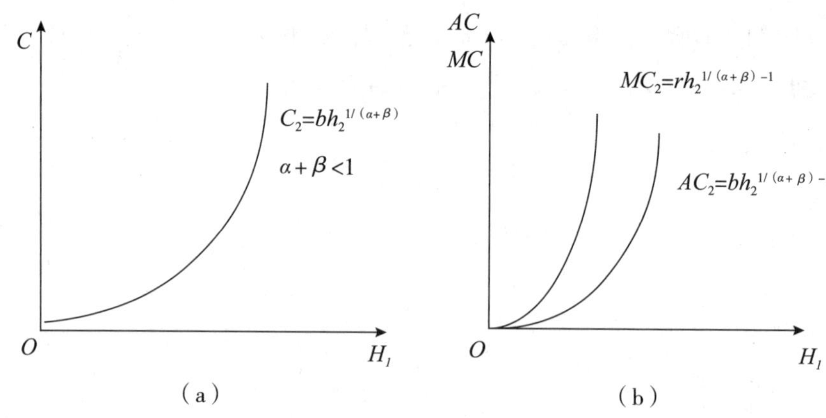

图 11－3 异质成本的范围不经济

曲线的一部分。

现有范围经济理论是多产品而非多品种范围经济理论，相当于把 Q 轴当作多个同质的产品，用超平面上的多个分支 Q 轴来表现。也就是说，目前《产业组织经济学手册》中的范围经济，是定义在 PQ 平面上的，而我们的范围经济是定义在 PN 平面上的。这是本书方法的一个重大不同①。

在这里，对主流的规模经济观点提出一点批评意见：现有主流规模经济观点多强调多样性在成本上不经济，但规模经济与品种不经济之间的联系不是必然的（例如可能出现大批量与多品种的均衡组合）。

上述模型，看似简单，却是迄今为止所有经济学家都没有认识到的规律。

以上用数学语言描述的，其实就是“以变制变”何以可能经济（三易中的前两易为什么可以通过第三个易实现）的成本机理。这在西方标准经济学中是一个盲区，也自然成为管理学的思维盲区。

11.2 二维点阵数学模型

海尔要求，进入任何一个新的领域，首先要锁定生死时速，意味着必须要做差异化，体现为二维点阵的纵横匹配。这意味着，海尔在效率的框架上，

---

① 姜奇平：《网络经济：内生结构的复杂性经济学分析》，中国财富出版社，2017。

无形中比其他企业增加了一个多样化效率框架。海尔称之为换道。

如图 11－4 所示，张瑞敏指出，横轴就是传统的产品收入，一般企业都是做这个，海尔一定要做纵轴，纵轴是用户需求和体验的迭代。做纵轴的前提是横轴一定要“套圈”，在套圈的基础上再“换道”。“纵横轴匹配是人单合一模式优化升级框架的主轴，更是模式推进的主线。”

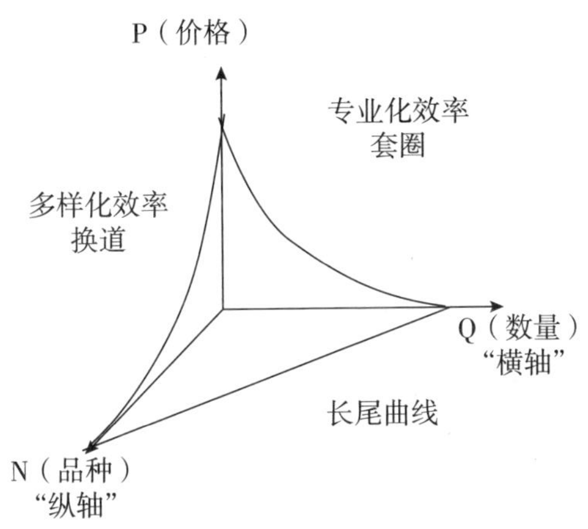

图 11－4　二维点阵的几何原理

根据理论经济学中信息化与网络经济理论（广义均衡理论①）的结论可知，换道的改变在于将均衡点从 $P=MC$，移至 $P=AC$。经济学上称为拉姆齐定价。如果 $P=AC$ 不是短期的，而是长期可稳定的。企业可以获得经济利润（同质化竞争则只能获得零利润），$AC-MC$ 就是差异化带来的增值。

生活 X.0 与工业 4.0 是一个相反概念，前者是从需求角度定义的，后者是从供给角度定义的。双方在换道区，有一个交集，这用海尔的概念解释就是三易。三易在经济数学中，就是图中的多样化效率曲线，表示要处理的业务越多样化（即越“变易”），越有收益价值，平均成本反而越低（即越“简易”）。

实现多样化效率的关键在于把效率转化为效能，也就是区分固定成本（基础业务）与可变成本（增值业务），前者越出企业，在网络使用边界内分

① 姜奇平：《网络经济：内生结构的复杂性经济学分析》，中国财富出版社，2017。

享，而后者创造差异化租值，并补偿平台的固定成本投入。如张瑞敏指出的，海尔洗衣机和酒柜的小微已经实现较大的生态收入，再进一步，发展的目标就像安德森在《免费》中说的那样，硬件免费，收益来自软件和服务方案，这就倒逼生态圈要做得非常大。

生态圈在此特指由企业（硬件平台）、增值服务（创客）及外部资源共同构成的资源“使用”共同体。其中，使用也是特指的，是指“物联网时代，产品经济终结，替代它的是服务方案经济（或使用经济）”。这是埃里克·谢弗尔的《工业 X.0：实现工业领域数字价值》中提出来的。谢弗尔认为用户要的不是产品本身，而是通过产品带来的服务方案。海尔则把这里的服务方案，进一步升级为与标准化服务不同的体验服务方案。

下面，我们分别从成本和利润两个角度，用模型解析套圈与换道的数学原理。

11.2.1 套圈—换道二元成本函数

设套圈—换道二元成本函数，由同质成本 H_1 与异质成本 H_2 构成。分别位于 G 轴（数量轴，代表套圈、引爆所在成本空间）与 N 轴（品种轴，代表换道、引领所在成本空间）。先验假定，主要作用于 Q 轴上的技术为套圈技术（工业化性质的技术），主要作用于 N 轴上的技术为换道技术（信息化性质的技术）。如果信息通信技术作用于 Q 轴（如产生规模经济）时，视同套圈技术（相当于换道技术在套圈中的应用），本质是扭曲信息技术之“体”，专为工业化之“用”所应用。

在标准理论中，所有投入简化为两个投入：同质劳动（l，用劳动时间来计量）和同质资本（k，用机器使用时间来计量）。企业的总成本函数是 $TC = wL + vK$，相应的经济利润是 $\Pi = Pq(K,L) - wL - vK$ 。

我们用 H_1 取代 K，H_2 取代 L，H_1 的价格仍沿用 v，H_2 的价格仍沿用 w（但不代表工资，而代表异质成本价格，类似张伯伦理论中的“销售成本”的价格）。

要素向量为 $X = X(H_1, H_2)$，X 代表生产要素组合的向量，H_1、H_2 分别代表同质生产要素与异质生产要素。价格向量表示为 $r = r(v,w)$ ，r 代表生产要素价格组合，v、w 分别代表要素 H_1、H_2 的价格。

总成本为：

$$C = C_1 + C_2 = vH_1 + wH_2 (1-10) \qquad (11-3)$$

生产者投入要素生产时，使价格向量与要素向量相匹配，保持总成本固定不变，构成等成本线。

从几何角度看，套圈—换道二元成本函数是一个成本曲面，同质成本曲线与异质成本曲线，构成这一曲面的两条边。图 11－5“两部门均衡空间中的双成本曲线与二元成本曲面”中，成本曲线有两条（这里以平均成本代表成本曲线），分别是由 *rav* 构成的 *AC* 和由 *rbw* 构成的 *A′C*①。

图 11－5 中的 *A′C* 曲线（*rbw*）为新定义的范围经济平均成本曲线。其中 *rb* 段代表范围经济（成本递减，对应范围报酬递增），*bw* 段代表范围不经济（成本递增，对应范围报酬递减）。新旧定义区别在于，原定义的范围经济（潘泽，1988）为多产品范围经济②，新定义的范围经济为多品种范围经济。

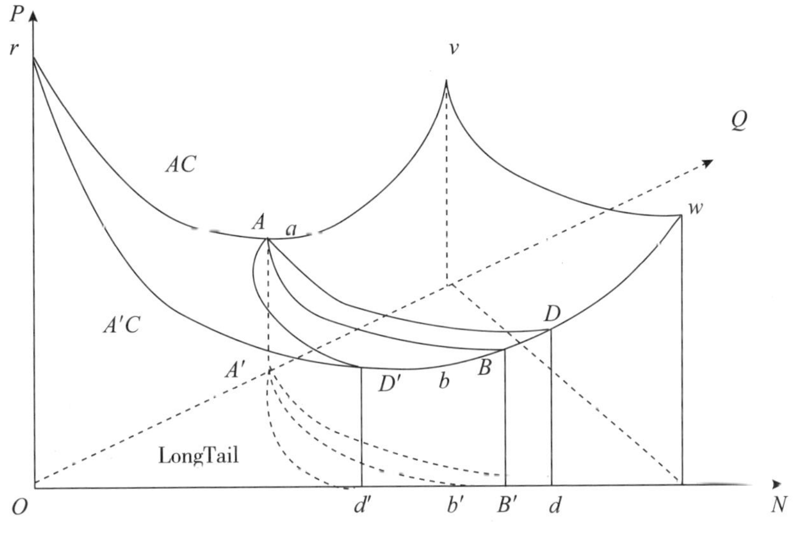

图 11－5　两部门均衡空间中的双成本曲线与二元成本曲面

---

①　*a*、*b* 分别代表曲线的最低点，*A′C* 在这里实际是超额平均成本。Long Tail（长尾曲线）由数量和品种的组合构成，由单一品种大规模组合向小批量多品种组合演变。

②　多产品是指同一品种内部多个产品，相当于把此处的 *Q* 轴展开为超平面，利用射线平均成本（Ray Average Cost，RAC）表现平均成本。

这里重新界定了换道中的某些现象。在新古典范式（甚至内生增长范式）的各种理论中，都不存在对 *rb*（品种越多，平均成本越低）这一区间现象的解释。所谓“品种越多，平均成本越低”，对应换道业务，是指通过用户交互，发现用户的个性化、差异化需求，通过创新、创造用户价值加以满足。在这一过程中，由于小微（一级自主经营体）得到平台（二级自主经营体）的重资产支持，均摊成本于各个差异化业务之上，而形成整个网络组织的平均成本递减，范围报酬递增。这一逻辑放大到宏观经济，将导致一国经济增长越来越不依赖以 M_2 形式超发的固定资产投资，而转向奥地利学派意义上的资本的分享利用。

包括内生品种但采取规模经济设定的 D－S 模型，默认的选项都是 *bw*（品种越多，平均成本越高）。经济学家普遍看漏了换道这种实践在实现低成本差异化上的可能，看漏创新驱动可能不仅不需要补贴，反而可能从市场（例如从孵化小微中）直接得到租金补偿的可能，而这一切都与换道带来的新技术经济范式具有均衡水平的内在联系。经济学家看漏这一关键之处，表面上看，是因为他们对互联网中的一些“招”观察不细（如苹果为什么要控制支付，而与阿里巴巴思路无关——是为了收回外部性的租金，谷歌在此为何吃亏），深层原因是，传统经济学从“本”（范式）上不认同新经济，所以对新经济中的“末”（实践）视而不见，就当不存在，哪怕这种存在已经轰轰烈烈到革命的程度。简单地说，他们不实事求是。而企业不实事求是早就倒闭了。

rb 对应的就是这样一种新技术经济范式，在经验上表现为信息通信技术和物联网技术固然可以“大材小用”地支持自动化（作用于 *Q* 轴），但更擅长于智慧化（作用于 *N* 轴）。智慧化的技术经济本质，就是越复杂化（*N* 值越大），成本（例如异质平均成本 $A'C$）相对越低。这才能从官僚主义赖以为生的生产力根源上，刨官僚主义的生产关系老根。

当代表物质投资驱动的 *AC* 曲线越过 *a* 点进入 *av* 区间（成本上规模不经济，例如企业越大对市场响应越迟钝）时，换道意味着，一旦从 *av* 上的任一点移向 $A'C$ 曲线的 *rb* 上的任一点，绝对成本的提高可能被多样化带来的更高收益所补偿，且出现范围报酬递增，企业会由做大做强转向做优做强做大。

11.2.2　套圈—换道二元利润函数

在套圈—换道二元生产函数 $y = f(H_1, H_2)$ 下，厂商希望最大化利润：

$$\pi = py - vH_1 - wH_2 \qquad (11-4)$$

π 是企业的等利润线（Isoprofit Line）。在这里，产出 y 是 q 和 n 共同的产出，q 这个符号已分配特指窄义的数量。

将投入需求函数 H_1（p，w，v）、H_2（p，w，v）、产出供给函数 y（p，w，v）代入式（11－4），可得利润函数：

$$\pi = py(p,w,v) - vH_1(p,w,v) - wH_2(p,w,v) = V(p,w,v) \qquad (11-5)$$

根据霍特林引理（Hotelling's Lemma），利润函数关于价格微分，可以得到投入需求函数和产出供给函数。

对换道来说，多样性成本 wH_2 的降低，对应的经验现象是智慧化水平的提高。因为智慧的本质就是事物越复杂（越“变易”），处理成本相对越低（越“简易”）；wH_2 的降低在其他条件不变时，直接提高了利润Π。在这里，信息技术和网络技术的微观作用表现在，通过应用和转型，使企业的业务变得更加灵活（代表以变制变中的前一个变，即人变），可以更有效能地响应复杂性的市场需求变化（代表以变制变的后一个变，即单变）。根据式（11－5），仅仅测度 wH_2 上的投入是不够的，还必须测 py，特别是其中多样化产出 n 与价格 p 的影响。

套圈—换道两部门利润模型显示了企业做强做优的效果。比较企业做强与做优，如果说这是两种不同模式的利润增进，做强（套圈）对应的是 Q 轴上的利润增长，而做优（换道）对应的则是 N 轴上的利润增长。在海尔的战略损益表中，前一种业绩可能会记在损的一方。海尔战略损益思想一个鲜明特征在于，利润增长不是靠简单的规模扩大，而是靠品质提高，或多样性增加，因此更贴近用户的各不相同的需求，也就是在均衡水平下扩大 N 值中实现，或者说在价格与 N 值关系的优化中实现。

通过以上利润模型，我们还发现一个以往管理学没有注意到的问题：流程再造降低的成本，与套圈所要降低的成本，是同一类成本，都是同质性成本，这种成本可以通过扩大生产与服务规模来降低，但与换道所要降低的成本不是同一类成本，换道特有的成本，是异质性成本。通过降低异质性成本提高多样化效率是指，如果满足同样多的个性化需求，所需成本更少；或同样的成本，可以满足更多种类的个性化需求。这种成本与规模没有必然联系。但由于真实世界中发生的实际情况，往往是规模经济且范围经济这种混合现象，所以多数人（包括所有美国经济学家）都认为范围经济不经济与规模是有关的。在多数情况下，这个判断是成立的，但不是必然的。例如，3D 打印就不遵守这种相关，物联网经济也趋于使这个相关关系摘钩。

总体来说，套圈—换道两部门的供给曲面显示的是在标准理论中隐形的、对应换道的逻辑：相对于多样化的成本，有可能（这一可能的条件正是换道）出现范围报酬递增。这颠覆了标准理论的成本模式，显示了以互联网为代表的商业模式创新的新逻辑。工业经济转型升级在供给方面微观改进的关键在于，引入新的换道成本约束条件（开放条件下范围成本递减），以达成复杂多变市场需求下可持续的利润增长。

第十二章　交互与温度：网络经济解释

交互与温度是海尔生态模式的核心概念，现有任何经济学都无法提供解释。要解释交互与温度，经济学面临框架上的创新。我们试图从数字经济提供一个解释框架。

交互与温度映射的经济本体，是意义。以往的经济学，聚焦的是价值，而不是意义，价值是实现意义的手段，意义是价值所实现的目的。有钱不等于快乐，意义与价值有一个明显的不同，他们对象化的载体（中介符号）不同。价值可以用一般等价物表现，1 元的价值与另 1 元的价值是相等的；而意义却无法用一般等价物表现，一人的快乐不等于另一人的快乐，需借助具有非一般等价物特点的信息（语言、话语）、知识（个人知识）、数据符号（结构化与非结构化数据）表达与表现。数字经济这个说法，侧重定义的中介符号，符号（能指）背后的所指就是意义。从这个意义上说，数字经济的经济本体，是意义本身。

海尔模式强调人的价值第一，这个价值，是人作为目的的价值，即意义，而非作为手段的价值，即功利上的价值。

交互与温度是意义存在的形式，意义存在于人际网络的语境之中，通过交互达成意义的表达与沟通；同时，意义作用于理性之上的情感，随着人的自我实现的层次提高，而呈现温度现象（自我实现相当于温度达到高潮、沸点）。

传统经济学只研究手段，不研究目的。因此，解释交互与温度，意味着经济学要经历一个大的转向，从手段之学（价值之学 ），扩展到目的之学（意义之学）。

数字经济是包括信息经济、知识经济、网络经济、虚拟经济、文化经济、体验经济、生态经济等一系列新经济①在内的集合概念，可以认为这些名称指向的是同一头大象，只不过角度不同，共同特点是有别于工业化经济。解释交互与温度更多涉及网络经济（交互）与体验经济（温度）的视角。

区分这些概念在实际使用中的语义色彩，信息经济侧重信息技术与信息产业，知识经济侧重科技研发与创新，网络经济侧重互联网络，数字经济这个概念在以往的使用中侧重从数字中介角度定义和观察对象。

然而，我们这里所说的数字经济，更多作为集合概念，要进一步辨析，数字经济有客体与主体两方面的内涵。从客体内涵讲，与虚拟经济相比，同为中介符号，虚拟经济包括了金融经济和数字经济，区别在于，前者的符号是一般等价物，后者的符号是非一般等价物（如语言、非结构化数据、个人信息）。从主体内涵讲，一般等价物对应的主体价值是价值，非一般等价物对应的主体价值是意义。与体验经济、文化经济相比，同为意义经济，体验经济、文化经济更强调意义本身，但数字经济更侧重数字符号这个能指与意义这个所指之间的关联。

从方法论上说，意义之学与价值之学的分别是结构经济学与原子论经济学的分别。结构聚焦的量是异质之量，是质性分析；原子论聚焦的量是同质之量，是过去所说的（不内生品种等质的差异的）定量分析。意义之学通过两个方面构建意义，一是从客体结构方面解析意义，将意义所赖以存在的语境当作研究对象，由此构成解释交互的网络之学；二是从主体结构方面解释意义，将自主人的意义所赖以存在的体验，作为研究对象。

12.1 如何对交互与温度进行经济学定位

12.1.1 什么是经济学意义上的“交互”

生产者与消费者之间的相互关系，可以分为两类，一类是线性关系，即交易；另一类是非线性关系，即网络交互。海尔把后者称为交互。

① 也许准确的概念是信息化经济，因为新经济在历史上，每过十年就会被提出一次，内涵完全不同。

传统经济学只研究的生产者与消费者之间线性关系，即同质关系，同质关系是指理性经济人的关系，是没有温度——情感在其中不起作用——的关系。

让交互概念所指的东西在经济学中“显形”，需要两个基本条件。

第一步，将同质性假定，放宽到异质性。这一步，通过 D－S 模型（1977）可以在技术上实现。D－S 模型是内生品种的均衡模型，通过将品种的设定，从 $N=1$（所有产品为同一个品种），到 $N>1$，实现了从无差异的同质性关系，向差异化的异质性关系的转变。这构成了信息化经济学的均衡理论基础①。

第二步，还需要将异质关系，转化为非线性结构关系。在 D－S 模型中，异质性虽然通过差异化（异质组）实现，但由于采用的是代表性消费者模型，所有异质关系只是同一个关系，用来与同质关系（同质组）进行整体比较，具体的异质关系与异质关系之间，仍然看不出区别。为此，需要引入网络经济学，借助网络科学中的图分析，将网络关系分解为节点与边的集合，通过边的邻接矩阵，看出具体的异质关系彼此相互区别的结构性质②。

从网络经济学切入交互与温度，是从质性分析入手。经济学以往都是以定量分析为主（以数量—价格为基本分析维度）。而交互与温度不存在于同质之量（$N=1$ 时，Q 的各种变化）的分析空间中。

网络经济学的基本方法是，为了分析质，将品种作为质轴（异质之量的数轴），从 $N=1$（即所有商品都没有质的差别，只具有一种质）推广为 N 为可变量。接着进一步将 N 轴展开为“点—边”二维平面（称为图平面），其中，以点代表质变（温度变化），以边代表关系变化（交互）。

由此反推，当 $N=1$ 时，所有的边（关系），都处于正则网络状态这样一种特例中，即边同质，且等长，对应所有关系都是公共关系，没有情感介入。这就是张瑞敏说的交易关系。而边一旦不等长（对应人的关系分亲疏，且亲

① 姜奇平：《信息化与网络经济：基于均衡的效率与效能分析》，中国财富出版社，2015。

② 姜奇平：《网络经济：内生结构的复杂性经济学分析》，中国财富出版社，2017。

疏具有经济意义），则温度变化就从不可观测、不可管理，转为可观测、可管理。

从这个意义上说，网络经济学通过边分析（对交互的分析）来进行质性分析（对温度的分析）。

进一步来说，系统的质性变化同时又是结构变化，特别是结构中关系及关系组合模式的变化。这是网络经济学的研究方向。

12.1.2 什么是经济学意义上的“温度”

温度不是经济学中的术语，而是一个比喻，比喻的是高级需求的特性。现有经济学与管理学不同，不区分高级需求与低级需求，将所有需求一律还原为最低级的需求，即物质欲望。管理学承认需求存在物质需求（物质欲望）、社会需求和自我实现需求。其中物质欲望是同质需求，彼此之间没有质的差别，它是没有“温度”的需求，其标志是同质需求按边际成本确定均衡价格；而有温度的需求，主要是社会需求和心理需求，“温度”的高低主要对应均衡定价时高于边际成本的程度。

在传统经济学中，可以用消费者剩余的存在及多少，确定对应的“温度”。简单地说，在均衡条件下，$P = MC$ 时的需求，是无差别的需求，可以认为是没有温度的；$P = AC$ 时的需求，是有差异的需求，温度可以被认为是服务贴心的差异化程度带来的心理反应。

传统经济学无法进一步区分有差异的需求中社会需求与心理需求的差别。心理需求（对应管理上的体验需求）从表面形式上看，具有需求曲线“向上”的特征。然而，需求曲线能不能向上，这涉及一个极富争议的问题。汪丁丁与张五常曾为此发生激烈的争论（见网上需求曲线词条）。薛兆丰认为，需求曲线向上，实际是多条需求曲线的“假象”，每条需求曲线代表一个不同的质。

数字经济学为辨析这个问题，第一次提供了基础理论支持。由于在 D－S 模型将品种 N 内生于均衡基础上，将 $N=1$ 的同质假定放松为 $N>1$，可以发现，不仅存在一般的差异化需求，导致拉姆齐定价，而且可能存在沿 N 轴的多条需求曲线（N 值不同，代表质的不同），替代需求曲线向上的解释。这样的需求曲线，在“品种—数量—价格”三维均衡坐标中，实际是需求曲面。它可以同时满足汪丁丁和薛兆丰对同一现象的描述。

值得注意的是，行为经济学中“情境依存的偏好”，可以有效定义有温度的需求。

“基本的形式化表述是：如果效用函数是用来解释实际行为的，那么它的自变量就应该是状态或事件的变化而非状态本身。因此，个人给状态赋予的价值取决于该状态与现状（或其他可能的参照状态，比如某一渴望水平或同等人所享有的状态）之间的关系。”① 这与我们说的“价值是效用相对于参照点的得失”是一个意思。

假设 ω_i 是一个表示状态 i 的向量，它是可能状态集合 Ω 的一个元素，U_i（ω_j）是状态 $\omega_j \in \Omega$ 对于一个目前正经历状态 ω_j 的个人而言的效用。令 U_i（ω）表示当一个人处于状态 i 时对于所有可能状态的偏好排序。于是，如果存在一定的 i 和 k，对于相同的个人而言，他在另一个不同状态下的排序 U_k（ω）和由给出的排序 U_i（ω）不同，那么这个人的偏好就是情境依存的②。

情境依存，对应海尔模式的概念是物联网模式。物联网在此指锁定用户（包括最终用户）需求的语用网络。情境，又称语境、语用，指一个词的上下文。一个词的“个性化”的含义，在上下文中，被唯一地锁定。有温度的需求，一定是情境依存的偏好，它是用户依托物联网构成的生活网络中存在的斯芬克斯之谜相对于这个用户的唯一的、与其他用户相区别的答案。

在这一数学方法背后，数字经济学（作为一种后现代经济学）实际区分了价值与意义，前者是同质的，后者是异质的。同质需求反映的是同质的价值（所有价值都是同质的），异质需求反映的是异质的意义（所有意义都是异质的，如果一定用价值这个词则称为具体价值③）。价值与意义的关系，是人的手段与人的目的之间的关系。

---

① 萨缪·鲍尔斯：《微观经济学：行为，制度和演化》，中国人民大学出版社，2006，第79页。

② 同①，第76页。

③ 姜奇平：《后现代经济：网络时代的个性化和多元化》，中信出版社，2009，第9页。

区分价值与意义之后，对温度的解释实质是对意义（需求方意义）的解释。温度是一个比喻的说法，意义是规范术语。消费者的需求是异质的，没有温度的需求，是生存、发展层次上的；而有温度的需求，是自我实现意义上的。海尔模式中，前者指顾客的需求，后者指用户的需求。在用户需求中，最高的温度是指高峰体验的需求，指向的是实现美好生活这一目的。

与传统经济学比较起来，区别是巨大的。新的经济学强调以人为本，供给是手段，需求是目的。传统经济不是以人为本的经济，供求都只是把人当作手段，具体说，是把人当作（物化的、没有“温度”的）生产的手段。

需求是目的，这意味着人是目的。这是海尔“人的价值第一”的理念的内在意义。在需求方面，这要区分物质需求、社会需求与心理需求的不同。其中，心理需求就是温度所在，心理是知冷暖的，心理对应的是意义，即海尔说的美好生活。这是传统经济学在框架中就没有的东西，需要用新框架补充。在供给方面，要区分机械劳动与创新，其中，创新不是为创新而创新，不是形式上的花样翻新，而是以需求为中心，进行有意义的创新。所谓有意义的创新，是指创客的创新行为要以终身用户实现美好生活这个意义为中心，使用户满意的，就是有意义的创新；不能使用户满意的，就是没意义的创新。这样一看，传统经济学，包括熊彼特理论、企业家精神，也没有明确的框架，用意义来规范、引导创新，变成了单纯的“标歧立异”（波特称差异化战略为标歧立异战略）。

12.2 网络资本与交互

12.2.1 结构洞与交互

12.2.1.1 将社会资本纳入经济学：交互的学术含义

海尔模式将交互作为核心概念，意味着将社会资本（又称社会网络）置于经济活动的中心位置。但在经济学中，将社会资本置于中心位置，仅仅是网络经济学近来才认可的规范。此前，社会资本被经济学接受，通常是在社会经济——将社会嵌入经济——的语境下发生的，认为纳入经济的是“非经济的”因素。由于经济人理性主导经济学家的意识，只有很少的经济学家在理性（经济人）之外，接受行为（社会人）的设定。这种情况因为网络经济学和行为经济学的兴起，正在改变。

罗纳德·伯特的《结构洞：竞争的社会结构》代表了这种转向。以往研究竞争结构时，所谈结构都是经济结构，如完全竞争、垄断竞争结构。伯特谈竞争时所涉及的是社会结构。他的思路是将社会结构作为资本。这与林南、格兰诺维特对网络的通路式理解有所不同，但仍留有将关系理解为社会因素（“非经济”因素）的痕迹。

将社会资本纳入经济学，在美国学术环境下与中国不同，一直受到经济学家的激烈抵抗。索洛就带头反对，他认为资本可交换，而社会资本不可交换，这是不应将其纳入经济学分析的原因。这是原子论式的理解，相当于把资本理解为节点，而不是关系。一旦把资本理解为关系，则会出现上述他说的问题：节点与节点可以在网络中进行交换，关系网络却无法与自身进行交换。其实这种看法是一种误解。

海尔模式中的交互，就是社会资本中的关系。以往，将关系（包括关系网络）纳入经济学分析被称为嵌入，意思是将社会因素从外边嵌入经济因素，由此形成社会经济学等社会网络分析。网络经济学却不认为网络是社会而不是经济的，认为关系是纯经济现象，即纯经济的关系，关系网络就是“经济学的”，它有自己的由需求—约束、成本—收益分析构成的均衡系统（这一点有别于社会学说的关系）；认为网络是与市场不同的资源配置方式，拥有不同的结构。市场只是结构的原子论特例，是全网结构的特例，即节点无中心，而边均质等长的网络（正则网络）。全网结构只是市场结构的推广，即在要素（节点）结构中加入关系，形成网络，并以网络为经济分析的基本单位①；不认为资本的交换只能是节点的交换，它可以在网际（网络之间）进行交换，也可以在网络内部发生作用（如产生一加一大于二这种新古典理论不认可的报酬递增）。以下分析的交互与交易的区别，就典型显示了原子论交换与关系论交易的区别。

---

① 姜奇平：《网络经济：内生结构的复杂性经济学分析》，中国财富出版社，2017，第4、7章。

12.2.1.2 网络结构与市场结构的区别：交互与交易

有了以网络为本的理论突破后，再看结构洞理论，就可以发现它在解释力上的优点。伯特发现，“竞争是一个关系问题”①。竞争不是一个节点与另一节点单打独斗，而是关系及关系与关系之间的相互作用。海尔说的交互，不光是关系，而且是关系与关系之间的相互作用。由这些关系形成的网络，才是竞争与合作的基本单位。伯特还发现，由他所谓社会网络（实际已是经济网络）构成的竞争，是一种不完全竞争结构。

伯特将这种结构与交易的结构区别开来。在这点上与海尔模式背后逻辑完全相通。他指出市场结构中的完全竞争，“交易中的任何一方都可以不受约束地选择交易伙伴。存在不计其数的选择，供玩家们自由选择。逼着价格一直走低，直到最低”。在这里，“不受约束”是指因为产品和服务同质化，而没有任何差异化因素可作为价格门槛。而海尔所说的温度，则是一种由交互产生的约束。有温度的交互不同于交易，可以“约束”用户不从这一家转向另一家。

这种不完全竞争结构是一种网络结构现象，而不仅仅是市场结构现象。伯特说：“不完全竞争是一个自由的问题。”② 规则网络不存在自由的问题，有的只是必然。规则网络的规则，就是必然性的反映。而自由具有随机性。

伯特大概不了解张伯伦与罗宾逊夫人之间的长年争论，把垄断竞争结构误说成是不完全竞争结构，不过这对于非专业经济学家来说并不重要。重要的是对问题本身的理解，伯特说了一句：“从玩家可以影响关系的意义上来说，竞争是不完全的……选择集中在具有支配地位的玩家的手里。”③ 关系的异质性就表现在对关系远近的区分上。这里的竞争只能是一种异质完全竞争，或差异化的垄断竞争，而不可能是罗宾逊夫人所指同质化的不完全竞争。

区分市场结构下所说的关系与网络结构下所说的关系之间的区别，理解关系结构不同于市场结构之处，是理解网络结构与异质完全竞争的关系的要点。二者的根本区别在于，市场中的关系是交易关系、同质关系，它的结构

---

① 罗纳德·伯特：《结构洞：竞争的社会结构》，格致出版社、上海人民出版社，2008，第4页。

② 同①，第6页。

③ 同①，第6、7页。

特征在于所有的关系都是均质的（不分远近的）、同质的（因此人与人的关系都是等长的公共关系）；而网络中的关系作为交互关系是异质关系（区分远近，“处在一群人中的某个人的资源是视乎与他在社会关系上最接近的人的资源而定的”①），它的结构特征在于关系是拓扑关系、异质关系，其中存在多种多样的关系类型（如小世界网络、无标度网络）。异质的关系多种多样，而同质的关系只有一种（公共、等距离的社会关系）。

伯特通过结构洞理论，指出了两种结构现象（网络之所以为网络的拓扑结构现象）是异质的网络结构不同于同质的市场结构之处，这两种结构现象都是纯经济意义上的，也就是可以用得失来权衡，因而可以进行价格分析的对象。一是信息利益（Information Benefits），二是控制利益，前者指向的拓扑结构是交换关系（对应海尔的交互关系），后者指向的拓扑结构是权力关系。

12.2.1.3　信息利益：交互中的交换关系

伯特指出：“信息不会在竞争场上匀质传播。”② 这在暗中实际取消了市场结构成立的前提，即完全信息假设。完全信息假设不完全取决于信息本身，而且取决于信息结构（甚至取决于信息的利益结构），只有信息传播的整体结构是由匀质的边构成时，完全信息假设在传播上的条件才具备。这无意中把市场作为网络的特例所隐含的那层（信息）前提的（结构）前提公开声明了出来。

而在这种边匀质结构中，社会资本代表的各个节点之间的关系都是等长的1，因此有社会资本与没有，结果是一样的。如伯特所说：“在完全竞争下，社会资本是市场生产等式中的常量。”③

与之形成对比，在网络结构中，“玩家之间的联结是非匀质的，他们被那些与自身及其朋友相关的信息所吸引”④。海尔的小管家承担的交互功能不同于阿里巴巴网商的交易功能就在于，小管家专注的不是交易本身，而是玩家之间的非匀质联结，通过围绕用户自身与其朋友有关的信息展开互动，从而

---

① 罗纳德·伯特：《结构洞：竞争的社会结构》，格致出版社、上海人民出版社，2008，第13页。

② 同①，第14页。

③ 同①，第11页。

④ 同①，第14页。

把商业活动的空间由市场转向了网络。

网络结构相比于市场结构，其中的关系（边）是非匀质的，供求不匹配，就表现为结构洞，这是特指非匀质的关系结构中供求匹配的缺失与断裂，也就是供给找不到需求，需求找不到供给的情况。它代表的是潜在机会的缺失。

在市场结构中，由于供求信息不对称，是发生在要素（节点）上，而不是发生在关系中的（因为所有关系都相同），因此可以采用广告，以广播模式向所有节点进行匀质的传播，实现无差别的覆盖，以此降低市场的机会成本。但对网络结构来说，供求信息不对称只是在套圈意义上与要素（顾客）有关，而在换道中主要发生在关系与关系相互不匀质构成的用户关系不对称中。比如，在口碑传播中，有的关系让信息得到送达，而有的关系则不通。不通的关系就形成了结构洞，也就是朋友关系的缺失，它造成了口碑网络的“漏洞”。海尔所说的交互的作用，除了沟通信息之外，还有一个重要功能，就是发现结构洞，并编织、补全结构洞，使某种产品或服务通过朋友关系得到举荐，使得关系网络通路顺畅，从而使人单合一把握先机（机会成本）。伯特所说的信息利益的三个方面，通路、先机和举荐，都是相对朋友关系网络而言的。它们都不是市场配置资源的机制，而是网络配置资源的机制。

12.2.1.4 控制利益：交互中的权力关系

控制利益，涉及的是拓扑结构中的权力关系。

在这里，要注意网络结构与企业结构的不同。在企业结构中，权力关系是通过上下级的科层结构实现的；而在网络结构中，权力不是通过科层结构实现的。对于控制利益来说，要解决的问题是：如何不通过层级关系实现权力？这个问题背后，是网络结构与企业结构的不同，网络具有与企业一样的权力关系，却不通过科层制实现权力。权力如何在扁平结构中实现呢？不从理论上理解这个问题，就搞不懂官僚主义是如何成为理论与制度上可克服的，就会整天搞机构改革，越改革官越多，而不会像海尔那样，把官僚全部取消，不但系统运行如常，而且运行得更好。

对于企业来说，权力与层级结构结合，是生产资本起作用的形式。但在结构洞理论中，权力是根据社会资本的原理起作用的。二者之间存在生产方式与连接方式的不同。彼得·M. 布劳在《社会生活中的交换与权力》中分析过权利与权力的区别。权利交换是等价交换，而权力交换是不等价交换。如果将权力关系还原为一种扁平的交换关系，相当于在交换之后，一方付出另一方得到等价交换之上相当于利息的东西（如服从）。这启示我们，如果把权力关系从科层结构转换为扁平结构，只要找出这个“利息”，就可以看出网络中的权力是如何起作用的。

伯特说：“在追求建立同样关系的玩家之间做出选择就会获得控制利益。”① 对于伯特指出的控制利益，应该看出这里的控制与科层权力不同。伯特一再指出控制利益用于第三方在谈判中获取优势。第一，第三方是指控制的主体，是关系双方之外的另一方，这三方是平等关系。第三方如果说有什么特殊的话，顶多算是双边市场的第三方，是撮合者的角色。第二，谈判是一种交换关系，谈判的双方在规则上是平等的，而不是上下级关系（但谈成什么结果，却要取决于双方的比较优势）。

控制在此是指对关系的控制，主要取决于网络关系平面上的位置而非企业关系层级中的地位。商家主体将自己在关系网络中的位置移向更有利的位置，就可以更好地控制结构洞（机会，例如高单）。对于海尔模式来说，最根本的控制是单对于人的控制，是用户需求对产品与服务提供者的控制。谁控制了高单，并具有实现高单的第一竞争力，谁就拥有了控制关系网络的权力。

为什么会是这样？这是因为这里的关系是异质关系，如果说同质关系的特点是一加一等于二，整体等于要素之和，那么异质关系的特点是一加一大于二，大于的部分就相当于利息，因此可以在交换中产生权力。这是社会资本不同于生产资本之处。

传统经济学家在反对社会资本这个概念时，误以为在交换中，交换的对象是社会资本本身，但根据结构洞理论，实际发生的交换（谈判），主体的位置是不同的（即使地位是相同的），即利益相关方处于关系网络结构中不同位置，由这种位置本身产生了对市场（需求）控制力的不同。利益相关人是在进行位置交换，而不是社会资本交换。在网络中，一方服从于另一方（另一

① 罗纳德·伯特：《结构洞：竞争的社会结构》，格致出版社、上海人民出版社，2008，第31页。

方控制这一方），是为了从另一方获得稀缺的结构洞资源。

这对于生产资源的控制也是一样的。对关系的控制，还包括对资源相关方关系的控制。在生态圈合作中，通过资源接口，将更多有用的资源以更近、低成本的方式引入合作，成为控制力的重要来源。对传统管理来说，控制职能，是与领导职能、指挥职能联系在一起，以科层制形式自上而下实行的。但对于海尔的管理来说，控制可以是自下而上地控制，谁控制了用户资源，谁就控制单；谁控制了生产资源，谁就控制了人。从后一种控制中，派生出海尔领导功能的一项重要不同来，这就是要求企业的领导者要承担资源接口的功能，以此对创客的增值活动进行资源支撑。通过控制利益机制，我们可以更清楚地理解海尔管理学领导功能中，资源接口人和支撑者的作用。

值得高度注意的是，结构洞理论没有固定网络的控制人。不像企业理论，控制人一定是在企业中心处于领导地位的人；在网络组织中，控制人不一定在企业中心，或者说，这个中心是不固定的，哪个节点（员工）处于结构洞的更好位置，哪个节点就可以成为临时的中心，这个中心可以是多变的。对海尔来说，谁拿到高单，谁就是单的控制者；谁成为资源接口人和支撑者，谁就成为人的控制者。二者合为一体，就是人单合一。

12.2.2 通过结构自主性实现自主人

海尔模式强调自主人假设。伯特认为自主性的关键是结构自主性，即主体把握网络结构的能力，通过这种能力发现需求在关系网络中的何处并加以利用，发现资源在关系网络中的何处并加以利用。比如，“如果玩家这端没有结构洞而关系的另一端拥有丰富的结构洞，那么这位玩家就有了结构自主性”①。这一点非常重要，对于人人都是 CEO 来说，有了决策权并不等于有了自主性的一切，必须让结构的所有之处都为自主赋能；更重要的是，每位创客要想真正成为自主人，一定要占据网络的制高点，只有通过控制网络——包括控制单（结构洞）与控制人（资源）——而获得结构自主性，才

① 罗纳德·伯特：《结构洞：竞争的社会结构》，格致出版社、上海人民出版社，2008，第 72 页。

有自主人对价值的自主创造。

伯特的结构洞理论的价值主张接近海尔的人的价值第一，突出表现在对自主价值创造的表述上，相当于海尔说的创客作为自主人创造价值。

信息利益在于发现机会，控制利益在于利用机会。发现结构洞（用户网络中的需求焦点）并不是目的，目的是利用机会创造价值，“将机会转化为更高的回报率”。伯特把这种创造价值的行为称为企业家行为。具有企业家行为的不一定是企业家（企业领导），可以是网络中任何一个节点（如员工、创客、小微主）——只要他能在交互中发现机会、利用机会，像企业家那样创造价值。

获得结构自主性是成为自主人的必要条件。第一，自主人要有创造价值的动机，这通常由企业文化决定。比如，“追求获利机会只是为了追求将他人联系起来创造价值的乐趣”，或像熊彼特说的享受“创造的快感”①。海尔就具备这样的价值观，“玩家被心理需求或者文化‘推’着成为企业家”。第二，自主人需要有创造价值的条件，即“成功的希望‘拉’着玩家产生企业家行为”②。这个条件是指企业可以创造一个类似海尔生态圈这样的网络。“一个充满企业家机会的网络总是会把你变成一个企业家。”“我如果发现一个玩家拥有一个富有结构洞的网络可以借以进行企业家行为，我有玩家的意愿，就能像企业家那样去行动。”③ 结构洞本质上是人人成为企业家的机会。

创客为了实现自己的自主性，就需要综合整合机会和约束，使自己处于获取网络信息利益和控制利益的最佳位置。组织的定位也由此发生了变化，人与单两方面都需要向企业之外延伸：在单（消费者）这一端，要通过基于物联网建设的生态圈，通过有温度的交互，层层发现和拓展发现用户需求的结构洞，其中的深层结构洞已超出了发工资的营销团队的触达范围（即企业行为的范围），而由不发工资的口碑传播者承担，从而比企业更有效地发现机会；在人（企业）这一端，要通过生态圈合作，从外部整合

---

① 罗纳德·伯特：《结构洞：竞争的社会结构》，格致出版社、上海人民出版社，2008，第35页。

② 同①，第36页。

③ 同①，第36、37页。

资源，并建立资源接口，将外部资源临时引入合作，其中的资源借用范围已超出企业自身拥有的资源的范围，从而有效缓解满足用户整体解决方案的资源约束。

将自主人假设建立在结构自主性之上，这是交互的根本意义所在。

12.3 用户乘数与温度：溢价与增值

12.3.1 用户乘数的含义

张瑞敏首次提出了“用户乘数”的概念和理论，奠定了管理需求论的理论基础。这一概念借用了宏观经济学中的货币乘数和收入乘数的理念，但其逻辑又不完全一样。

货币乘数是指在基础货币基础上，通过商业银行的创造存款货币功能，产生出数倍于它的存款，即通常所说的派生存款。银行存款的漏损率影响着货币乘数的扩张能力，漏损率越高，则扩张能力越弱。

用户乘数的概念中，用户数相当于基础货币；企业与用户、用户与用户、用户与企业三者之间的有效交互，相当于商业银行通过存贷活动创造派生存款；用户交互产生的生态收入则相当于派生出的存款；社群中不参与交互的用户则相当于漏损的存款。货币乘数扩张的核心机构是与各经济体发生直接关系的商业银行、金融机构，而对于用户乘数来说，扮演这个角色的就是处于与用户交互最前端的企业市场一线，企业要像各商业银行不断创新业务、不断扩大用户规模一样，不断实现产品迭代，通过用户体验的升级驱动用户交互，减少不参与交互的用户。

用户乘数的基础条件是用户数，好的产品与服务相当于本金。用户乘数的必要条件，用户乘数高度依赖于用户对平台体验的满足程度，体验越好，满足越好，用户乘数越大。

货币乘数决定的是货币供给的扩张能力的大小，而用户乘数决定的是品牌社群的构建能力及企业生态圈的构建能力。我们需要去研究在一个社群里，用户总数是多少，有多少用户产生过交互，有多少用户购买了我们的产品，又有多少用户在购买过程中产生了交互，更重要的是，企业和用户产生了怎样的交互，企业在引导用户交互时，要传递正面的、便于理解、易于传播的话题性信息，从而达到引爆用户社群的效果。而用户乘数的优越性也体现在这里，用户的正向交互产生的倍增，不会像银行无限扩大的货币乘数那样带来信用风险，进而引发系统性风险，反而用户的不断交互会倒逼企业通过不断迭代，来实现对用户的“偿付能力”。

12.3.2　用户乘数的微观基础：消费资本

消费乘数的微观理论基础是消费资本论，这是一种解释消费何以具有乘数效应的理论，它认为消费本身具有一种与资本一样的扩大再生产即增值属性，通过多样化、差异化的增值服务得到满足。

将海尔的术语“有温度”和“没有温度”引入经济学的消费理论中，有温度和没有温度所指的对象，都是效用 U。没有温度，对应的效用是交易中的效用，它的特点是效用递减；有温度，对应的效用是交互——在海尔的术语中它是指附加了社会资本的交易——中形成的效用。这种效用，在价值上表现为两种情况。第一种情况针对的是用户。它会产生一个因温度而来的溢价，表现为在 $P = MC$ 的理性定价之上，产生因差异化、情感因素引起的溢价，对应消费者剩余，但它与交易一样，是等价交换中形成的，因此是不增值（不产生利息）的。第二种情况针对的是终身用户，不仅因差异化产生上述溢价，而且产生增值（好像生出利息一样），这种“利息”用经济学术语表示，是效用递增。即越消费，带来的边际效用越多，因而消费意愿越强烈。好像前一个消费像资本（种子）投入后，在下一个消费时，不仅带来对应本金的同量消费，而且“发了芽”——带来一个相当于利息的边际增加值。越消费，越想消费，这就是终身用户的含义：用户对来自有温度的产品和服务的消费产生了持续的依赖。

在专业经济学家中，诺贝尔奖获得者贝克尔曾创造过一个同类概念，叫消费资本（Consumption Capital），这是贝克尔在对消费者需求理论的重新阐述中提出来的①。

① 加里·贝克尔：《口味的经济学分析》，首都经济贸易大学出版社，2000，第36页。

一般效用函数为：

$$U = Uf(x, y) \tag{12-1}$$

式中，U 表示效用，x，y 分别代表某一个消费者所选择的商品。

这样的效用函数是客观的，不随温度变化而变化。

消费模型被表示为：

$$\begin{gathered} \text{MAX} \\ U = U(x, y) \\ \text{S. T.} \\ I = PXx + PYy \end{gathered} \tag{12-2}$$

即在收入（I）约束下最大化目标函数（U）。

贝克尔将人生经历和社会力量引入对偏艰险或口味的研究分析方法中，引入消费资本概念，将新效用函数表示为①：

$$U(t) = u[y(t), c(t), S(t)] \tag{12-3}$$

其中 y、c 代表两种不同的商品；S 为“消费资本”存量，代表过去对 c 的消费影响当前的效用。S 的存在，是新效用函数与一般效用函数的不同之处。消费资本，可以对应张瑞敏提出的用户乘数。

贝克尔在此提出“消费资本”的概念，一方面，“对个人资本进行投资会增加个人资本的积累”；另一方面，消费资本存在“增强效应”（Reinforcement），“指目前增加某种药物或其他商品的使用会引起将来对这种商品的需求的增加。”“‘增强效应’意味着过去的消费品和现在的消费品是互补品的关系，也就是说，所消费的成瘾性商品和成瘾性资本二者是互补品。”②

一个人目前的消费会增加将来的消费资本存量（贝克尔称之为消费资本的累积量），经常消费某种商品往往会积累大量的个人资本。比如，经常吸烟

① 加里·贝克尔：《口味的经济学分析》，首都经济贸易大学出版社，2000，第 67 页。
② 同①，第 9、10 页。

可能就积累了大量的吸烟的资本存量，喝酒的人可能会形成一种有关酒的个人资本。

为此，贝克尔增设了一个投资函数，作为对目标函数的一个约束条件：

$$\dot{S}(t) = c(t) - \delta S(t) - h[D(t)] \tag{12-4}$$

式中，$\dot{S}$ 为 S 随时间推移的变化率，c 为在增进消费资本的累积量方面的总投资，δ 为瞬时贬值率，用于度量过去对 c 的消费所产生的物质和精神影响的外生消失率，相当于张瑞敏提出的漏损率，具体对应社群中不参与交互的用户。D（t）表示用于贬值或升值方面的花费。对海尔来说，在套圈上的花费是贬值的，在换道上的花费是升值的。

这个公式对海尔来说意味着：用户消费资本的变化率（向终身用户方向发展的潜力）等于有温度的互动中满足的消费需求，减去消费资本投入的漏损率，再减去在套圈或换道上投入的成本。如果这里的漏损率是负的，也就是说不仅没有漏损，而且越交互，用户越多，或用户需求越多，在成本不变条件下，则用户的消费资本就会上升。

在海尔模式中，建立触点网络，通过与用户进行有温度的交互，实际是对用户的消费资本进行（感情）投资。这种投资不是为了让用户拿来赚钱，而是培育用户本身的消费资本，好引发对海尔产品和服务更多的消费。

在贝克尔设计的预算方程中，出现了利息 r 的概念。

A_0 是消费资本的初值，利率 r 随时间的变化而保持不变。$W(S)$ 是时点 t 上的收入，是消费资本存量的凹函数。利率 r 可理解为一种能力，即员工变为创客的能力（创造价值的能力）。而这里的收入 w，在海尔的财报体系中，当指战略损益中计入益的那些类别。

这个包含消费利息的预算方程，与投资函数一起，构成对作为目标函数的新效用函数的约束条件，求解预算下效用最大化，构成了以需求曲线为代表的需求模型。

同时加入个人资本和社会资本，也可将新效用函数表示为：

$$U = U(x_t, y_t, P_t, S_t), \tag{12-5}$$

式中，P 代表个人资本，S 代表社会资本①。

这样的效用函数，是会随“温度”变化而变化的。原因是相对于不同的人，“会随着资本存量的变化而变化，仅仅是因为他们‘继承’了不同水平的个人和社会资本”②。

如果现时的投资需求与现时的个人资本存量是互补的关系，则个人资本的增加会刺激对投资活动的需求，因为个人资本的增加会提高这些活动的边际效用。

与上面谈到的个人资本的情况有别，个人的社会资本由周围人的行为的外部性作用构成，他人的行为在很大程度上不由自己来控制，社会资本由个人与邻居的关系网络决定。社会资本在海尔模式中，对应企业与用户、用户与用户、用户与企业三者之间的有效交互。在这种交互中形成关系与信任，产生生态品牌价值。

社会资本对个人的选择行为会产生相当大的影响，个人的社会资本的增加能够提高或降低效用：个人的社会资本的增加一方面会提高其对具有资本补足品性质的商品或活动的需求，另一方面会降低其对具有资本替代品性质的商品或活动的需求。

具有不同的个人资本或社会资本的个人，即使选择了相同的商品组合，其所得到的效用也会不同③。

对于用户乘数来说，要分清产生乘数的个人资本与社会资本两方面的原因。

个人资本主要取决于用户对产品和服务本身的满意，与用户进行交互，有助于增进用户的感情，从而增进用户的个人资本。这种个人资本一旦形成，会使用户形成品牌依赖。如果这种个人资本是围绕用户关于美好生活的愿景而形成并发展，用户甚至可以成为品牌的终身用户。

---

① 邢祖礼：《“新的效用函数”：含义与应用——读 G. 贝克尔的〈口味的经济学分析〉有感》，《财经科学》2003 年增刊。

② 加里·贝克尔：《口味的经济学分析》，首都经济贸易大学出版社，2000，第 6、7 页。

③ 同①。

对于社会资本，贝克尔特别突出强调了社交网络的作用。他指出："个人的社会资本存量主要不是由他自身的选择所决定的，而是取决于相关社交网络中同辈的选择。"他举例说："人们在选择就餐的餐馆、邻居、学校、阅读的书籍、政治观点、食物或闲暇活动时，都会考虑让他们社交网络中的同辈和其他人感到满意。"① 贝克尔认为："社交网络一旦确定，人们基本上就失去了对社会资本生产的控制，因为社会资本的生产主要是由同辈和其他相关的人的控制。"② 在海尔的案例中，我们经常可以看到海尔人围绕一个村、一个小区的社区，建立起各种各样的朋友圈，建立起以物联网为基础的生态网络，从而使社会资本助力消费资本创造增值。

对海尔的用户乘数来说，社会资本就是社会网络，通过触点网络，一旦形成由用户构成的社会网络，社会资本（关系与信任）就将由这样的生态圈自我繁衍、自我发展，出现效益倍增的乘数效应。

12.3.3　用户乘数的宏观基础：消费乘数

在宏观理论中与用户乘数比较接近的概念是消费乘数。

根据消费乘数理论："消费的扩大再生产，在宏观上通过消费乘数得以加强。消费乘数，是指消费增加一单位引起国民收入增长多少单位。消费乘数，表现了消费增值对于国民经济增长的促进作用。其乘数就是增值的宏观倍数。"③

消费乘数模型是一个宏观经济模型④，用户乘数是其微观机制。我们先考虑一个简单国民收入决定模型。

其中消费函数、储蓄函数及其关系为：

$$Y = C + S$$

消费函数：$C = f(Y) = C_0 + bY$

---

① 加里·贝克尔：《口味的经济学分析》，首都经济贸易大学出版社，2000，第15页。

② 同①，第16页。

③ 应光荣、刘方棫、姜奇平、李德深：《消费资本论纲》，经济科学出版社，2011。

④ 同③，第88页。

储蓄函数：$S = g(Y) = S_0 + sY = Y - C = -C_0 + (1-b)Y$。

边际消费倾向 b 与边际储蓄倾向 s 的关系为：

边际消费倾向 MPC，$b = \Delta C/\Delta Y = (C_2 - C_1)/(Y_2 - Y_1)$；

边际储蓄倾向 MPS，$s = \Delta S/\Delta Y = (S_2 - S_1)/(Y_2 - Y_1)$；

边际消费倾向与边际储蓄倾向之和等于一。$MPC + MPS = 1$；

国民收入均衡的一般条件：总需求 = 总供给（$AD = AS$）。

两部门模型下的均衡条件为：

总需求 $AD = C + I$；

总供给 $AS = C + S$；

推论，$I = S$ 是两部门均衡的条件。

国民收入决定公式，乘数（消费乘数、投资乘数）是指：

$$K = \Delta Y/\Delta C = \Delta Y/\Delta I = 1/(1-b)$$

消费的扩大再生产，在宏观上通过消费乘数得以加强。

消费乘数是指消费增加一单位引起国民收入增长多少单位。对历年数据分析的结果表明，我国的当期消费乘数为 2.29，即若增加 1 万元的消费支出，GDP 将增加 2.29 万元。

在消费乘数 $h = 1/(1-\alpha_2)$ 的构成中，α_2 起决定性作用。α_2 是当期国民收入的边际投资倾向。这说明投资倾向加强，消费乘数也将扩大，消费对经济增长的作用才有可能得到加强①。

消费乘数表现出消费增值对于国民经济增长的促进作用，其乘数就是增值的宏观倍数。

---

① 梁修庆、刘星：《当前经济增长中的消费乘数效应分析》，《消费经济》2000 年第 16 期。

第十三章　开放与分享：制度经济解释

如果说，以变制变是人单合一双赢的总的方法论原则，开放分享则是人单合一双赢的总的制度设计原则。我们将开放分享原则称为借力原则，由这个总的制度设计原则，推论出诸多分原则。

例如员工创业化的原则（领导与员工相互借力）、企业平台化的原则（平台与小微相互借力）、人力资源原则（世界是海尔的研发部）等与制度有关的原则，都可以从借力原则中找到总的根据。

13.1　管理就是借力："实君"与"虚君"

实君与虚君，是著名经济学家张曙光提出的产权理论。实君对应的产权是财产的拥有权（归属权），虚君对应的产权是财产的使用权（利用权）。实君的产权安排，是指围绕拥有权，在拥有权范围之内使用财产。也就是说，财产只在同一个老板范围内使用，例如给同一企业的车间、员工使用，不与其他不同的产权主体分享使用。虚君的产权安排，则是指围绕使用权，在使用权范围内使用财产。也就是说，财产可以在不同老板之间分享使用，如彼此借用财产，建立财产使用制度的合约，即围绕财产使用建立责权利关系，其中的利，特指围绕使用产生的费用（租金、服务费）进行分成。海尔实行的就是典型的虚君的产权制度。

海尔把财产的开放分享称为借力原则，依据的是张瑞敏的一句话："企业即人，管理即借力。"①

① 林志贤：《新海尔模式：制造业互联网再革命》，企业管理出版社，2017，第99页。

笔者曾当面询问张瑞敏是否说过这句话。他说："管理即借力，是 1986 年、1987 年提出的。当时招人很难，还是在计划经济末期，请别人来实现我们的目标。作为指导思想一直是。今天企业无边界，不光是借力，完全是以世界作为海尔的研发部。原来说的借力，是指我定了目标，利用你。现在，用户不确定，目标也不确定，（今天的借力是指）你能找到用户和资源，就可以来。我设定战略，现在创造平台来借力。"

借力原则代表了海尔产权制度模式与一般产权制度模式的根本区别。管理 2.0 采用的是现代企业制度，现代企业制度采用的是封闭产权，排斥与其他产权人分享资源；海尔的管理 3.0 采用的是开放产权，鼓励与其他产权人分享资源。

借力原则从制度经济学角度，理论基础是将资本区分为拥有权形态的货币资本与使用权形态的生产资料，把产权重心从资本的拥有权转向资本的使用权，即围绕资产的使用进行经营权安排（经营具体指使用，由对资产的责、权、利安排确定权利）。这是奥地利学派经济学家路德维希·拉赫曼的主张。

拉赫曼在《资本及其结构》中指出，"所有的资本品经济价值都来源于其使用模式……资本使用计划的本质就在于其功能的多样性"①。意思是，凯恩斯把资本从拥有权角度理解为同质的东西（货币不具有多样性），然而资本对应的使用价值（生产资料）是异质性的（具有"功能的多样性"）。重要的是经营资本，即从计划（代表具体经营）入手使用资本，而非交换资本的拥有权。

拉赫曼主张："企业家必须从物质资源的多样性中建立起资本组合。"②联系到海尔的借力模式，相当于主张物质资源是不是自己的并不重要，重要的是拥有资源的各个主体，围绕用户整体解决方案，建立起临时的资本组合，相互借用资源。这种借用并不改变资产的归属权利，但可以有效地将资源的使用潜力发挥出来。

---

① 路德维希·拉赫曼：《资本及其结构》，上海财经大学出版社，2015，第 44 页。
② 同①，第 60 页。

把产权的重心从买卖的权利转向借用的权利（以租代买），最大的优点是有利于人尽其才，物尽其用。而以拥有权为核心设计产权，虽然名分明确（产权主体是实君），但往往有名无实，资源使用的潜力（机会成本）难以发挥（在“用”上不能做到“尽”），在用上可能变虚。相反，以使用权为核心设计产权，看似产权虚了（不计较财产是谁的，因此产权主体貌似虚君），但在用上可能变得更实。买与租两种产权制度的区别在于名实用虚，与名虚用实。拉赫曼主张的就是名虚用实，要把资本实实在在用起来，不要能用而仅仅为了名分不用（因为资产不归属别人，就不借给别人用），造成机会浪费。

借力与人单合一双赢的内在联系在于，独占构成零和模式，因此与双赢是相反的；而分享构成了双赢的基础。

分享构成双赢的理论依据在于，双方跨越拥有权界限彼此分享资源，使一方拥有的资源，为两方共用，从而造成双方的成本均摊。根据报酬递增的定义，固定成本在使用中的均摊构成报酬递增的来源。双方分享资源，相当于把对方的成本当作固定成本加以均摊，因此产生正反馈的互补效应。

借力是分享经济的产权理念。分享经济的产权特点是“使用而非拥有”。不强调拥有资源，而强调使用资源。借力，就是使用他人的资源，这是一种开放产权的做法。工业时代流行封闭产权，信息时代流行开放产权。

张瑞敏在 1999 年 5 月 13 日就指出过，“海尔在人力资源上的另一个观点是‘借力’的观念。在国内许多企业有这样的观念强调企业拥有多少博士，海尔认为不在于拥有多少，而在于借用多少。因为最终要的是成果，而不是拥有多少人才”。

双赢内在要求借力。这是因为，双赢的主体是利益相关者，这些相关者并不一定是同一个拥有权主体（不是一个老板）。不同老板之间的合作，称为借力。同一个老板下的资源合作，就不是借力，而是买断了。

开放相对于封闭，指的是传统管理均以封闭的产权制度为制度设计的出发点，以拥有权划分企业组织边界；而海尔模式和管理 3.0，不以企业为效率单位，而以网络为效率单位，因此企业的边界相对于效率，是开放的。

分享相对于专用，指的是传统管理以拥有权划分行为的单位，同一老板具有同一行为模式；而海尔模式以使用权划分行为的单位，不同老板及员工，可以相互借用资源，所以分享原则称为借力原则。

张瑞敏注意到，互联网时代的轻公司（轻资产运作公司）非常多，他说："这种轻公司的概念就是整合资源的概念，整合多少资源就等于拥有多少资源。如果每个人都可以整合资源，就都是一个轻公司，企业不但能够高速发展，而且可以稳定发展、永续经营。"

海尔模式中的许多具体原则，是从借力原则中派生的，例如，员工创客化，从雇佣制变为合伙制，是由于老板与员工处于同一拥有权边界之内，改变为老板与小微主各为独立法人，因此合作变成跨产权相互借力，由此进一步推论出，第一，员工创客化是从工资，拓展为分成；第二，企业创造企业家，而不光是雇佣员工。再如，企业平台化，使资源合作跨出企业边界，向网络开放，平台与小微主之间形成固定成本（重资产）与可变成本（轻资产）的跨产权相互借力。

张瑞敏指出，"你能把许多人的力量集中起来，这个企业就成功了。如果全体员工愿意把力量借给我，一起完成同一个目标，这就是成功的管理"①。

比较管理 2.0，与借力的原则有明显差别。丰田模式的第 11 条原则是"重视合作伙伴与供应商，激励并助其改善"②。

对照内容发现，同是与产业链、价值链上的伙伴合作，海尔的借力与丰田的做法几乎相反。

以两个公司同物流企业的合作为例。海尔把日日顺发展成物流平台，允许第三方物流配送，甚至夫妻店、司机嫁接进来，相互借力，并不要求改变合作者的利益定位，而是借力发力。

丰田与别的公司合作，总是要求对方企业内部制度同化于丰田。丰田同物流企业传飞的合作，花了 10 年时间，"把传飞公司发展成丰田的延伸企业"③。其中的越库作业仓库，完全是照搬丰田内部管理制度。丰田公司自己也承认合作伙伴认为丰田在合作中要求苛刻，主要是丰田对质量要求高，对合作伙

---

① 文正欣：《张瑞敏谈战略与管理》，海天出版社，2011，第 128 页。

② 杰弗瑞·莱克：《丰田模式：精益制造的 14 项管理原则》，机械工业出版社，2017，第 215 页。

③ 同②，第 223 页。

伴不信任，经常直接派人对合作者内部事务指手画脚，之后还要“回头看”，进行检查。丰田认为美国某汽车企业学丰田学不来，是因为它过于依赖第三方物流，在于“利益冲突”，物流企业只想着运输，结果运输成本降下来，整体成本却升上去，导致合作失败。事实是，那家美国汽车企业希望将每月配送改为天天配送，而对不同零件来说，这样做是没有必要的，是资源使用不合理，造成了闲置。海尔的办法是按单聚散，用数据流信息流来进行送货单的调配。

深究其中区别，在于原则本身不同。丰田的原则强调“核心竞争力”：“丰田公司的根本理念之一是依赖自我”，公司文件就明言“我们努力决定自己的命运，我们依赖自己，相信自己的能力”①。这决定了丰田的行为模式：“丰田即使在把一项关键零部件外包时，也不愿意公司本身失去生产这项零部件的能力”②。丰田自己举例说明这种原则的成功实践，是与松下电器合作制造混合动力电池。既要合作，又不信任，怎么办呢？丰田采用的是与借力相反的办法：合资。即在拥有权上，结为一个企业（合资的松下电动车能源公司），成为同一个老板，这样才解决了问题。也就是说，只有合为同一个老板，利益才一致起来。海尔要解决的问题不一样。如果要派送到村，也许正好家在那个村的夫妻店的电动车是最有效率的，没必要派航空母舰送一台冰箱。这时老板是不是同一个，都已不重要了。

我们不能说丰田这个原则是错的，关键是看原则想强调什么。丰田强调的“核心竞争力”实质上是专业化效率，但为此失去的将是多样化效率。而海尔借力原则背后，想强调的是多样化效率（以匹配双赢），所以它采用的策略是海纳百川，虚怀若谷。丰田这条原则更适合做大单生意，而不适合做“万变”的生意。

---

① 杰弗瑞·莱克：《丰田模式：精益制造的14项管理原则》，机械工业出版社，2017，第225页 。

② 同①，第227页。

13.2 开放分享的数学模型

强调开放分享，相关方相互利用资源，会不会导致利益变虚（例如出现搭便车）？这完全取决于使用权的制度安排是否合理，特别是责权利中的利，是否可以在投入与回报之间，建立起制度性的平衡。

以往制度经济学存在的利益设计疏漏在于，光强调财产买卖归属意义上的利益转移交换安排，而忽略了财产租借使用意义上的利益转移交换安排。漏洞具体发生在当财产的使用具有技术或制度上的非排他性、非竞争性时，一旦分享使用，就会造成租值耗散，让别人搭便车。所以，开放分享在利益上成立不成立的关键，在于能否从产权制度上设计出租金合理分成回报机制。这就是下面将讨论的分成模型。

观察海尔模式现象，是对整个微观经济模式（契约关系）的最根本的颠覆，如果从数学角度观察，最佳观测对象是对“从雇用制转成合伙制”进行建模，其他变化可以从中推导出来。因为“从雇用制转成合伙制”可以直接概括领导与员工关系，平台企业与小微企业（包括外部企业）关系中合约的实质。企业内部关系与企业外部关系，都统一为分成关系。将分散的雇用制、外包、并购等现象都合并为同一个基于“借力”数学。我们用“平台—增值应用”模式的分成制双层规划数学模型来构建借力模型。

在围绕分成展开的双层规划中，价格、收益、成本（固定成本与可变成本）和分成比例是构建模型的基本要素。价格、收益和成本，都有对应的均衡值；分成比例是双层规划模型中独特的设计，直截了当地显示分成的状况。模型的目标分别包括，上层目标，即平台（在此是平台经济体）利益最大；下层目标，即增值应用（在此是小微主）利益最大①。

① 本节主要参考以下论文成果。郝建韬：《基于双层规划的移动应用商店利润分成研究》，北京邮电大学学位论文，2012。高宇：《基于双层规划模型的电信移动增值业务供应链协调研究》，北京邮电大学学位论文，2010。丁俊楠：《基于双层规划理论的网络团购利润分成研究》，北京邮电大学学位论文，2012。

13.2.1　分成制双层规划建模思路

网络组织突破拥有权边界后，形成使用权（借用、借力）的新边界。在使用权边界内，形成平台（原有企业组织）+应用（独立法人企业，在此代指小微企业、外部企业）的双层结构。双层规划的双层，即由这种双层经营结构而来。

受北京邮电大学平台增值业务主题研究系列（2008—2012）的启发，我们将模型推广为互联网平台—增值业务的双层规划模型（如斯坦克尔伯格模型）。

关于规划涉及的决策主体，我们可以把平台企业视为企业1，而把企业2视为一群企业（App）的集合，尽管有的App不是企业，而是在家办公的自然人。我们不必抠字眼，只是在商业主体的含义上理解这里的所谓“企业”即可。

关于规划的目标对象，我们将重点围绕价格——具体来说是价格中的利润——来展开模型构造。

由于我们把平台与增值应用当作同一个相关市场（网络组织），它们面向的应是同一个最终产品集合，只不过我们把其中的平台作为产品集合中固定成本投入的部分，把增值应用作为可变成本投入的部分。前者相当于中间产品，后者相当于最终产品。收入和利润都是按最终产品计算的。因此，上层决策与下层决策涉及的产量是相同的，都是最终交付的增值产品的数量。

从分成的实际过程出发，也可以将这种做法理解为，上层主导决策者（平台）与下层主导决策者（小微主）围绕最终交付产品（增值应用服务）进行收入分成，分成实际上是对最终产品收入（从而可直解为最终产品产量）划分一个比重，平台依据的是固定成本贡献占有产量及其收入的一个比例（例如30%或15%），小微主依据的是可变成本贡献占有产量及其收入的一个比例（例如70%或85%），这样就与围绕产量的双层规划一致起来了。如果这里的小微主不是独立法人，而是集团的在册员工或创客，则分成中归于小微主的大部分（按员工算）或一部分（创客）应划归集团。这里不再细分。

接下来，我们从供给与需求两个方面展开具体建模的思路。

小微主制定应用（最终产品和服务）价格，战略经营体决定二者的利润分配规则，平台与小微主双方的影响力并不相同，规模大的平台经济体的话语权会比较重，对合作中的具体规则享有制定的权利，小微主只能被动地遵守其规则，但是小微主通过合作依然能够收获丰厚。

供给方面，主要研究利益分成的来源。这里的利益指收益，假定价格不变，收益是收入扣除成本后的剩余。而收入对应消费者的支出。

收益 = 收入 - 成本

在具体研究中，收入来自服务与产品两个方面（我们的研究不另列内容），产品收入为单次支付价格。

对这里的产量，可以替换为同质性收入（“套圈”收入）；对这里的增值收入，可以替换为异质性收入（“换道”收入），归入差异化收入。

这里的成本是会计意义上的，而不是理论意义上的。在理论上为简化起见，平台的成本均界定为固定成本，增值应用的成本均界定为可变成本。在一般建模时可变通处理。

需求方面，主要研究定价因素。一般通过需求函数来建模。假定供给不变，所有价格均有经过调整后对应的均衡价格。

平台—增值双层规划建模中，需求函数的构造意在显示价格与需求（效用）之间的关系。准确地说，是效用最大化在支出预算约束下决定价格的量化关系。根据理论分析的要求，我们需要进一步细化需求，将其区分为同质性需求（没有温度）与异质性需求（有温度的差异化需求）两部分，为的是将异质租值从收入中区别出来，以明确分成的标的物。

13.2.2 “平台—应用”模式的分成制双层规划建模

13.2.2.1 主导方与参数选择

主导方决定了上层规划的主导决策者。尽管双层规划内在地确定了决策主体的协商关系，但上层规划的主导决策者（在此指平台背后的战略经营体）毕竟在制定游戏规则中起着决定性的作用。上述模型仅强调了平台方（渠道方）的主导地位。但在现实中，谁为主导不是一成不变的。谁主导双层规划决策有两个决定因素。第一个是资源配置方面的，即哪一方（要素）相对于均衡（有效需求或有效供给）是稀缺的，哪一方就更容易或适合作为决策的主导变量；第二个是利益博弈方面的，即哪一方相对于价值分配是更有势力的（即力量更强大且可持续的），哪一方就更容易或适合作为决策的主导变量。

与古诺均衡、纳什均衡不同，分享经济双层经营的主体是互补关系，而非两企业模型中的零和关系。因此谁为主导，并没有寡头垄断中那么重要。在分享经济实践中，有一点同工业化经济具有重大不同。工业化经济是封闭经济，其资产从技术到制度都是企业内部专用的，因此存在搭便车现象，双层规划中的上下层决策主体客观上无法互补。而信息化经济是开放经济，除了想刻意模仿工业化经济，扬短避长外，平台企业可以开放分享其资产，以作为整个价值网络生态的固定成本，又由于进行了按使用效果付费的制度创新，用以租代买方式系统地解决搭便车问题，因此双层规划中的上下层决策主体可以实现互补。由此会出现我们后面分析的创客的分成比例远高于领导的新现象。

对互联网分享经济来说，这是一个非常现实的问题。以云计算为代表的信息通信技术一旦内生到经济之中变为云服务模式，原有的基础设施、平台和工具（软件）等资本（生产资料）在技术上的稀缺性会快速流失；与之形成对照的是，活劳动由于一对一模式兴起——这是复杂性经济、多样性经济的必然——的原因，稀缺性会不断提高。因此，双方在分成中的地位，会发生此消彼长的变化。个性化定制越成为主导现象——网络配置资源作用越超过市场——活劳动（从一线客户服务人员、企业创始人到创客等）的地位和作用，越有可能超过物质资本。在此情况下，平台主导（如二级自主经营体主导）并不是必然现象，更不是唯一现象。

因此，要在双层规划的模型设计上充分考虑基础平台主导与增值应用主导两种不同的情况，即上层规划和下层规划的主导者，从理论上说，是可以相互置换的。尤其对于海尔来说，实际上一级自主经营体的主导作用是十分明显的。

以下以假定平台（背后的战略经营体）为上层规划主导决策者为例建模。如果改为以小微主为上层规划的主导决策者，只要把二者的上下层位置颠覆即可。其中，将小微主的全部成本（包括人力资本的使用成本）改设为价值网络的固定成本，将平台的全部成本改设为价值网络的可变成本。

在参数选择上，通过进一步改进价格、成本和收入的设定，以适应互联网分享经济的更为普遍的情况。

第一类是价格（均衡价格），区分基础平台与增值应用，区分同质竞争价格与异质竞争价格，区分产品和服务（假设差异性主要由服务提供，产品是无差异的。如有产品差异，则归属于产品服务化，如设计差异、品牌差异、专利差异等）。

价格参数包括：P_0表示小微主在平台上对应用的定价；L表示消费者为基础业务支付的费用（如果基础业务不免费的话，如流量费；包括 App 定价中属于补偿平台固定成本的租金费用，如服务商支付给运营商的通道费）；P_1表示消费者在平台购买应用产品（而非服务）的全部支出，$P_1=P_0+L$，主要指非增值部分的全部支出；P_2 表示 P_1 之上的溢价（主要指增值部分的全部支出，如换道提升的价格，也包括按服务收费的差异租金，理论特征是在均衡定价时高于 MC 的部分，是垄断竞争定价高于完全竞争定价的部分）；$P_0{}^*$ 表示小微主对增值应用产品的完全竞争均衡定价；$P_1{}^*$ 表示用户购买时面对的产品完全竞争均衡价格；$P_2{}^*$ 表示用户租用时面对的垄断竞争均衡价格。

第二类是成本（固定成本与可变成本），从网络组织整体出发（而非以企业为单位）区分固定成本与可变成本。为简化起见，将平台的全部成本作为“基础平台—增值应用”价值网络的固定成本，将小微主（包括员工）的全部成本作为“基础平台—增值应用”网络组织的可变成本。

C_p为平台成本，即价值网络的固定成本；C_a为小微主成本，即网络组织的可变成本。其中，$C_p=C_{p_0}+C_{p_1}$，C_{p_0}表示平台运营该应用的固定成本；C_{p_1}表示平台提供该应用的可变成本；$C_a=C_{a_0}+C_{a_1}$，C_{a_0}表示小微主开发该应用的固定成本；C_{a_1}表示小微主开发该应用的可变成本。C_j表示小微主与平台结算该应用时，应交的税费及产生的利息损失。

在分享经济中，平台向增值应用服务方（小微主）分享使用权，其所有成本作为网络组织的固定成本分摊于增值应用（包括承担风险的负的机会成本，像佃农那样自带生产资料如工具、知识等）。如果假设小微主为上层主导决策者，则这里的成本应倒过来设置。例如，如果一线客户关系人员对收入的贡献超过50%，应认为是这些人员的人力资本作为固定成本被“均摊”于物质资本构成的网络组织的可变成本中（假设物物资本因过剩而完全竞争）。

第三类是收入。以P代指平台，包括基础设施（IaaS）、平台（IaaS）、软件（SaaS）和数据（DaaS、AaaS）等。

收入与利润参数包括：F_p表示平台获得的收入，F_a表示小微主获得的收入，$F_a{}^*$表示平台获得的均衡收入，$F_a{}^*$表示小微主获得的均衡收入。平台的利润为R_p，小微主的利润为R_a。

第四类是分成比例。区分同质业务（套圈）与异质业务（换道），对前者的分成是使用成本补偿意义上的分成，分的是稀缺租；后者的分成是对差异租的分成。

分成比例参数包括：μ_1表示小微主得到的同质业务分成比例，例如，云服务模式中平台按基础设施、平台和软件的使用（或使用效果）收取的服务费；μ_2表示小微主得到的异质业务（增值业务）分成比例；$\mu_1{}^*$表示同质业务分成模式下，平台对小微主的均衡分成比例；$\mu_2{}^*$表示增值业务分成模式下，平台对小微主的均衡分成比例。

13.2.2.2　区分套圈与换道的需求函数

需求函数由应用价格（基础价格、增值价格）与应用数量表示。

基础价格是指完全竞争机制确定的价格（均衡价格$P=MC$），增值价格是指垄断竞争机制确定的价格（均衡价格$P=AC$），增值价格是一种来自差异性和多样性的溢价，可以认为是通过前者的成本加成实现的，它与$P=MC$相差一个$AC-MC$的租值，对应平台固定成本$FC=AC-MC$。

具体的需要函数模型不变。

（1）线件需求。

$D(P_1)=a-b\times P_1$，其中a、b为常数，$a>0$，$b>0$，$a-b\times P_1>0$。

$D(P_2)=a-c\times P_2$，其中a、c为常数，$a>0$，$c>0$，$a-c\times P_2>0$。

（2）非线性需求。

$D(P_1)=a\times P_1{}^{-b}$，其中$a$、$b$为常数。

$D(P_2)=a\times P_2{}^{-c}$，其中$a$、$c$为常数。

在分享经济双层规划的定价机制中，显现的只是面向客户的应用价格

（而平台的服务价值转移到最终应用之中）。但要在应用价格中，进一步区分基础价格与增值价格，在操作上却有相当大的难度。

因此这一模型的需求函数的真正难点在于确定 P_1 与 P_2，特别是从实际定价中区分出 P_2。我们可以设想几种情况。

第一种情况，可以假设存在一种标准应用（具有基本功能），以它为定价基准，确定基础价格 P_1。增值应用在基本功能之外附加了增值的功能，则由于增加功能而提高的价格，可以视为增值价格 P_2。

第二种情况，标准应用是免费的，增值应用的产品免费，但按服务收费，则服务价格为增值价格 P_2。服务价格为产品的租赁价格。比如，冰箱本身按成本定价，不赚顾客的钱，通过冰箱服务赚用户的钱。又如，水站不赚钱，靠小微管家赚钱。

第三种情况，视服务为一种标准产品（如出租车统一定价），在标准服务之上，提供增值服务，收取的高于标准产品的定价（包括补贴）为增值价格 P_2。例如，服务不赚钱（服务一般用户），但靠体验（服务终身用户）。

第四种情况，产品免费，服务也免费，但以服务为背景，收取生态增值费。其中的逻辑是，应用越受欢迎，应用用户流量越大，就越有生态价值。这种价值，必定来源于此种应用与其他平庸应用有所差异之处。

第五种情况，产品、基础服务收费（包括费用为 0 即免费），增值服务另外收费，增值服务费为增值价格 P_2。例如虚拟柜台免费或收取少量会员费，但通过大数据分析、网站优化等促销服务收费。

总的原则是要将差异化的服务（换道）与非差异化的产品与服务（套圈）区分开。

13.2.2.3 内生分成比例的利润函数

利润函数的“利润”仅指收入减去成本所得，用于表示剩余分成。在不同的理论中，这个“利润”有不同的名称，如剩余价值（马克思）、利息、机会成本、分成、租值（稀缺租、差异租）、会计意义上的利润等。

其中，实质性的不同在于这里的利润包括劳动者的利润，如创客的分成。小微主的利润，是活劳动的“利润”，主要是创造性劳动所获分成（也包括霍布森所说“最低利息”），这是分享经济以外的理论中没有的。

在平台分成中，首先分别计算小微主与平台的收入和成本。

（1）收入和成本。

平台的收入为基础收入与增值收入之和：

$$F_p = (1-\mu_1)P_1D(P_1) + (1-\mu_2)P_2D(P_2)$$

其中平台增值收入既可以来自分成，也可来自直接提供B2B增值服务所得。一般来说，向应用服务商（或App小微主）提供的依托平台的增值服务与第三方商务增值服务定价相比（如电子商务平台提供物流与第三方物流相比），有更低、相等和更高三种情况。

平台成本即网络组织的固定成本，包括平台自身的固定成本与可变成本之和：

$$C_p = C_{p_0} + C_{p_1}D(P_1) + C_{p_1}D(P_2)$$

其中平台可变成本 C_{p_1} 在实践中可视为平台开发增值应用的成本，它本身属于针对增值应用服务的增值应用服务（B2B的、或面向服务商的增值服务）。

（2）小微主的收入和成本。

小微主的收入为：

$$F_a = \mu_1P_1 + \mu_2P_2D(P_2)$$

小微主的成本为：

$$C_a = C_{a_0} + C_{a_1}D(P_1) + C_{a_1}D(P_2) + C_j$$

需要注意，这里的固定成本 C_{a_0}，包括了一定生产资料费用（对应佃农的工具）、学习费用等，也包括了活劳动中人力资本（如果有的话）使用的机会成本等。

（3）利润函数。

平台与小微主的利润函数表示的是双方的剩余分成。

平台的利润为平台收入减成本：

$$R_p = (1-\mu_1)P_1D(P_1) + (1-\mu_2)P_2D(P_2) - [C_{p_0} + C_{p_1}D(P_1) + C_{p_1}D(P_2)]$$

小微主的利润为小微主收入减成本：

$$R_a = \mu_1 P_1 D(P_1) + \mu_2 P_2 D(P_2) - [C_{a_0} + C_{a_1} D(P_1) + C_{a_1} D(P_2) + C_j]$$

13.2.2.4 双层规划的目标与约束条件

上层目标：平台利益最大（利润 R_p最大）。

$$\text{Max } F_p = (1-\mu_1) P_1 D(P_1) + (1-\mu_2) P_2 D(P_2) - [C_{p_0} + C_{p_1} D(P_1) + C_{p_1} D(P_2)]$$

下层目标：小微主利益最大（利润 R_a最大）。

$$\text{Max } F_a = \mu_1 P_1 D(P_1) + \mu_2 P_2 D(P_2) - [C_{a_0} + C_{a_1} D(P_1) + C_{a_1} D(P_2) + C_j]$$

这只是双层规划的一种简单的表示方法。

进一步的做法是，将上下层的利益最大化作为目标函数，将成本作为约束条件来表示。

概括海尔模式涉及的经济学，或者说对海尔模式具有解释力的经济学，与现代性的专业经济学有相当大的差异，主要是因为其管理实践在大的范式上，大幅度地超越了现代性，而进入德鲁克所说的后现代的论域之中。如果勉强套用现有经济学，只有在垄断竞争理论范围内，可以接近海尔的以差异化为特色的实践。

而要想全面聚焦海尔实践来调整经济学，需要同步于管理从现代性（管理1.0、管理2.0）向后现代性（管理3.0）的转型，进行经济学从现代性到后现代性解释的转型，要求以下几个方面的突破。

一是在经济学的基本框架上，要放松同质性假定，将传统均衡放松为广义均衡（内生差异化），即同质性—异质性（或无差异—差异化）两部门均衡，才能对上双赢（面向人单双向的价值潜力）的焦距。

二是需要突破新经济增长理论的基本框架，解释双赢的报酬递增性质不同于传统中国制造（规模经济）之处，为此，需要拓展到范围经济的解释上来。否则就无法区分与格力、娃哈哈等传统模式管理的区别，找到与互联网时代同方向的管理解释。

三是需要借助网络经济学，以解释关系网络结构，说明企业与网络组织的根本不同所在。不如此，不足以说明海尔模式从科层制转变为网络这场变革的经济学实质。

四是需要在制度经济学上突破传统以拥有权为核心的产权理论，从形式与实质两方面，深入到海尔以资源使用为中心进行资源配置与利益分配的实质中去。

因此，总的来看，解释海尔模式要求经济学全面创新，进入数字经济的问题意识中，重新进行议题设置和框架规划。未来，需要我们解决的问题还有许多。

结　语

本书通过将海尔模式上升到海尔管理学高度总结，试图探索新一代管理思想的普适性。

本项研究是中国社科院创新工程“数字经济研究”项目的阶段性成果，是管理学研究与经济学研究跨界融合的产物，希望在数字经济背景下，从管理规律角度归纳数字经济学的普适规律，从数字经济学高度认识网络时代管理的普适规律。

研究认为，以海尔模式为代表的管理3.0（第三代管理），代表着人类管理思想继泰勒制、丰田模式之后，达到了又一新高度，对网络时代的国内外管理都具有普适性，代表着管理与管理学发展的新方向。

2018年10月《哈佛商业评论》以《官僚主义的终结》为题，认为人单合一终结了官僚主义，将海尔模式作为系统地矫治官僚主义的模式，克服官僚主义，甚至使这一模式具有了管理学、经济学之外的一般社会科学研究的普适价值。官僚主义是现代化发展中的社会“癌症”，人类古今中外，不光在企业、一般经济组织中，包括在社会组织、政府中，至今尚缺少克服官僚主义的成功实践，更不用说模式。第一个在实践基础上总结出的不靠搞运动就能克服官僚主义模式的出现，对未来经济社会发展必将产生深远影响。

具体到管理与管理学，本研究将管理普适性本身当作一个学术题目来研究，本身就是一个创新。具体到海尔模式，这是一个在大类上属于德鲁克思想的领域。但德鲁克本身就被归入经验学派，如何在经验学派的理念下产生普适性的管理，本身就是一个悖论。海尔管理学认为，海尔模式实际已超越了德鲁克本人，在张瑞敏的管理思想背后，具有超越经验学派的普适理论，值得挖掘。

张瑞敏的管理思想，实际是德鲁克、左哈尔、Jurgen Appelo、哈默等管理思想之后的集大成，这一支明显有别于传统工业化的管理思想与管理理念，已超越了它发展的经验主义阶段，进入了基础理论总结阶段，可以在复杂性理论的总的学术背景下进行新综合，将管理3.0、后现代管理、复杂性管理等所有同方向的管理思想与理论统一在网络时代这个总题目之下，从时代的企业产生时代的理论。

新综合就是要吸取各家所长，建立符合时代方向的管理统一场理论。这样做有以下背景。一直以来，管理学与经济学形同陌路，从内容到形式都有很大差异。除了在人性假定、供求框架方面的基本差异之外，对人类行为规律研究的价值论定位上的分别不容忽视。一般来说，经济学对行为更为关注的是价值论中价值（交换价值）的一面，这是一种抽象价值；而管理学对行为更关注的是使用价值的一面（使用价值对应功能，如管理上的职能，是一种从功能看行为，而非从交换价值看行为的视角）。

由于出发点不一样，同是解释微观现象，管理学与经济学差异很大。专业经济学自马歇尔以来，已经不太讨论价值论问题，例如，不再讨论价值与使用价值的区别，默认以抽象价值为中心讨论问题。按这种取向，管理所说的计划、组织、领导、控制，都会被认为是针对具体价值的行为，不在经济学讨论范围之内。而管理学无形中也把关于抽象价值的讨论当作黑箱封闭、悬置起来了。例如，企业目标所对应的抽象价值，是被当作既定的存在，它如何形成与改变，不是管理的对象，是领导者通过大脑生理机制分泌出某种“判断”的产物；只有将这种黑箱中的目标在管理中加以具体化的落实，才是管理的对象。这造成了经济学与管理学在议题设置和问题意识上就存在鸿沟。

二者对资源的理解各有侧重，非常不同。按经济学理解，资本是指货币资本，只有量的区别，资本与资本之间没有质的不同；而按管理学理解，资本是指生产资料，此生产资料与彼生产资料，即使在交换价值上相等，在作为计划、组织、领导、控制的管理对象时是完全不同的，只有极少的经济学家（如路德维希·拉赫曼和奥派经济学家）会这样认识。再如，对于劳动，按古典经济学理解，是工资对应的无差别的劳动力，只有劳动时间上的差别，没有其他差别；但在管理学看来，劳动对应的是劳动者，尤其在海尔管理学看来，具体的劳动还有创造顾客价值、用户价值和终身用户价值的区分，后者在交换价值上远远超过工资，具有巨大潜力，可以通过管理来释放。对知识、技术等要素的看法分歧也可以类推。

数字经济作为典型的“使用而非拥有”的经济类型，对应的管理学与经济学，如果继续存在这样的解释鸿沟，解释力就会大为下降。需要把管理学问题当作经济学问题（例如把双赢从一种策略行为，转而理解为正经济利润或租这样一种基本面现象），把经济学问题当作管理学问题（例如，像奥地利学派那样，不是把资本问题理解为货币资本问题，而是把它理解为生产资料，是计划、组织、领导和控制等具体配置问题），重新设置议题，才能解释清楚许多问题。

单从管理与管理学本身来说，海尔管理学提出在经济学基本面上解释管理行为的研究思路。其探索意义有以下两个方面。

一是克服管理学长期脱离经济学指导，导致陷入经验之谈的倾向，总结出管理的普适规律来。经验之谈很难保障总结出来的管理规律具有普适性，典型如不区分会计利润与经济利润，诱导企业把管理当作小概率投机之术，而失去从利益共同体角度实现基本面共赢的机会。本项研究从经济学角度研究管理与管理学，希望以海尔模式引导管理实践遵循普适规律追求大概率成功。

二是克服经济学长期脱离管理实践，导致脱离经营实际之弊。典型如现代企业制度片面强调以拥有权为核心治理企业，而忽略了奥地利学派（如拉赫曼）从使用——也就是对使用价值进行经营管理——的角度研究具体整合资源。本项研究把管理行为理解为经济学本身的资产使用专题来加以研究，希望人们关注数字经济时代“使用而非拥有”这一潮流下，从像海尔这样的网络组织中涌现生成的新的实践对经济学框架的冲击，进而共同探索加强经济学对新经济现实的解释力。

在研究过程中，笔者多次与张瑞敏深入交流学习，每每在关键处茅塞顿开，深为管理大师的至高境界所折服。这对自己来说是一个提高过程，特此向张瑞敏先生表示致敬。

本书是学习海尔模式的一家之言，不代表海尔官方立场，凡有错谬之处，由本人承担完全责任。希望与大家开放交流，不断学习提高。